Aus dem Programm Huber
Psychologie Praxis

Praxis der Arbeits- und Organisationspsychologie

Herausgegeben von
Eva Bamberg, Gisela Mohr und Martina Rummel

Das Ziel der Reihe «Praxis der Arbeits- und Organisationspsychologie» ist es, psychologisches Wissen so aufzubereiten, dass zu aktuellen Themen, Fragen und Problemen in der Arbeitswelt Stellung bezogen werden kann. Auf diese Weise soll eine zweifache Reflexion angeregt werden: Die Reflexion der Wissenschaft aus der Perspektive der Praxis und die Reflexion der Praxis aus der Perspektive der Wissenschaft.

Die ersten Bände:

Martin Resch
Analyse psychischer Belastung
Verfahren und ihre Anwendung
Im Arbeits- und Gesundheitsschutz

Frauke Teegen
Posttraumatische Belastungsstörungen bei gefährdeten Berufsgruppen
Prävalenz – Prävention – Behandlung

Eva Bamberg, Christine Busch, Antje Ducki
Stress und Ressourcenmanagement
Strategien und Methoden für die neue Arbeitswelt

Sabine Remdisch
Erfolgsfaktor Feedback

Stefanie Heizmann
Outplacementberatung
Praxis der integrierten Beratung

Eva Bamberg
Christine Busch
Antje Ducki

Stress- und Ressourcenmanagement

Strategien und Methoden für die neue Arbeitswelt

Mit Illustrationen von Alexia Glaveris

Verlag Hans Huber
Bern · Göttingen · Toronto · Seattle

Adresse der Erst-Autorin:

Frau Prof. Dr. Eva Bamberg
Psychologisches Institut I der Universität Hamburg
Arbeitsbereich Arbeits-, Betriebs- und Umweltpsychologie
Von-Melle-Park 11
D-20146 Hamburg

Lektorat: Dr. Peter Stehlin
Illustrationen im Buch von Alexia Glaveris
Herstellung: Peter E. Wüthrich
Druckvorstufe: Sbicca & Raach, Lugano
Umschlag: Atelier Mühlberg, Basel
Druck und buchbinderische Verarbeitung: Druckhaus Beltz, Hemsbach
Printed in Germany

Bibliografische Information der Deutschen Bibliothek
Die Deutsche Bibliothek verzeichnet diese Publikation in der Deutschen Nationalbibliografie; detaillierte bibliografische Daten sind im Internet über **http://dnb.ddb.de abrufbar**.

Anregungen und Zuschriften bitte an:
Verlag Hans Huber
Länggass-Strasse 76
CH-3000 Bern 9
Tel: 0041 (0)31 300 45 00
Fax: 0041 (0)31 300 45 93
E-Mail: verlag@hanshuber.com
Internet: http://verlag.hanshuber.com

1. Auflage 2003

ISBN 3-456-83969-3

Inhalt

Vorwort der Herausgeberinnen

«Da sollten Sie erst mal zu uns kommen» ...diese Bemerkung hörten wir oft und bei nahezu jeder Beschäftigtengruppe, als wir vor ca. 25 Jahren mit Untersuchungen zu Stress am Arbeitsplatz begannen. Heute ist das Thema Stress populärer denn je. Arbeitsplatzunsicherheit, Pendeln zwischen wechselnden Wohn- und Arbeitsorten, Zeitdruck, organisatorische Pannen oder soziale Konflikte sind aus dem Arbeitsleben kaum wegzudenken. Auch die Freizeit ist keine stressfreie Zeit. Zu wenig Zeit für Kinder, Hetze beim Einkaufen, Stau auf den Straßen und Chaos am Urlaubsort sind zur Selbstverständlichkeit, Entspannung und Erholung zur Ausnahme geworden.

Jeder klagt über Stress – immer und überall. Untersuchungen zeigen, dass psychische Stressoren zunehmen. Spezifische Belastungskonstellationen wie z. B. schwere interpersonale Konflikte bis hin zu «Mobbing», und mögliche Eskalationen von Stress-Folgen wie etwa «Burnout», werden zunehmend diskutiert.

Ein Leben oder Lebensabschnitt ohne Stress scheint kaum noch vorstellbar. Aber ist es wünschenswert? Ist nicht ein gewisser Druck erforderlich, um effektiv, Chaos notwendig, um kreativ zu sein? Sind hohe Anforderungen nicht auch Nervenkitzel? Steckt nicht in sozialen Konflikten Leistungsanreiz? Zeigt uns Überlastung nicht, wie wichtig wir sind und dass wir gebraucht werden?

Die Grenzen zwischen Entwicklungspotentialen durch Herausforderungen und Gesundheitsgefährdungen durch Stress sind fließend. Für die Betroffenen stellt sich die Aufgabe, das eine vom anderen zu unterscheiden und Stress und Ressourcen identifizieren zu können. Nur dann können Entwicklungsmöglichkeiten realisiert und Belastungen reduziert werden. Hier liegt die zentrale Aufgabe von Stress- und Ressourcenmanagement.

Warum ein weiteres Buch zu Stressmanagement? In dem vorliegenden Band werden vor allem zwei Perspektiven aufgegriffen, die in den Publikationen zu diesem Thema weitgehend ausgeklammert bleiben.

Die erste Perspektive betrifft den Inhalt des Bandes. Aktuelle und zukünftige Veränderungen der Arbeit werden in ihren Implikationen für Stress diskutiert. Auf diesem Hintergrund ist es möglich, Konzepte für Stress- und Ressourcenmanagement zu konzipieren, die an den Entwicklungen des Arbeitslebens ansetzen.

Die zweite Perspektive betrifft den Kreis der Leserinnen und Leser. Das Buch wendet sich in erster Linie an die Personen, die in verantwortlicher Position Stress- und Ressourcenmanagement in ihrer Organisation konzipieren, einführen oder gestalten möchten. Erst in zweiter Linie wendet es sich an diejenigen, die etwas gegen «ihren» persönlichen Stress unternehmen möchten.

Der vorliegende Band erscheint mit dieser spezifischen Perspektive zu Recht in einer Reihe zur Praxis der Arbeits- und Organisationspsychologie. Nach den Büchern von Martin Resch (Analyse psychischer Belastungen) und Frauke Teegen (Posttraumatische Belastungsstörungen) ist es der dritte Band zum Themenbereich Gesundheit.

In der Reihe «Praxis der Arbeits- und Organisationspsychologie» werden Bücher zu aktuellen, vielfach interdisziplinären Themenbereichen publiziert. Wir richten uns in erster Linie an betriebliche Funktions- und Entscheidungsträger, die psychologisches Wissen benötigen, an in der Arbeits- und Organisationspsychologie und angrenzenden Gebieten tätige Personen sowie an Studierende, die in diesem Bereich tätig sein möchten. Die psychologische Perspektive hat dabei besonderes Gewicht.

Die Bände dieser Reihe behandeln neben einer wissenschaftlichen Aufarbeitung des jeweiligen Problembereichs berufspraktische Fragen. Durch die Reihe wird versucht, vor allem zwei Lücken zu schließen: Bei arbeits-, organisations- und wirtschaftspsychologischen Publikationen überwiegen Werke zu traditionellen Themen. Zahlreiche aktuelle und relevante – vielfach interdisziplinäre – Problembereiche aus der Arbeitswelt wurden bislang psychologisch nur unzureichend aufgearbeitet. Es gibt ferner viele Bücher, die für die Wissenschaft geeignet sind, die nur eingeschränkten Nutzen für praktisches Handeln haben und es gibt eine Reihe von Werken, die für Praktiker und Praktikerinnen geschrieben wurden, die aber mehr an Rezeptbücher als an eine Umsetzung psychologischen Wissens erinnern.

In den Büchern der Reihe «Praxis der Arbeits- und Organisationspsychologie» wird psychologisches Wissen so aufbereitet, dass zu aktuellen Themen, Fragen und Problemen in der Arbeitswelt Stellung bezogen werden kann. Eine zweifache Reflexion soll dadurch unterbreitet werden: Die Reflexion der Wissenschaft aus der Perspektive der Praxis und die Reflexion der Praxis aus der Perspektive der Wissenschaft.

Hamburg, Leipzig und Berlin im März 2003

Eva Bamberg
Gisela Mohr
Martina Rummel

Danksagung

Ein Schwerpunkt des Arbeitsbereichs Arbeits- Betriebs- und Umweltpsychologie am Fachbereich Psychologie der Universität Hamburg ist das Thema Stress. Das vorliegende Buch ist aufgrund der Arbeit zu diesem Schwerpunkt entstanden. Wir danken allen Mitgliedern des Arbeitsbereichs für ihre Mitarbeit, besonders Pamela Harms für die Erstellung des Anhangs, Alexia Glaveris für die Illustrationen, Brigitte Steinmetz für die Mitarbeit bei den Abschnitten zu Führungskräfteinterviews und Coaching und Susanna Lieniger, Annekatrin Hoppe und Carola Mai für Literaturrecherche, Korrektur lesen und Manuskriptgestaltung.

Gerne nehmen wir die Gelegenheit wahr, denjenigen zu danken, die mit ihrer konstruktiven Kritik zu dem Band beigetragen haben: Yvonne Funcke, Kathrin Hänel, Evi Kaiser, Kristine Qualen und die Mitherausgeberinnen der Reihe, Gisela Mohr und Martina Rummel.

Schließlich danken wir all den Personen, die sich uns für Untersuchungen zum Thema Stress zur Verfügung gestellt haben für ihre Auskunftsbereitschaft, den Teilnehmern von Stress- und Ressourcenmanagement für wichtige Anregungen zum Thema, den Betrieben für ihre Kooperationsbereitschaft und den Studierenden für die Unterstützung bei der Durchführung und Auswertung von Untersuchungen.

1 Einleitung

Stress ist ein zentrales Thema unserer Zeit. Ein Leben ohne Stress scheint kaum vorstellbar. Aber ist es wünschenswert? Ist nicht Druck erforderlich, um effektiv, Chaos notwendig, um kreativ zu sein? Hohe Anforderungen sind oft mit Nervenkitzel, soziale Konflikte mit Leistungssteigerung verbunden. Arbeitsintensität bestätigt den Betroffenen, dass sie gebraucht werden, vielleicht sogar unersetzlich sind. Ein Leben ohne Stress könnte die Gefahr bergen, dass Erfahrungsfelder reduziert werden, Anreize fehlen und Lernmöglichkeiten verkümmern.

Die Gefahren von Gesundheitsbeeinträchtigungen durch Stressoren und die Chancen von Entwicklungspotentialen durch Anforderungen sind oft miteinander verbunden. An dem Beispiel von Frau Kraft – das uns im Folgenden begleiten wird – soll dies verdeutlicht werden.

Beispiel

Frau Kraft ist berufstätig und hat zwei Kinder im schulpflichtigen Alter.
Der Alltag der Familie Kraft – Erwerbsarbeit, Familienarbeit und Freizeit – ist durchorganisiert. Es herrscht strikte Arbeitsteilung. Alle Familienmitglieder haben festgelegte Aufgaben.
Frau Kraft arbeitet im Call Center einer Versicherung. Bei ihr rufen Personen an, die Informationen über Tarife einholen, die Schadensfälle geklärt haben möchten, die beabsichtigen, Versicherungsanträge zu stellen. Es geht also bei ihrer Tätigkeit darum, Fragen zu klären, Probleme zu lösen, Auskünfte zu geben, Ratschläge zu erteilen, in manchen Fällen auch zu beschwichtigen.
Den vielfältigen Verpflichtungen durch die Erwerbsarbeit und die Familie steht Frau Kraft zwiespältig gegenüber. Die Berufstätigkeit bietet ihr Einkommen, Anforderungen und Lernmöglichkeiten. Ihre Kinder ermöglichen ihr Erfahrungen und eine Perspektive der Welt, die eben nur durch Kinder möglich sind. Sie schätzt die soziale Unterstützung, die sie von ihrem Partner erhält. Manchmal sind die verschiedenen Anforderungen aber so hoch, dass sie sich ihnen nicht gewachsen fühlt. Hohe Arbeitsintensität im Beruf führt dazu, dass sie Verpflichtungen in der Fami-

lie kaum einhalten kann, vielfältige Aufgaben in der Familie sind damit verbunden, dass sie morgens gehetzt zur Arbeit erscheint, sich oft nicht auf die Arbeit konzentrieren kann.

Um die in dem Beispiel angesprochenen Qualitäten von Lebens- und Arbeitsbedingungen beschreiben zu können, sind drei Kategorien zu unterscheiden: Anforderungen, Belastungen und Ressourcen.

1.1 Das magische Dreieck: Anforderungen – Belastungen – Ressourcen

Anforderungen, Belastungen und Ressourcen beschreiben unterschiedliche Qualitäten von Arbeits- und Lebensbedingungen. Sie können dadurch getrennt werden, dass sie jeweils spezifische Wirkungen haben. Die Beschreibung dieser Kategorien lässt sich durch folgende Fragen verdeutlichen:

- *Anforderungen:* Inwieweit sind zur erfolgreichen Erfüllung von Aufgaben im Alltag – bei der Arbeitstätigkeit oder in der Freizeit – Verhaltensstrategien, Fähigkeiten, Qualifikationen, Kompetenzen aber auch Haltungen und Einstellungen gefordert, inwieweit können diese entwickelt werden, inwieweit verkümmern sie? Wesentlich ist hier, welches Verhalten, welche Sinne, welche kognitiven, emotionalen und motorischen Prozesse für die Tätigkeit erforderlich sind.
- *Belastungen:* Inwieweit bestehen Bedingungen, die menschliches Handeln bzw. die Regulation von Handeln beeinträchtigen? Von besonderer Bedeutung sind hier die Bedingungen, die unseren Normen und Werten widersprechen, die eine Ausführung von Tätigkeiten im Alltag, eine Erfüllung von Aufgaben beeinträchtigen, erschweren oder unmöglich machen. Die Begriffe Belastungen und Stressoren werden im vorliegenden Band synonym verwendet.
- *Ressourcen:* Inwieweit sind Hilfsmittel verfügbar um mit Belastungen und Anforderungen umzugehen? Wesentlich sind diejenigen Merkmale und Bedingungen, die die Erfüllung von Anforderungen und die Bewältigung von Belastungen unterstützen.

Beispiel

Anforderungen sind bei Frau Kraft durch ihre Aufgaben bei der Erwerbsarbeit (z.B. Schadensfälle bearbeiten, KundInnen beraten) und in der Familie (z.B. die Geburtstagsfeier der Kinder organisieren) gegeben. Belastungen entstehen durch hohe Arbeitsintensität im Beruf oder in der Familie. Eine wichtige Ressource zum Umgang mit Belastungen und Anforderungen ist die soziale Unterstützung, die sie durch ihren Partner und ArbeitskollegInnen erhält.

Auch wenn es objektivierbare Bestimmungsmerkmale für Anforderungen, Belastungen und Ressourcen gibt, ist eine eindeutige Zuordnung nicht immer leicht. Abhängig von Qualität, Intensität, Rahmenbedingungen und personalen Merkmalen können aus Anforderungen Belastungen und/oder Ressourcen und aus Belastungen Anforderungen und/oder Ressourcen werden. Dies impliziert, dass vergleichbare Bedingungskonstellationen – für die Einzelnen, aber auch für die Beteiligten generell – eine Quelle von Belastungen, von Ressourcen und von Anforderungen sein mögen. Viel zu tun zu haben kann als angenehmer Kick oder als Überforderung bewertet werden. KollegInnen können eine wichtige Quelle sozialer Unterstützung sein, aber die Auseinandersetzung mit KollegInnen mag auch eine Ursache sozialer Stressoren sein. Bei der Arbeit selbst entscheiden zu können, wann welche Aufgabe erledigt wird und wie diese Aufgabe ausgeführt werden kann, der sogenannte Handlungsspielraum, bietet eine Möglichkeit, Belastungen zu verhindern oder ihre Wirkung zu mildern und ist damit eine wichtige Ressource. Mit hohem Handlungsspielraum kann aber auch Überforderung und damit Belastung verbunden sein. Schließlich setzt Handlungsspielraum voraus, dass er erkannt und realisiert wird, Handlungsspielraum bietet die Möglichkeit des Kompetenzerwerbs und ist damit eine Anforderung. Die hier thematisierte Verknüpfung von Belastungen, Anforderungen und Ressourcen hat Implikationen für Stress- und Ressourcenmanagement.

1.2 Grundpositionen

Mit Stress- und Ressourcenmanagement werden unterschiedliche Zielsetzungen verfolgt. Der Abbau von Belastungen steht im Vordergrund, es ist aber unerlässlich, Anforderungen, die Lern- und Entwicklungschancen bieten, zu erhalten. Vielfach wird es nicht möglich sein, Stressoren zu reduzieren. Wesentlich ist dann, dass die Beteiligten trotz Stress handlungsfähig und gesund bleiben, Stress bewältigen können. Den Ressourcen, d. h. den Potentialen, die Stressbewältigung unterstützen und die Gesundheit fördern, ist besondere Aufmerksamkeit zu schenken.

Um diese Ziele erfüllen zu können sind Belastungen, Anforderungen und Ressourcen zu definieren und voneinander abzugrenzen. Nur dann können sie gezielt beeinflusst werden, nur dann kann überprüft werden, inwieweit sich durch Veränderungen der einen Größe Wirkungen auf die anderen ergeben.

Anforderungen, Belastungen und Ressourcen werden durch situative bzw. äußere Bedingungen konstituiert, z. B. durch die Arbeitsaufgabe, die häusliche Situation, die finanzielle Lage. Wesentlich sind aber auch personale oder innere Bedingungen, z. B. wie die Arbeitsaufgabe von den Betroffenen «redefiniert» wird oder wie die häusliche Situation organisiert wird. Das damit angesprochene Verhältnis zwischen situativen und personalen Bedingungen wird uns im Folgenden immer wieder beschäftigen.

Einen großen Teil seines Lebens verbringt der Mensch bei der Arbeit – bei der Erwerbsarbeit, bei ehrenamtlicher Arbeit, bei Reproduktionsarbeit, bei Eigenarbeit. Wesentliche Belastungen und Ressourcen sind mit der Arbeitstätigkeit verknüpft.

Stress- und Ressourcenmanagement hat damit die Bedingungen der Arbeitstätigkeit und der Arbeitsaufgabe aufzugreifen.

Arbeit erfolgt in der Regel im sozialen Kontext. Belastungen und Ressourcen bei der Arbeit sind häufig eng mit den KooperationspartnerInnen – KollegInnen, MitarbeiterInnen, Vorgesetzten, KundInnen – verknüpft. Stress- und Ressourcenmanagement hat diese sozialen Bezüge zu berücksichtigen (s. **Kasten 1**).

Im vorliegenden Buch werden diese Grundpositionen näher ausgeführt.

Kasten 1

Stress- und Ressourcenmanagement – Grundpositionen

Unterscheidung zwischen Belastungen, Anforderungen und Ressourcen

Berücksichtigung situativer und personaler Bedingungen

Orientierung an der Arbeitstätigkeit und der Arbeitsaufgabe

Abbau von Belastungen

Förderung von Ressourcen

Unterstützung der Stressbewältigung

Berücksichtigung sozialer Bezüge

Illustration 1: Der alltägliche Spagat.

1.3 Hinweise zur Nutzung des Buches

Die verschiedenen Teile des Buches haben einen unterschiedlichen Charakter. Im *vorderen Teil* erhalten Sie Hintergrundwissen zum Thema Stress bei der Arbeit. Ein Programm zu Stress- und Ressourcenmanagement verlangt zunächst einen Blick auf die Bedingungen des Arbeitslebens. Dabei sind aktuelle und zukünftige Entwicklungen einzubeziehen. Dies ist Gegenstand des zweiten Kapitels. In jüngerer Zeit wird immer wieder die Bedeutung von Selbstorganisation hervorgehoben. Die Entwicklungen des Arbeitslebens würden mehr und mehr Selbstorganisation erforderlich machen, das Ausmaß von Stress sei letztlich von der Fähigkeit zur Selbstorganisation abhängig. Im dritten Kapitel wird dies aufgegriffen. Die Kenntnisse des Stressprozesses, der Stressoren und Ressourcen, der Stressbewertung und -bewältigung sowie der Stressfolgen sind für die Konzipierung eines Stress- und Ressourcenmanagements unerlässlich. Das vierte Kapitel soll hierfür eine geeignete Grundlage schaffen.

Der *mittlere Teil* des Bandes ist den Methoden von Stress- und Ressourcenmanagement gewidmet. Dabei geht es zunächst um die Frage, wie Stress und Ressourcen erfasst werden können und wie Interventionen evaluiert werden (Kap. 5: Analyse- und Evaluationsmethoden), um dann vorzustellen, welche Möglichkeiten der Intervention verfügbar sind (Kap. 6 Interventionsmethoden).

Im *hinteren Teil* steht die praktische Umsetzung im Vordergrund. Kapitel 7 schildert den idealtypischen Prozess eines betrieblichen Stress- und Ressourcenmanagements, das in Kapitel 8 anhand eines Szenarios veranschaulicht wird. Die Darstellung schließt mit einem Resümee (Kap. 9) und mit Informationen über Materialien und Quellen (Anhang).

Das Buch kann genutzt werden, indem es Kapitel für Kapitel gelesen wird oder indem gezielt Kapitel ausgewählt werden. Es kann als Nachschlagewerk, etwa zu Analyse- und Interventionsmethoden oder als Informationsquelle verwendet werden.

Der Band wendet sich an die Personen, die sich für die betriebliche Praxis oder als Studierende einen systematischen und fundierten Überblick zu dem Thema Stress- und Ressourcenmanagement erarbeiten möchten. Vor allem werden die Akteure angesprochen, die in Betrieben, Verwaltungen, Dienststellen und anderen Organisationen Stress- und Ressourcenmanagement konzipieren, durchführen oder akquirieren. Das Buch richtet sich erst in zweiter Linie an Menschen, die von Stress betroffen sind, und die die Absicht haben, etwas zur Reduktion «ihres» Stresses zu unternehmen.

2 Schöne neue Arbeitswelt?

Ohne Einblick in die Arbeits- und Lebensbedingungen ist ein Verständnis von Stress, von Stressfolgen und von Handlungsmöglichkeiten zur Reduktion von Stress nicht möglich. Stress- und Ressourcenmanagement kann nicht konzeptualisiert und durchgeführt werden, wenn die zentralen Problembereiche der Arbeit und des Alltags unbekannt sind. Ein Blick auf unser Beispiel mag dies verdeutlichen.

Beispiel

- In der Versicherung, in der Frau Kraft beschäftigt ist, hat sich in den letzten Jahren einiges verändert. Besonders die Arbeitsteilung war früher eine andere: Alle Telefonanrufe gingen bei der Vermittlung ein, je nach Sparte wurde der Anruf weitergeleitet, das heißt, unterschiedliche Abteilungen bearbeiteten die verschiedenen Sparten. In den Abteilungen gab es dann SachbearbeiterInnen für verschiedene Fragen: Für Neuanträge, für Schadensregulierung usw.
- Vor einiger Zeit wurde die Arbeit reorganisiert. Es gibt nunmehr Teams, die alle Sparten bearbeiten. Auch innerhalb der Sparten gibt es eine andere Arbeitsteilung: Die Regelfälle sollen durch alle bearbeitet werden, die Sonderfälle durch die sog. «Spezialeinheit». Frau Kraft hat für ihre Tätigkeit eine ganze Reihe von Vorgaben: Es ist festgelegt, wie viel Telefonanrufe sie pro Tag in etwa entgegennehmen soll, es ist festgelegt, wie viele Fälle direkt am Telefon geklärt werden sollen und wie viele Fälle pro Tag später am Schreibtisch bearbeitet werden. Es ist auch festgelegt, wie viele Fälle an die Spezialabteilung weitergegeben werden dürfen. Für neue Versicherungsabschlüsse bekommt Frau Kraft – wenn sie eine gewisse Grenze überschritten hat – eine Prämie.
- Trotz all dieser Regelungen müssen Frau Kraft und ihr Team auf wechselnde Anforderungen flexibel reagieren. Seien es Ausfälle durch Krankheit oder Urlaub, seien es besonders viele Anfragen oder Aufträge – das Team ist für die Arbeitsergebnisse verantwortlich.

Neben den aktuellen Stressoren und Ressourcen müssen zukünftige Entwicklungen der Arbeit absehbar sein, um Handlungsalternativen gestalten zu können. Dies ist keine leichte Aufgabe. Die Debatte über die Zukunft der Arbeit hat zwar eine lange Tradition, konkrete Prognosen sind aber nur eingeschränkt möglich. Vorhersagen über die Zukunft scheinen oft bereits überholt, wenn sie publiziert werden. Manche Entwicklungen wirken wie ein Überfall, mit dem niemand gerechnet hat. Doch auch wenn konkrete Aussagen schwierig sind, so gibt es doch einige sich abzeichnende Tendenzen.

2.1 Entwicklung der Arbeit

Globalisierung, Digitalisierung, Virtualisierung, Flexibilisierung, Individualisierung – diese und andere Schlagwörter tauchen bei der Beschreibung aktueller Tendenzen und bei Prognosen über die Zukunft immer wieder auf. Sie betreffen verschiedene (sich wechselseitig beeinflussende) Entwicklungslinien, die zu unterscheiden sind, wenn es um die Geschichte und die Zukunft der Arbeit geht: die (weltweite) Entwicklung der Arbeitsgesellschaft, der Technik und der Arbeitsorganisation.

2.1.1 Arbeitsgesellschaft

Die Nationen und damit die Märkte der Arbeitsgesellschaft standen in der Vergangenheit zwar im Austausch miteinander, waren aber doch vielfach geschützt und homogen. Das Regelwerk der Gesetze und Vorschriften, das die Beziehungen zwischen den Nationen gestaltete, trug zum Schutz von Personengruppen und Nationen bei und ermöglichte dadurch eine Entwicklung von Nischen.

In den letzten Jahren nehmen internationale Organisationen und internationaler Handel zu, Staatsgrenzen verlieren ihre Wirkung, grenzüberschreitende Kontakte werden immer wichtiger, es entstehen transnationale Handelsebenen. Die Nationalstaaten schließen sich verstärkt zusammen und bilden kontinentale und transkontinentale Handlungsallianzen. Es entstehen transnationale Unternehmen, die eine von nationalen Standorten weitgehend unabhängige Struktur haben, und die von den Einzelstaaten kaum mehr kontrolliert werden können. Sie agieren als globale Spieler (global players) und suchen sich dabei für ihre Aktivitäten den jeweils günstigsten Standort (vgl. Zukunftskommission Gesellschaft 2000, 1999). Heute produzieren diese globalen Spieler in Indien, verkaufen in Deutschland und versteuern in Lichtenstein, morgen mögen sie andere Länder als Aktionsfelder wählen.

Die damit angesprochene *Globalisierung* ist begleitet vom Abbau der Gesetze, die zum Schutz einzelner Beschäftigtengruppen oder Nationen dienten, von einer Aufhebung von Zöllen und damit auch von einer Reduktion von Schonräumen und Nischen.

Für Organisationen und für die Einzelne bieten sich dadurch Chancen, denn Handlungsfelder, Kommunikations- und Kooperationsmöglichkeiten werden erheblich erweitert. Doch auch auf Gefahren wird verwiesen, so etwa von Luttwak (1999), der diese Entwicklung als Turbokapitalismus bezeichnet (vgl. **Kasten 2**).

Kasten 2

Turbokapitalismus

Edward Luttwak, Wirtschaftsforscher am Center for Strategic and International Studies in Washington, D. C., der weltweit Regierungen und Unternehmen berät, bezeichnet den Kapitalismus der 90er Jahre (der auch heute noch anhält) als Turbokapitalismus, als einen vollkommenen «deregulierten, völlig entfesselten Markt, ohne alle schützenden Barrieren» (DIE ZEIT; 1999; NR. 50, S. 25). Im Turbokapitalismus werden Zölle und Schutzgesetze abgeschafft, die Produktion steigt dadurch, der Reichtum steigt.
Aber: Die ökonomischen Nischen für diejenigen, die nicht superdynamisch sind, eine schlechte Ausbildung haben, die benachteiligt sind, verschwinden. Diese Personengruppe wird zum Effizienzopfer, landet im «Lumpensektor». «Jede ungebremste ökonomische Entwicklung hat die natürliche Tendenz, sich alles untertan zu machen. Kultur wird zu Folklore und Wälder werden zu Holzfabriken. Der Turbokapitalismus heizt das Wachstum an, und unterm Strich zerstört Wachstum die Umwelt... Reichtum schafft der Turbokapitalismus, weil für ihn nur eins zählt: Effizienz» (a. a. O.).

Die damit nur kurz skizzierten Veränderungen der internationalen Arbeitsgesellschaft wären ohne die Entwicklungen der Technik nicht möglich.

2.1.2 Technik

Technik prägt unseren Alltag. Die Entwicklung der Buchdruckkunst, des Webstuhls, der Dampfmaschine oder des Automobils zeigen, dass technologische Erneuerungen nicht nur die Arbeit, sondern unser gesamtes Leben betreffen. Auch technische Entwicklungen der jüngeren Zeit haben zu umfassenden Veränderungen der Arbeitswelt und der Gesellschaft geführt. Von herausragender Bedeutung ist hier die sich rapide entwickelnde Informations- und Kommunikationstechnik. Das Internet hat sich in jüngerer Zeit als zentrales Medium durchgesetzt. Informationsgewinnung, -verarbeitung und -weitergabe, Kommunikation und Kooperation haben sich dadurch quantitativ und qualitativ verändert.

Schon immer konkretisierte sich Technik auf bestimmte Gegenstände, wie etwa die Dampfmaschine oder das Automobil. Eine wichtige Veränderung der Gegenwart ist die Ergänzung der auf das konkrete Produkt ausgerichteten Technik um die systemzentrierte Technik, d. h. auf eine Technik, die ganze Systeme und Entwicklungen an vielen Stellen betrifft (Sachverständigenrat Bildung, 2001). Heute haben wir es oft mit Gesamtsystemen zu tun. Die einzelnen Produkte – Computer, Server, Leitungen – sind Bestandteil dieser Systeme.

Das Tempo des Wandels ändert sich drastisch. Die Umsetzung technischer Entwicklungen nahm früher Jahrzehnte in Anspruch. Computer und Maschinen, die einst noch das Neueste auf dem Markt waren, sind dagegen nach weniger als zwei Jahren technisch überholt (Sachverständigenrat Bildung, 2001).

Durch technische Entwicklungen der letzten Jahre waren Automatisierung und Rationalisierung in Produktion und Büro möglich. Techniken der Informationsverarbeitung, *Digitalisierung*, ermöglichen Veränderungen, die weit darüber hinausgehen. Sie zeigen sich z. B. in dem Ausbau weltweiter Datennetze (u. a. Internet), der allgegenwärtigen Möglichkeit von Information und Kommunikation, der Ausstattung nahezu jedes Gebrauchsgegenstands mit elektronischen Steuerungs- und Programmierfunktionen (Zukunftskommission Gesellschaft, 1999). Eine zunehmende *Virtualisierung* (s. u.) wird durch diese Techniken möglich.

2.1.3 Arbeitsorganisation

1991 publizierten James Womack, Daniel Jones und Daniel Roos, Mitarbeiter des Massachusetts Institute of Technology (MIT) das in der Folgezeit außergewöhnlich vielzitierte Buch *Die zweite Revolution in der Automobilindustrie.*

In diesem Werk wurde darauf verwiesen, dass Leistung und Qualität in japanischen Automobilwerken bemerkenswert höher seien als in amerikanischen oder europäischen Betrieben. Diese Überlegenheit wurde vor allem auf *lean management* zurückgeführt.

Lean Management und die Folgen

Die in unserer Kultur erstrebenswerte Form des menschlichen Körpers – schlank – wurde zum wünschenswerten Attribut der Arbeitsorganisation. Schlank sollen dabei alle Unternehmensbereiche sein. Zunächst bezog sich dies, gemäß dem Titel der genannten Publikation, vor allem auf die Automobilindustrie. Heute ist eine Umsetzung auf andere Arbeitsbereiche zu verzeichnen. Begriffe wie schlanke Verwaltung, schlanke Behörde oder schlanker Staat sind zur Selbstverständlichkeit geworden.

Durch lean management wird eine Verringerung von Aufwand, Zeit, Kosten und Fehlern bei Arbeitsabläufen angestrebt. Es gibt eine Reihe von Kennzeichen, die unabhängig davon, wie populär lean management derzeit noch ist, heute eine nicht zu unterschätzende eigenständige Bedeutung haben und die das aktuelle Arbeitsleben prägen:

1. Just in time und die umgehende Reaktion auf Kundenwünsche
2. Flache Hierarchien, Dezentralisierung, Teamarbeit
3. Überschaubarkeit und Transparenz der Geschäftsabläufe, Konzentration auf Kernaufgaben – Outsourcing
4. Qualitätsentwicklung
5. Kundenorientierung und Ausbau von Dienstleistungen

Einige dieser Merkmale sollen anhand eines Beispiels (vgl. Kasten) verdeutlicht werden. Auch wenn dabei die Perspektive des Kunden gewählt wird, so wird doch deutlich, dass die Arbeitsbedingungen der Beschäftigten weitreichenden Veränderungen unterliegen.

Beispiel

Gestern und heute in der Kfz-Werkstatt

Früher waren Sie vieles gewohnt. Ungefähr ein Jahr, nachdem Sie Ihren Wagen bestellt hatten, haben Sie ihn bei der Niederlassung gekauft, bei der Sie auch immer die Werkstatt nutzten. Stammkunde hin oder her – wenn Sie Ihren Wagen in die Werkstatt gebracht haben, wurden Sie von einem Meister, der mit KundInnen eigentlich nichts zu tun haben wollte, etwas knurrig abgefertigt – nachdem Sie erst mal geraume Zeit wartend hinter dem Tresen standen, weit und breit kein Stuhl. Und wenn Sie dann Papiere und Schlüssel aus der Hand gegeben haben, dankbar, dass Ihnen diese Last abgenommen wurde und etwas schuldbewusst, dass Sie andere bei der Arbeit stören und zu dumm sind, den Schaden selbst zu reparieren, dann haben Sie Ihr Auto unter Umständen 14 Tage nicht wiedergesehen – wo Sie es doch ganz dringend benötigt hätten. Eigentlich war nur eine Kleinigkeit zu tun, aber es fehlte ein Ersatzteil – und bis das gefunden, bestellt und geliefert war, das dauerte eben seine Zeit. Um den Wagen abzuholen, mussten Sie die Planung Ihres Arbeitstages auf den Kopf stellen, denn pünktlich um 16 Uhr hatte die Werkstatt geschlossen.

Heute ist das anders – zumindest bemüht man sich. Wenn der TÜV fällig ist, bekommen Sie rechtzeitig ein freundliches Erinnerungsschreiben. Als Ihr Sohn volljährig wurde, bekam er jede Menge Material über preisgünstige Kleinwagen. Wenn Ihr Wagen in die Jahre kommt, besucht Sie eine VertreterIn der Niederlassung, um Sie über die neuesten Modelle und über zukünftige Entwicklungen zu informieren. Ihre Werkstatt hat umgebaut, Tische statt Tresen, Sie bekommen einen Termin, alle sind zuvorkommend, der Meister heißt jetzt Kundenbetreuer, er lächelt und hat einen sauberen Kittel an. Wenn Sie den Wagen abgegeben haben, werden Sie gefragt, ob Sie ein Taxi benötigen, oder es wird Ihnen sogar angeboten, nach Hause gebracht zu werden. Die Reparatur lässt sich in wenigen Tagen oder gar Stunden erledigen und bis in den Abend hinein können Sie Ihren Wagen abholen.

Bereits in der Vergangenheit hatten die Dienstleistungsbranchen (Handel, Verkehr, Finanzdienstleistungen, Gaststättengewerbe etc.) die größten Beschäftigungsgewinne. Auch in Zukunft nimmt die Bedeutung von Dienstleistungen zu. In Industrieunternehmen, aber auch in allen anderen Wirtschaftsbereichen, wächst der Bedarf an Dienstleistungen. Die Arbeit an und mit KundInnen, KlientInnen oder PatientInnen wird immer wichtiger. Für die Beschäftigten ergeben sich dadurch nicht nur erhöhte soziale Anforderungen. Wie das Beispiel der KfZ-Werkstatt zeigt, wird von ihnen auch erwartet, Bedürfnisse zu prognostizieren, proaktiv zu handeln.

Virtuelle Unternehmen

Unter der Überschrift Technik wurde weiter oben auf Digitalisierung und Virtualisierung verwiesen. Für Unternehmen sind dadurch neue Möglichkeiten gegeben, die Arbeit kostengünstig und flexibel zu organisieren. Am Beispiel Virtuelle Unternehmen lässt sich dies verdeutlichen.

Virtuelle Unternehmen (vgl. **Kasten 3**) sind eine in sich sehr heterogene Gruppe von Organisationen. Sie lassen sich dadurch charakterisieren, dass sie häufig zweckgebunden als elektronisches Netzwerk und ohne räumlich-organisatorische Einheit existieren. Unabhängige Unternehmen entlang der Wertschöpfungskette, die alle ihre Kernkompetenzen einbringen, können beteiligt sein. Virtuelle Unternehmen haben meist keine gemeinsame Verwaltung.

An die Stelle von festen, zeitlich stabilen Organisationsstrukturen treten flexible Geschäftsprozesse, bei denen Organisationseinheiten, Lieferanten und KundInnen ständig wechseln. Arbeitsaufgaben in virtuellen Organisationen werden weniger durch Führungskräfte zugewiesen und kontrolliert, sondern eher mit Gruppen bzw. AuftragnehmerInnen abgestimmt und ausgeführt. Virtualisierung geht somit häufig mit Flexibilisierung einher (vgl. z. B. Linnenkohl, 1998).

Kasten 3

Merkmale virtueller Unternehmen

- Räumlich verteilte Arbeit
- Medial vermittelte Information, Kommunikation und Kooperation
- Unternehmensstruktur aufgrund aktueller Problemsituationen/KundInnenaufträge
- Temporäre Mitglieder
- Ergebnisorientierte, flexible Teamstrukturen
- Variable Arbeitsaufgaben und -strukturen
- Wechselnde KooperationspartnerInnen und KundInnen

Durch virtuelle Unternehmen ergeben sich eine Reihe veränderter Bedingungen und Anforderungen für die Arbeitenden und die KundInnen: Medial vermittelte Kommunikation und Kooperation gewinnen an Bedeutung. Sie ersetzt und ergänzt die herkömmliche Interaktion. Ein Element oder ein Hilfsmittel der virtuellen Organisation ist das *virtuelle Büro*. Es besteht im Wesentlichen in Hard- und Softwarelösungen, die die Kooperation der Arbeitenden unterstützen und die gleichzeitige und/oder sequentielle Bearbeitung von Dokumenten durch mehrere Personen ermöglicht. Kommunikation und Kooperation kann etwa durch Video-Systeme unterstützt werden. Es entfallen standardisierte Büroausstattung, räumliche Verbundenheit der Akteure und die damit einhergehenden Kosten. Das virtuelle Büro soll eine Grundlage sein für Kontakte, Kommunikation und Kooperation der Beteiligten.

Virtuelle Unternehmen befinden sich in einem ständigen Prozess der Veränderung. Arbeitsaufgaben und Strukturen sind variabel, die Arbeitsintensität schwankt, KooperationspartnerInnen wechseln, die Unternehmensumwelten sind instabil. Virtuelle Unternehmen sind eine Reaktion auf die Flexibilisierung der Arbeitswelt – und sie tragen ganz wesentlich zur Flexibilisierung bei – zur Flexibilisierung von Märkten und Produkten, von Organisationsstrukturen und -mitgliedern.

2.2 Implikationen für die Arbeitenden

Die oben beschriebenen Entwicklungen sind für die Beteiligten mit vielfachen Implikationen verbunden. Zwei Schlagwörter werden in jüngerer Zeit besonders diskutiert: Flexibilisierung und Individualisierung.

2.2.1 Flexibilisierung

Flexible Organisationen setzen flexible Organisationsmitglieder voraus. Diese müssen bei der Gestaltung ihrer beruflichen Laufbahn und ihrer *Arbeitsverhältnisse* auf sich verändernde, oft schwer zu prognostizierende Anforderungen des Arbeitsmarktes und der Organisationen reagieren. Die *Erwerbsbiographie* wird dadurch zunehmend weniger standardisiert. Erwerbsarbeitszeiten, Familienarbeitszeiten und Qualifizierungszeiten, aber auch Selbstständigkeit, Erwerbslosigkeit und Beschäftigungsverhältnisse lösen sich ab.

Die *Arbeitszeit* der Mitglieder von Organisationen richtet sich nicht nach fest vereinbarten Zeiten, nach Wochentagen oder Tageszeit, sondern danach, ob die Organisationsmitglieder aktuell gebraucht werden. Das mag zur sogenannten «Normalarbeitszeit», am Wochenende oder auch nachts sein.

Flexible Organisationsmitglieder arbeiten nicht unbedingt an ihrem angestammten Arbeitsplatz. *Räumliche Flexibilität* ist im Büro möglich. Im flexiblen Büro ziehen die Arbeitenden mit ihrem Container an den Schreibtisch, der gerade frei ist. Räumliche Flexibilität mag ferner durch unterschiedliche Varianten der verteilten Arbeit gegeben sein (siehe Virtualisierung). Räumliche Flexibilität kann schließlich durch wechselnde Arbeitsorte bei konstantem Wohnort oder durch wechselnde Wohnorte bei konstantem Arbeitsort – Pendeln – praktiziert werden.

Flexible Organisationsmitglieder müssen bereit und in der Lage sein, immer wieder *wechselnde und neue Aufgaben* zu übernehmen. Sie haben Entwicklungen auf dem Arbeitsmarkt und deren Bedeutung für die eigene Arbeitskraft zu antizipieren und sich laufend zu qualifizieren («lebenslanges Lernen»). Sie müssen in permanentem Kontakt mit – zum Teil wechselnden – internen und externen KundInnen stehen und somit auch in ihren *sozialen Bezügen* auf die Anforderungen des Arbeitsmarktes reagieren.

Illustration 2: Double-Career-Couple im 7. Himmel

Flexibilität von Individuen bezieht sich damit auf das Arbeitsverhältnis, auf Arbeitszeit, Arbeitsort, Arbeitsinhalt und Kooperationsbezüge (mit Vorgesetzten, KollegInnen, MitarbeiterInnen und KundInnen). Flexibilität erfordert nicht nur den ganzen Menschen, sondern betrifft auch die Familie: Partner bzw. in der Regel Partnerinnen, und Kinder müssen Wochenendarbeit, Nachtarbeit, Weiterbildungsmaßnahmen, Umzüge ertragen, unterstützen und kompensieren.

2.2.2 Individualisierung

Wenn Arbeitsbiographie, Arbeitsort und Lebensmittelpunkt zunehmend flexibler werden, dann werden standardisierte Lebensläufe mehr und mehr durch «Patchworkbiographien» ersetzt. Flexibilisierung impliziert Individualisierung (vgl. Beck, 1986). Der Einfluss gesellschaftlicher Institutionen und Gruppen, die Bedeutung von Traditionen werden geringer. Weniger als in der Vergangenheit greifen in unserer Gesellschaft Organisationen gestaltend in den Alltag ein (Friedrichs, 1998; Jagodzinski & Klein, 1998). Institutionen oder stabile Netzwerke, die sozialen Zusammenhalt gewährleisten, die Normen und Werte, wenn nicht vorgeben, so doch vorleben, gewinnen einen anderen Stellenwert. Individuen stehen vor einer Vielfalt von Handlungsalternativen.

Doch auch die Kosten werden individualisiert: Wenn Chancen sich in Luftblasen auflösen, wenn autonome Entscheidungen sich als problematisch erweisen, wenn die Patchworkbiographie in Perspektivlosigkeit mündet, dann trägt die/der Einzelne die Verantwortung und das Risiko.

2.3 Gefahren und Chancen

Sicherheit und Schutz des Arbeitsplatzes, Stabilität des Beschäftigungsverhältnisses werden durch aktuelle und zukünftige Entwicklungen mehr und mehr in Frage gestellt. Für Arbeitende ergibt sich die Notwendigkeit, auf diese Situation zu reagieren. Um ihre Existenz nicht zu gefährden, werden sie eventuell Arbeitsbedingungen in Kauf nehmen müssen, die sich durch hohe Belastungen, geringe Qualifikationsanforderungen und schlechte Bezahlung auszeichnen. Sie werden dadurch ihre Chancen auf dem Arbeitsmarkt weiter verschlechtern. Für die Arbeitenden besteht die Gefahr, Anforderungen nicht gewachsen zu sein, an der Komplexität von Aufgaben zu scheitern, Kontinuität und Stabilität zu verlieren, beim Wandel nicht mithalten zu können, Bewährtes nicht halten zu können, verlässlicher Netzwerke und Unterstützung verlustig zu gehen, Ruheräume zu verlieren, den Anschluss zu verpassen.

Chancen sind durch vielfache Entwicklungsmöglichkeiten gegeben. Hierzu gehören die Reduktion von Unterforderung und Monotonie, erweiterte Lernpotentiale, die Erschließung neuer Lebensbereiche, der Abschied von Überholtem und Unbeliebtem.

Ob Chancen genutzt werden können und Gefahren begegnet werden kann, das wird von der jeweiligen Bedingungskonstellation abhängig sein. Darauf wird in Kapitel 4 (Stress) näher eingegangen.

Immer wieder wird darauf verwiesen, dass bei den derzeitigen und zukünftigen Entwicklungen des Arbeitslebens Selbstregulation oder Selbstorganisation von besonderer Bedeutung sind. Um die psychologische Seite von Flexibilisierung und Individualisierung zu verstehen, ist Prozessen der Selbstorganisation besondere Aufmerksamkeit zu schenken.

3 Selbstorganisation

Prognosen über Entwicklungen der Arbeitsgesellschaft stimmen darin überein, dass bei der Erwerbsarbeit Initiative und Selbstständigkeit mehr und mehr gefragt sind, Außenkontrolle durch Selbstkontrolle ergänzt oder gar ersetzt wird. Die individuelle Berufsbiographie ist weniger durch stabile und kontinuierliche Beschäftigungsverhältnisse, sondern vor allem durch vielfache Veränderungen zu charakterisieren. Phasen der Erwerbsarbeit und der Erwerbslosigkeit lösen sich ab. Erwerbsarbeit wird durch Qualifizierungsphasen und durch Zeiten der Familienarbeit unterbrochen. Kurzfristige Beschäftigungsverhältnisse und Teilzeitarbeit nehmen zu. Immer mehr Arbeitende haben nicht nur ein, sondern mehrere Beschäftigungsverhältnisse parallel. Immer häufiger besteht die Notwendigkeit eines Berufswechsels. Aufgaben der Erwerbsarbeit, der Eigenarbeit und der Familie sind zu koordinieren. Starre kulturelle Vorgaben, enge soziale Beziehungen und Abhängigkeiten sowie die damit verbundene hohe soziale Kontrolle werden unter diesen Bedingungen zunehmend als Restriktionen erlebt (z. B. Huinink & Wagner, 1998).

Um den beschriebenen Anforderungen nachkommen zu können, sind (Selbst-) Regulationsprozesse unterschiedlicher Komplexität erforderlich. Selbstorganisation wird jedoch nicht nur in Zukunft von Bedeutung sein. Bereits heute zeigt sich tagtäglich der enge Zusammenhang zwischen Selbstorganisation und Stress. Beispiele sind Vorsätze, die nicht realisiert werden, Hetze und Druck, obwohl zunächst ausreichend Zeit zur Verfügung stand, Ressourcen, die für Unwesentliches verbraucht werden, während für die wichtigen Dinge des Lebens zu wenig Energie und Zeit zur Verfügung steht. Vielen Menschen fällt es schwer, Aufgaben zu erfüllen, mehrere Aufgaben zu koordinieren und verschiedene Arbeitsbereiche, wie etwa Erwerbsarbeit und Familienarbeit, angemessen zu gewichten. Die Gestaltung des Alltags – der Arbeit, der Freizeit, des Familienlebens – scheint mit einigen Schwierigkeiten verbunden zu sein.

3.1 Regulationsprozesse

Selbstregulation und Selbstorganisation umfassen Planungs-, Ausführungs- und Kontrollprozesse unterschiedlicher Komplexität. Dabei geht es um einzelne Handlungen, aber auch um Prozesse der Systematisierung und Koordination verschiedener Tätigkeiten und Handlungsbereiche, um die Gestaltung des Alltags und der Zukunft.

Selbstorganisation bezieht sich nicht nur auf Einzelaufgaben. Darüber hinausgehend sind häufig Handlungen so zu planen, dass sie zur Erfüllung mehrerer Aufgaben, evtl. aus unterschiedlichen Arbeitsbereichen, beitragen. Mehrere Aufgaben, die u. U. in keinem inhaltlichen Zusammenhang stehen, müssen zeitlich koordiniert werden. Selbstorganisation betrifft die aktuelle, die mittel- und langfristige Planung des Erwerbslebens. Selbstorganisation bezieht sich schließlich nicht nur auf die Arbeit, sondern auch auf Freizeit und Erholung.

In der Literatur wird dieses Thema mit Verweis auf unterschiedliche Beispiele diskutiert, wie etwa Briefe schreiben, Spaghetti kochen, Hemden kaufen, ein Bild an der Wand aufhängen oder Erstellung von Seminararbeiten. Selbstorganisation betrifft aber auch komplexere Aufgaben wie die Gestaltung der Arbeitswoche oder Berufsfindungsprozesse.

Verschiedene Theorietraditionen, die sich mehreren Fachgebieten der Psychologie zuordnen lassen, beschäftigen sich mit diesem Thema, wobei die Verwendung der Begriffe Selbstorganisation bzw. Selbstregulation nicht immer übereinstimmt. Die Handlungsregulationstheorie (z. B. Hacker, 1998; Volpert, 1999) hat eine nicht zu unterschätzende Bedeutung in der Arbeitspsychologie, Self-management- und Self-leadership-Ansätze (z. B. Manz, 1986; Cohen, Chang & Ledford, 1997; Markham & Markham, 1995) sind wichtige Konzepte der Organisationspsychologie, Konzepte zum Problemlösen (z. B. Dörner, Kreuzig, Reither & Stäudel, 1983) und zur Motivation (z. B. Heckhausen, 1989) wurden in der Allgemeinen Psychologie entwickelt, selbstreguliertes Lernen wird in der Pädagogischen Psychologie zunehmend diskutiert (z. B. Boekaerts, Pintrich & Zeidner, 2000).

Wenngleich diese Konzepte auf Tätigkeits- und Handlungsbereiche unterschiedlicher Komplexität abzielen und zudem in vielen Punkten inhaltlich voneinander abweichen, so lassen sich doch auf ihrem Hintergrund Charakteristika der Selbstorganisation systematisieren.

3.2 Merkmale von Selbstorganisation

Selbstorganisation besteht aus einer Reihe zentraler Prozesse: Prozesse der Orientierung, der Zielbildung und -konkretisierung, der Planung, der Ausführung und der Kontrolle (vgl. **Kasten 4**).

Kasten 4

Prozesse der (Selbst-)regulation

1. Orientierung
Die Aufmerksamkeit wird auf den Koordinations- und Abstimmungsprozess gelenkt, Information wird systematisiert und ggf. gesucht (z. B.: Welcher Handlungsrahmen besteht; mit welchen Barrieren ist zu rechnen).

2. Reflexion übergreifender Motive und Werte
Grundlegende Motive, Ziele und Haltungen werden bedacht und überprüft (z. B.: Stellenwert von Berufsarbeit und Familie im individuellen Lebenszusammenhang; Ziele, die mit Erwerbstätigkeit verbunden sind).

3. Entwicklung von konkreten Zielen und Kriterien
Ziele und Handlungsmöglichkeiten werden einander gegenübergestellt; auf diesem Hintergrund werden Ziele ggf. modifiziert und konkretisiert; Kriterien werden entwickelt; Prognosen über Aufgaben werden getroffen (z. B.: Was sind zentrale Aufgaben – zentral im Sinne von Voraussetzung für andere oder zentral für die Zielerreichung; was sind besonders schwierige Aufgaben).

4. Entwicklung eines Handlungsentwurfs
Unter Einbeziehung von Handlungsbedingungen und deren Gestaltung werden Teilziele formuliert. Dabei werden zeitliche und inhaltliche Bezüge berücksichtigt. Konsequenzen der Aufgabenerfüllung/-nichterfüllung werden antizipiert; Alternativen der Aufgabenerfüllung werden einbezogen (z. B.: Was muss bis wann erreicht werden; was soll geschehen, wenn der Zeitplan nicht realisiert werden kann).

5. Ausführung
Unter Einbeziehung der Handlungsbedingungen werden Teilziele realisiert.

6. Rückmeldung
Während der Ausführung und nach Abschluss der Handlung erfolgt eine Abgleichung von Handlungszielen und Handlungsergebnissen; (Teil-)ziele und Handlungsstrategien werden ggf. modifiziert (z. B.: Welche (Teil-)Ziele konnten erreicht werden; welche Probleme traten auf).

Selbstorganisation erfolgt keineswegs immer in der hier genannten Reihenfolge. Auslassungen, unvollständige Phasen, Sprünge, Wiederholungen dürften mehr die Regel als die Ausnahme sein.

Der unterschiedlichen Komplexität von Regulationsprozessen (die auch aus den oben genannten Beispielen hervorgeht) wird dadurch Rechnung getragen, dass mehrere Regulationsebenen angenommen werden (vgl. z. B. Hacker, 1998; Oesterreich, 1981). Die unterste betrifft weitgehend automatisierte Vorgänge, die oberste schöpferische Tätigkeiten.

Daneben kann Selbstorganisation aus mehreren Perspektiven betrachtet werden. Man stelle sich als Beispiel eine Vorgesetzte vor, die mit einer Arbeitsgruppe ein Konfliktgespräch zu führen hat, das schon längst überfällig ist. Sie muss das Problem strukturieren (z. B.: Was muss ich inhaltlich berücksichtigen), sie muss sich evtl. zu diesem Gespräch gezielt motivieren (z. B.: Welche Vorteile haben die Arbeitsgruppe und ich von diesem Gespräch) und sie hat die sozialen Bezüge zwischen sich und der Gruppe und innerhalb der Gruppe zu berücksichtigen (z. B.: Wie vermeide ich eine Konzentration auf einzelne Gruppenmitglieder).

Drei Perspektiven sind damit einzubeziehen: Die *kognitive Perspektive* umfasst die Entwicklung und Strukturierung von Aufgaben (z. B. Informationsbeschaffung, Spezifizierung von Zielen, Entwicklung von Handlungsstrategien, einschließlich der Zuordnung von Zeit und ggf. zu Tätigkeit, Schaffung von adäquaten Handlungsbedingungen). Selbstregulation betrifft hier die Gestaltung der Rahmenbedingungen, die Übernahme von Aufträgen, die Konkretisierung von Zielen und von Kriterien, die Detailplanung und die Bearbeitung von Aufträgen.

Von Bedeutung ist des Weiteren die *emotional-motivationale Perspektive* der Selbstregulation. Dies betrifft etwa die Haltung zu einem Problembereich und damit Prozesse der kurz- und langfristigen Förderung der eigenen Motivation, der Bildung einer Handlungsintention, der Selbstverstärkung und die Förderung von commitment. Insbesondere dann, wenn stabile Strukturen fehlen, wenn einer Förderung der Motivation durch Vorgesetzte und KollegInnen enge Grenzen gesetzt sind, ist motivationale Selbstregulation von großer Bedeutung.

Des Weiteren bestehen hohe Anforderungen an die *Regulation der sozialen Beziehungen.* Dies betrifft die Entwicklung eines vertrauensvollen, verlässlichen Arbeitsverhältnisses, Abstimmungs-, Informations-, Kommunikations- und Kooperationsprozesse mit anderen Organisationseinheiten und mit KundInnen.

Die drei Perspektiven überschneiden sich. Wenn Teilziele gebildet werden, kann damit auch die Handlungsmotivation erhöht werden. Indem Arbeitsaufgaben strukturiert werden, wird auch der Motivationsgehalt der Aufgabe gestaltet.

Kognitive, motivational-emotionale und soziale Selbstregulation können unterschiedlich, allgemein oder konkret sein. Allgemein sind etwa generalisierte Strategien (z. B.: Problemlösestrategien), konkret sind die Methoden und Techniken (z. B. einen Tagesplan erstellen, sich selbst gut zureden).

3.3 Selbstorganisation – ein Wunderheilmittel?

Ausgangspunkt dieses Kapitels war, dass durch die Entwicklung der Arbeit zunehmende Selbstorganisation erforderlich wird und dass Selbstorganisation das Mittel sei, um Entwicklungen der Arbeit zu begegnen, um Anforderungen, wie sie etwa durch Flexibilisierung und Individualisierung gegeben sind, erfüllen zu können und um Stress zu reduzieren.

Wenngleich sich die Konzepte zu Selbstorganisation bzw. -regulation vielfach unterscheiden, so lassen sich doch einige Gemeinsamkeiten hervorheben. Demnach sind bei Selbstorganisation mehrere Phasen zu trennen – Orientierung, Zielbestimmung und -konkretisierung, Entwicklung eines Handlungsentwurfs, Ausführung und Rückmeldung. Selbstorganisation kann unter der kognitiven, der emotional-motivationalen und der sozialen Perspektive betrachtet werden. Selbstorganisation kann unterschiedlich differenziert und umfassend sein und damit ganz unterschiedliche Problembereiche wie Berufsfindung, Strukturierung des Arbeitstages oder Planung komplexer Aufgaben betreffen. Als Querschnittsthema umfasst Selbstorganisation Themen wie Zeitmanagement, Stress- und Ressourcenmanagement.

Der hier wiedergegebene Überblick (s. **Kasten 5**) zu Selbstorganisation klingt wie ein Rezept. Orientiere Dich, überlege Dir, was Du willst, plane die einzelnen Schritte sind Ratschläge, die sich in populärwissenschaftlichen Büchern immer wieder finden.

Kasten 5

Aus der Rezeptküche der Selbstorganisation

Nutzen Sie die Zeit

Fassen Sie die Zeitdiebe

Definieren Sie Ziele

Planen Sie schriftlich

Verwenden Sie Tagespläne

Setzen Sie Prioritäten

Beginnen Sie positiv

Beachten Sie die Leistungskurve

Reservieren Sie eine «Stille Stunde»

Führen Sie durch Delegation

Be«nutzen» Sie ein Zeitplanbuch

Bleiben Sie konsequent

(Seiwert, 1992)

Rezepte wie die hier aufgeführten sind häufig. Dennoch gibt es auch Stimmen, die das Bild des zielgerichtet Strebenden, rational Handelnden ebenso in Frage stellen wie entsprechende Ratschläge. Dem Welten-Bauer wird der Welten-Bummler an die Seite gestellt, dem Ruderer der Floßfahrer, der vielleicht ein Ziel hat, vielleicht auch nicht, der improvisiert, aufgreift, was die Situation ihm bietet (Volpert, 1999, S. 58). Selbstorganisation, v.a. Zeitmanagement, wird in die Tradition der wissenschaftlichen Betriebsführung gestellt, sei der Rationalisierung verpflichtet, es gehe darum, pro Zeiteinheit mehr rauszuholen (Eberle, 1994).

Illustration 3: Ja mach' nur einen Plan…

In Untersuchungen wird immer wieder auf einen Zusammenhang zwischen Selbstorganisation und Leistung verwiesen. So stellen etwa Zimmerman und Greenberg (1994) fest, dass leistungsstarke amerikanische Studierende gegenüber Leistungsschwachen ausdauernder sind, über mehr Ressourcen verfügen und mehr Selbstvertrauen haben. Sie praktizieren häufiger Methoden des Zeitmanagements und Lernmethoden, sie sind zielorientierter und verfügen über ein höheres Ausmaß an Selbstwirksamkeit. Leistungsschwächere sind dagegen impulsiver, haben niedrigere akademische Ziele, sie sind selbstkritischer und ihre Selbstwirksamkeitserwartungen sind geringer; schließlich geben sie leichter auf.

Hinsichtlich der Leistung scheint somit die Wirkung von Selbstorganisation unumstritten. Es gibt aber auch Untersuchungsergebnisse, die dem widersprechen: Hacker und Loebmann (1990) verweisen auf den sehr begrenzten Nutzen von Planungshilfen; Macan (1994) stellt fest, dass Zeitmanagement-Trainings keine verbesserte Leistung bewirken.

Folgen und Nutzen von Selbstorganisation sind somit nicht eindeutig. Vielmehr ergibt sich ein unterschiedliches Bild, je nachdem was untersucht wird. Wesentliche Komponenten, die in Studien immer wieder genannt werden, sind Zielorientierung und Planungsneigung. Dabei scheint eine mittlere Ausprägung besonders günstig zu sein. Heisig (1996) berichtet von entsprechenden Beziehungen zwischen Planungsneigung und Zielverfolgung auf der einen Seite und Studienleistung auf der anderen Seite.

Auf die Bedeutung von Zielorientierung für die Leistung wird immer wieder verwiesen. Aber auch Zielorientierung ist nicht gleich Zielorientierung. So berichten VandeWalle, Brown, Cron und Slocum (1999) von positiven Zusammenhängen zwischen Leistung und einer auf den Prozess ausgerichteten Zielorientierung (learning goal); bei der auf das Ergebnis ausgerichteten Zielorientierung (performance goal) ergab sich dieser Zusammenhang nicht. Tripoli (1998) konstatiert aufgrund seiner Untersuchung, dass Planung im Sinne von Prioritäten setzen, Planung im Sinne von Kontingenzplanung und Planung im Sinne von Anker setzen unterschiedliche Wirkungen auf die Leistung haben.

Einige Untersuchungen lassen den Schluss zu, dass sich Selbstorganisation positiv auf psychisches Befinden auswirken kann. So berichtet etwa Cohen et al. (1997) über einen positiven Zusammenhang zwischen Self-management und Arbeitszufriedenheit.

Die nicht ganz einheitlichen Ergebnisse zur Wirkung von Selbstorganisation könnten auf Handlungskontext und Aufgabe zurückzuführen sein. Selbstorganisation muss sich «lohnen», d.h. sie wird nur dann zu verbesserter Leistung führen, wenn überhaupt Handlungsspielräume bestehen. Es gibt eine Reihe von Bedingungen, die Selbstorganisation fördern. Dazu gehört etwa eine klare Zielsetzung, eine unterstützende Organisationseinheit sowie eine Arbeitsaufgabe, die persönliche Verantwortung erlaubt und Rückmeldung über den Handlungsverlauf ermöglicht (Hackman, 1986). Im betrieblichen Alltag ist dies, wie unser Beispiel zeigt, nur in Grenzen gewährleistet.

Beispiel

Innerhalb des Teams von Frau Kraft werden Anwesenheiten abgesprochen, der zeitliche Rahmen, wer wann Telefondienst macht, wann Pausen gemacht werden, wird ebenfalls festgelegt. Jede/r einzelne MitarbeiterIn hat also vorgesehene Zeiten am Telefon (die überwiegende Zeit) und Zeiten, in denen sie ohne direkten Kundenkontakt arbeiten. Diese Zeiten sind dem Schriftverkehr vorbehalten.
Auf dem Bildschirm von Frau Kraft wird jeweils die Anzahl der auf ein Telefongespräch wartenden Personen angezeigt. Ist die Warteschleife zu lange, leuchtet die rote Ampel am PC. Die MitarbeiterInnen sollen in diesem Fall ihre Arbeit am Schreibtisch unterbrechen und den Telefondienst unterstützen.

Effektive Selbstorganisation ist an bestimmte Voraussetzungen geknüpft. Inwieweit erhöhte und vielfältige Anforderungen, die sich aus den Entwicklungen der Arbeitswelt ergeben, durch Selbstorganisation erfüllt werden können, ist demnach von den Handlungsbedingungen abhängig, von Anforderungen, Belastungen und Ressourcen. Andererseits werden Handlungsbedingungen durch Selbstorganisation beeinflusst und gestaltet. Selbstorganisation kommt damit eine zentrale Rolle im Stressgeschehen zu.

4 Stress

Seit den siebziger Jahren ist der Umfang der Publikationen zu Stress sprunghaft angestiegen. InteressentInnen sehen sich einer Fülle von wissenschaftlicher Literatur und Ratgebern gegenübergestellt. Die Popularität des Themas ist ungebrochen. Ganz unterschiedliche Fachdisziplinen wie Medizin, Soziologie, Pädagogik und Psychologie beschäftigen sich mit Stress. Dennoch – oder gerade deshalb – herrscht im Alltagsverständnis und in der Wissenschaft erhebliche Begriffsverwirrung. Das ist nicht verwunderlich, gibt es doch im Leben viele Bedingungen und Situationen, die Möglichkeiten der Persönlichkeitsentwicklung und des Lernens sind, die aber auch zur Entstehung von Befindensbeeinträchtigung und Krankheit beitragen – Bedingungen, die Entwicklungspotentiale und/oder Quellen von Stress sein können.

Um Stress- und Ressourcenmanagement entwickeln, durchführen und bewerten zu können, sind Kenntnisse über den Stressprozess erforderlich. Nur auf dem Hintergrund des Wissens über Stress und Gesundheit können Zielsetzungen und Eingriffspunkte festgelegt werden, können Effekte von Stress- und Ressourcenmanagement überprüft und bewertet werden. Im Folgenden werden deshalb zentrale Konzepte zum Thema Stress vorgestellt.

4.1 Traditionelle Konzepte zu Belastungen und Stress

Vor allem zwei ältere Ansätze haben die heutige Stressforschung nachhaltig geprägt: Das Belastungs-Beanspruchungskonzept und das Stresskonzept von Selye (1981).

Im Rahmen des Belastungs-Beanspruchungskonzepts wird, wie Greif (1991) unter Verweis auf die Definition des Normenausschusses Ergonomie feststellt, eine «neutrale» Begriffsbestimmung von Belastung betont.

Psychische Belastung wird verstanden als «die Gesamtheit der erfassbaren Einflüsse, die von außen auf den Menschen zukommen und auf ihn psychisch einwirken». Psychische Beanspruchung ist «die individuelle, zeitlich unmittelbare und nicht langfristige Auswirkung der psychischen Belastung im Menschen, in Abhängigkeit von seinen individuellen Voraussetzungen und seinem Zustand» (Greif, 1991, S. 4; siehe auch **Kasten 6** auf S. 38).

Kasten 6

Das Belastungs-Beanspruchungskonzept

Grundlage des Belastungs-Beanspruchungskonzeptes ist, dass (exogene) **Belastungen** durch ein spezifisch subjektbezogenes Verhalten aktiv verarbeitet oder passiv erduldet werden (Aktivitätsverhalten). Die Belastungen können aus Umgebungsbelastungen bestehen und sie können auch durch die Arbeitsaufgabe gegeben sein.
Entscheidend für das Ausmaß der Belastungen sind Belastungsdauer und -höhe.

Das lässt sich wie folgt ausdrücken:

Belastung = f (Belastungshöhe x Belastungsdauer).

Als Indikatoren für **Beanspruchung** werden vor allem physiologische Parameter herangezogen. Drei funktionelle Systeme können zu Beanspruchungsaussagen beitragen: Das Nervensystem, das Haut-Muskelsystem und das Herz-Kreislaufsystem (Rohmert & Rutenfranz, 1975).

Auf dem Hintergrund des Belastungskonzeptes lassen sich Aussagen über zumutbare bzw. gesundheitsgefährdende Belastungsintensitäten formulieren. Ein wichtiges Beispiel sind die jährlich publizierten MAK-Listen (MAK: Maximale Arbeitsplatzkonzentration), die Angaben über die höchstzulässigen Konzentrationen eines Stoffes (Gas, Dampf oder Schwebstoff in der Luft) am Arbeitsplatz enthalten. Die damit berücksichtigten Umgebungsbelastungen haben, ebenso wie körperliche Belastungen, in der Vergangenheit in den Arbeitswissenschaften eine wichtige Rolle gespielt. Psychische Belastungen wurden in jüngerer Zeit in die Diskussion einbezogen.

An dem Belastungs-Beanspruchungs-Konzept wird vielfach Kritik geübt. So steht der dort genannte «neutrale» Belastungsbegriff im Widerspruch zum Alltagsverständnis. Im Alltag werden Belastungen negativ bewertet. Sie beziehen sich auf Faktoren, die für die Betroffenen eine *Last* sind oder als Last betrachtet werden.

Ferner sind es nicht nur äußere Größen, die als Belastungen wirken können. Auch innerpsychische Merkmale oder Prozesse – z. B. Sorgen oder Ärger – können Belastungen sein («sich selbst zur Last werden»). Dies impliziert, dass Belastungswirkungen ihrerseits zu Belastungen werden können – darauf wird weiter unten näher einzugehen sein.

Dem Belastungs-Beanspruchungskonzept wird ferner vorgeworfen, dass es elementaristisch sei, beschränkt es sich doch auf einfache Ursache-Wirkungs-Zusammenhänge; komplexe psychosoziale Belastungen, Mensch-Umwelt-Transaktionen, Belastungsverarbeitung und langfristige Folgen bleiben vielfach ausgeklammert.

Insbesondere in der medizinischen Stressforschung spielt *das Stresskonzept von Selye* (1981, vgl. **Kasten 7**) immer noch eine bedeutsame Rolle.

Kasten 7

Das Stresskonzept von Selye

Ausgangspunkt von Selye war, dass PatientInnen mit ganz unterschiedlichen Krankheiten viele einheitlichen Anzeichen und Symptome haben. Selye hat das als Hinweis darauf gewertet, dass es ein unspezifisches Stresssyndrom gibt.
Der Autor definiert Stress als die unspezifische Reaktion des Körpers auf eine Anforderung (1981, S. 170). Die Reize, die diese Anforderungen ausmachen, werden als Stressoren bezeichnet.
Auf jede Anforderung – egal ob sie positiv oder negativ ist – wird einheitlich in drei Phasen reagiert: Alarm, Widerstand und Erschöpfung. Die Stresswirkung kann positiv oder negativ sein (Eustress und Disstress).
Nach Selye gibt es drei objektive Stressindikatoren: Vergrößerung der Nebennierenrinde, Schrumpfung des thymikolymphatischen Gewebes (z. B. Thymus, Milz, Lymphknoten) und Magendarmgeschwüre.
Dieselben unspezifischen Reaktionen auf Anforderungen (nämlich Stress) können bei verschiedenen Personen verschiedene krankhafte Veränderungen hervorrufen. Dies wird auf konditionierende Faktoren zurückgeführt, die bestimmte Stresswirkungen selektiv verstärken bzw. hemmen. Die Konditionierung kann endogen sein (genetische Prädisposition, Alter, Geschlecht) oder exogen (Medikamente, Nährstoffe etc.). Durch den Einfluss konditionierender Faktoren kann ein normalerweise verträgliches Maß an Stress pathogen werden und Anpassungskrankheiten verursachen (S. 177).
Die mit unspezifischen Stressorwirkungen verbundenen Krankheiten werden von Selye als Anpassungs- oder Stresskrankheiten bezeichnet. Keine Krankheit ist nur auf Stress zurückzuführen, Stress kann aber der entscheidende Faktor sein.
Stress ist aber nicht unbedingt schädlich, sondern kann einen prophylaktischen oder heilenden Wert haben, z. B. durch die Mobilisierung von Abwehrkräften.

Selye geht somit von folgender Ursache-Wirkungs-Kette aus:

Reiz/Stressor —— unspezifischer Stress —— ggf. Schädigung.

Bis in die jüngste Zeit gibt es keinen stresstheoretischen Ansatz, der so verbreitet war und ist, wie der von Selye. Dies mag daran liegen, dass es Selye verstand, ein plausibles Konzept eindringlich darzustellen und damit einer breiten Masse von Lesern zugänglich zu machen. Dies mag auch daran liegen, dass in den fünfziger Jahren, als Selye sein Konzept entwickelte, das Thema Stress (nicht zuletzt aufgrund von Wiederaufbau und Arbeitsintensivierung) an Bedeutung gewann.

Das Konzept von Selye ist aus inhaltlichen Gründen wichtig: Es betont den unspezifischen Aspekt von Stress (s. Kasten 7), es berücksichtigt den Prozesscharakter von Stress und es beschäftigt sich mit der Anpassung an belastende oder extreme Umweltbedingungen – mit einem damals und heute wichtigem Problembereich.

Kritisiert wurde an dem Ansatz immer wieder, dass psychologische Faktoren und Prozesse kaum berücksichtig werden und dass Stress längst kein so einheitliches Phänomen sei, wie es von Selye postuliert wird. Insbesondere der Ansatz der unspezifischen Aktivierung wurde in Frage gestellt.

Die Unterscheidung zwischen positiven und negativen Stresswirkungen (Eustress und Disstress), die von Selye vorgeschlagen wird, konnte sich in der arbeitspsychologischen Stressforschung nicht durchsetzen. Unter Verweis auf die Gefahr eines «Regenschirmbegriffs» wird vorgeschlagen, Reaktionen auf diese positiven Ereignisse (Eustress) nicht unter Stress zu fassen.

Inspiriert durch die bahnbrechende Arbeit von Kornhauser (1965), *Mental health of the industrial worker,* und durch skandinavische Studien aus den sechziger und siebziger Jahren (vgl. z.B. Gardell, 1978), hat sich die Arbeits- und Organisationspsychologie verstärkt dem Thema Stress bei unterschiedlichen Beschäftigtengruppen zugewandt.

In den letzten Jahrzehnten wurde eine Fülle von Literatur zum Thema Stress und Stressmanagement veröffentlicht. Während zunächst eine ausführliche Diskussion darüber geführt wurde, wie Stress zu definieren sei, und ob Stress vor allem ein Merkmal der Situation oder eine Reaktion der Person sei (reiz- vs. reaktionszentrierter Ansatz; vgl. z. B. Bamberg & Greif, 1982) ist in den letzten Jahren insbesondere in der arbeitspsychologischen Stressforschung ein konzeptioneller Konsens zu verzeichnen.

Eine zentrale Grundlage des arbeitspsychologischen Verständnisses von Stress wurde vor ca. 25 Jahren im Rahmen des person-environment-fit (p-e-fit) models (vgl. Harrison, 1978) formuliert. Die Ursache von Stress ist nicht isolierten Personen- und/oder Umweltmerkmalen zuzuschreiben, sondern einer mangelnden Übereinstimmung zwischen individuellen Bedürfnissen, Wünschen und Kompetenzen auf der einen Seite und Anforderungen, Gegebenheiten und Möglichkeiten der Situation auf der anderen Seite.

4.2 Das transaktionale Stresskonzept und dessen arbeitspsychologische Erweiterung

Die Gegenüberstellung zwischen Personen- und Umweltmerkmalen wird in jüngeren Stressdefinitionen aufgegriffen. Stress wird definiert als «...ein subjektiv intensiv unangenehmer Spannungszustand, der aus der Befürchtung entsteht, dass eine

- stark aversive,
- subjektiv zeitlich nahe (oder bereits eingetretene) und
- subjektiv lang andauernde Situation

sehr wahrscheinlich nicht vollständig kontrollierbar ist, deren Vermeidung aber subjektiv wichtig erscheint» (Greif, 1991, S. 13).

Beispiel

Es gibt Zeiten, da fühlt sich Frau Kraft den Ansprüchen ihrer Vorgesetzten, ihrer Familie, aber auch ihren eigenen Erwartungen nicht gewachsen. All die Aufgaben

bei der Arbeit und zu Hause türmen sich vor ihr auf. Verschiedene Probleme bedürfen dringend einer Regelung – sie kann sich nur nicht vorstellen wie.
Bei der Bearbeitung von einigen Versicherungsfällen hat es in der letzten Zeit Pannen gegeben. Frau Kraft hatte dadurch einige äußerst unangenehme Auseinandersetzungen mit ihrem Vorgesetzten. Dies zeigt, dass zwischen Frau Kraft und ihren KollegInnen Absprachen erforderlich sind – aber es ist einfach keine Zeit dafür vorhanden. Frau Kraft befürchtet, dass die nächsten Zwischenfälle und damit Konflikte mit ihrem Chef kurz bevorstehen. Außerdem müsste sie sich unbedingt mehr um die Hausaufgaben ihres Sohnes kümmern – aber wenn sie zuhause ist, ist er meist unterwegs.

Die jüngere Stressforschung bezieht sich vielfach (und mit höchst unterschiedlichen Implikationen) auf das transaktionale Stressmodell (vgl. z. B. Lazarus & Launier, 1981). Im transaktionalen Modell werden Bewertungs- und Bewältigungsprozesse ausführlich diskutiert. Arbeitspsychologische Konzepte schenken darüber hinausgehend den Stressoren besondere Aufmerksamkeit (**Abb. 1**).

Bei dem Stressmodell sind unterschiedliche Elemente von Bedeutung. Einige davon haben wir bereits weiter oben kennen gelernt. Sie werden in den folgenden Abschnitten weiter ausgeführt:

- Ausgangspunkt des Stressprozesses sind Belastungen bzw. Stressoren. Belastungen sind die Bedingungen, die die Handlungsregulation beeinträchtigen. Sie wirken potentiell stressauslösend und haben negative Folgen für die Gesundheit. Wichtige Belastungen sind etwa Zeitdruck oder arbeitsorganisatorische Probleme.

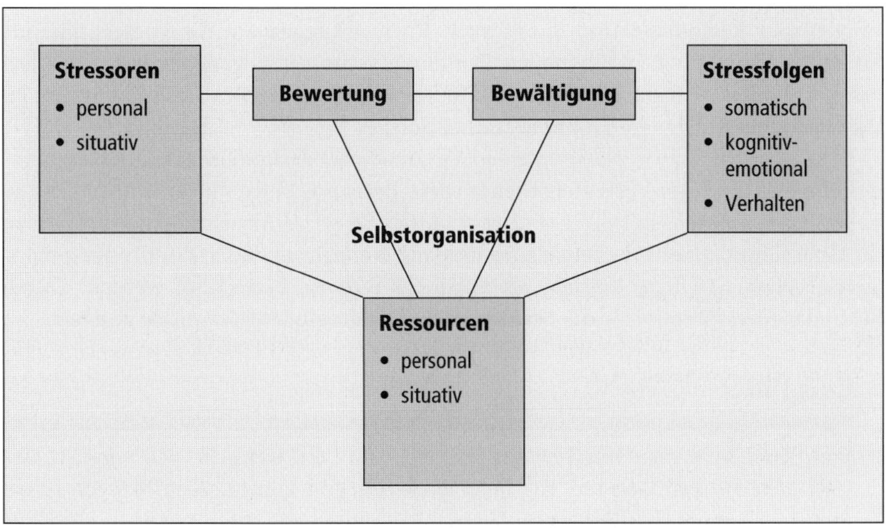

Abbildung 1: Das transaktionale Stressmodell

- Ressourcen sind die «Hilfsmittel» oder Möglichkeiten, mit Belastungen umzugehen. Durch Ressourcen können Belastungen reduziert und gesundheitliche Folgen von Belastungen kompensiert werden. Ressourcen sind eine wesentliche Voraussetzung für effektives Bewältigungsverhalten. Häufig diskutierte Ressourcen sind zum Beispiel soziale Unterstützung oder Handlungsspielraum.
- Im transaktionalen Modell wird hervorgehoben, dass Stressoren inter- und intraindividuell unterschiedlich bewertet werden. Irrelevanz, Herausforderung, Bedrohung und Verlust werden unterschieden.
- Stressfolgen können die somatische, die kognitiv-emotionale und die Verhaltensebene betreffen. Psychosomatische Beschwerden, Depressivität, Alkohol- und Nikotinkonsum sowie Fehler und Unfälle bei der Arbeitstätigkeit werden in der Literatur immer wieder genannt.
- Die Bedeutung von Regulationsprozessen wird häufig auf Stressbewältigung (Coping) reduziert. Ihre Wirkung geht jedoch weit darüber hinaus: Die Selbstregulation (z. B. welchen Zielen Priorität eingeräumt wird, wie Ziele verfolgt werden) hat Einfluss auf den gesamten Stressprozess (vgl. auch Kap. 3).

Auf der Grundlage des transaktionalen Modells ist die Entstehung von Stress nicht allein auf situative oder personale Bedingungen zurückzuführen. Ausgangspunkt von Stress ist vielmehr das Verhältnis von Anforderungen und Möglichkeiten der Situation und (somatischen, kognitiven, emotionalen, motivationalen) Handlungsvoraussetzungen der Person. Bedingungen der Situation und der Person beeinflussen sich wechselseitig.

Stressoren und Ressourcen beeinflussen Bewertungs- und Bewältigungsprozesse, diese haben Wirkungen auf die Gesundheit, es ergeben sich Rückwirkungen auf Belastungen und Ressourcen und damit auch Rückwirkungen auf die stressauslösende Situation und auf die individuellen Handlungsvoraussetzungen der Person. Belastungen und Ressourcen, Bewertungs- und Bewältigungsprozesse, Gesundheit sind im ständigen Fluss. Stress ist damit ein transaktionaler Prozess.

Stressoren haben, wie gezeigt wurde, Wirkungen auf der somatischen, der kognitiv-emotionalen und der Verhaltensebene. Diese Belastungsfolgen können ihrerseits zu Belastungen werden. Beispiele sind etwa durch Stress verursachte Ärgerreaktionen, die dazu führen, dass Arbeitende Konflikte mit KollegInnen oder KundInnen provozieren. Diese Konflikte können als Sekundär-Stressor bezeichnet werden. Durch Sekundär-Stressoren ist für die Beteiligten die Gefahr einer Stressspirale gegeben.

Beispiel

Frau Kraft steht manchmal nachts senkrecht im Bett, wenn sie sich vorstellt, wie viele Fälle sie am nächsten Tag bearbeiten soll. Am kommenden Morgen ist sie müde und angesichts der Anforderungen verunsichert. Auch tagsüber denkt sie darüber nach, wie sie ihre Schlafprobleme bewältigen kann. Sie fühlt sich schlapp und meint, die Anforderungen ihres Berufes nicht bewältigen zu können. Die Befindensbeeinträchtigungen von Frau Kraft – Folge von Arbeitsbelastungen – werden zusätzlich zur Belastung.

Bei der Auseinandersetzung mit dem Thema Stress erfolgt häufig eine Begrenzung auf aktuellen Stress, wie etwa Zeitdruck oder soziale Konflikte, die Wirkungen auf das Wohlbefinden haben. Dies ist jedoch verkürzt. Stress als Prozess impliziert, dass die zeitliche Perspektive einzubeziehen ist. Dabei sind mehrere Aspekte zu berücksichtigen.

1. Wesentlich für Stress sind zukünftige Ereignisse.
2. Qualität und Bedeutung von Stress verändern sich über die Zeit.
3. Stress und Erholung sind miteinander verknüpft.

1. Wesentlich für Stress sind zukünftige Ereignisse

In der Erwerbslosigkeitsforschung der letzten Jahre hat sich gezeigt, dass nicht nur durch Erwerbslosigkeit Stress gegeben ist, sondern vor allem auch durch Arbeitsplatzunsicherheit, durch die Angst, den Arbeitsplatz zu verlieren (vgl. z. B. Mohr, 1997). Verallgemeinert lässt sich festhalten: Unangenehme Ereignisse werfen ihre Schatten voraus – viele zukünftige Belastungen haben Folgen auf die aktuelle und langfristige Entwicklung der Gesundheit.

Beispiel

Als die Einführung des Call Centers in der Versicherung bevorstand, fühlte sich Frau Kraft den zukünftigen Veränderungen nicht gewachsen. Früher war sie mit der Schadensregulierung bei KFZ-Versicherungen beschäftigt gewesen. Sie war kompetent auf ihrem Gebiet und konnte fast alle Fälle eigenständig bearbeiten, die ihr übertragen worden waren. Sich bei Lebensversicherungen, Gebäudeversicherungen, Haftpflichtversicherungen, Rechtschutzversicherungen auszukennen, das schien Frau Kraft unvorstellbar. Sie fühlte sich zunächst inhaltlich völlig überfordert, zumal ihr auch für Qualifizierung nur wenig Zeit blieb.

Solche zukünftigen Stressereignisse sind in der Regel unangenehm und/oder ungewiss. Bevorstehende unangenehme oder aversive Ereignisse (vgl. die bei Greif, 1991 genannten aversiven Prognosen, s. o.) sind z. B. der Zahnarztbesuch, aber auch die anstehende Auseinandersetzung mit KollegInnen. Ereignisse, deren Ausgang unsicher ist, sind etwa durch eine bevorstehende Prüfung gegeben. Zukünftige Belastungen sind häufig aversiv *und* ungewiss: Die Unsicherheit, ob man sich beim Vortrag bis auf die Knochen blamieren wird, ob man im Streit mit der KollegIn den Kürzeren ziehen wird, mögen Beispiele dafür sein.

2. Qualität und Bedeutung von Stress verändern sich über die Zeit

Eine Veränderung der Qualität von Stress kann sich auf die Aversivität oder auf die Ungewissheit beziehen. Wer kennt nicht die Situation, dass ein besonders unangenehmes Gespräch mit Vorgesetzten oder KollegInnen bevorstand, das sich dann in der Situation als unproblematisch oder sogar konstruktiv erwies. Viele von uns haben erlebt, dass Anforderungen, die zunächst bedrohlich sind, zur reizvollen Herausforderung werden.

Beispiel

In den ersten Wochen der Umstellung im Betrieb befürchtete Frau Kraft, erwerbslos zu werden. Sie überlegte mehrmals, ob sie sich nicht eine neue Arbeitsstelle suchen sollte, zumal sie sich den Anforderungen nicht gewachsen fühlte. Im Laufe der Zeit bekam sie Routine. In der Zwischenzeit kann es sich Frau Kraft nicht mehr vorstellen, nur für eine einzige Versicherungssparte zuständig zu sein. Sie empfindet es als angenehm, sich mit so unterschiedlichen Arbeitsinhalten beschäftigen zu können.

Eine Veränderung der Qualität von Stress ist auch dann zu verzeichnen, wenn im Laufe der Zeit die Bewertung von potentiell belastenden Ereignissen wechselt. Dies ist etwa dann der Fall, wenn Bedingungen rückblickend als unangenehm und gesundheitsbeeinträchtigend interpretiert werden, die in der aktuellen Situation stoisch abgearbeitet wurden oder wenn Belastungen im Nachhinein als für die individuelle Entwicklung wichtige Anforderungen reinterpretiert werden.

Beispiel

Wenn Frau Kraft an die Zeit zurückdenkt, als ihre Kinder noch klein waren, dann fragt sie sich immer wieder, wie sie das alles ohne Zusammenbruch geschafft hat: Erwerbsarbeit und Familienarbeit verlangten einen auf die Minute durchgeplanten Tagesablauf, der keine Zeit ließ, gelegentlich mal einen Kaffee zwischendurch zu trinken. Und dann noch die Umstrukturierungen bei der Versicherung!
Manchmal, wenn Frau Kraft mit ihren Kindern auf dem Fußboden lag um zu spielen, ist sie mitten im Spiel eingeschlafen.
Rückblickend gesehen, betrachtet Frau Kraft diese Zeit als die schwierigste ihres Lebens – damals war sie so durch das Tagesgeschäft in Anspruch genommen, dass sie Belastungen gar nicht realisiert hat.

Wenn wir Belastungen im zeitlichen Kontext behandeln, dann stoßen wir auf unterschiedliche Prozesse: Negative Prognosen erweisen sich in der aktuellen Situation als unzutreffend. Erfahrungen und Kompetenzerwerb führen dazu, dass Belastungen zu Herausforderungen werden. Die Bewertung von Belastungen wird verändert, z. B. indem Belastungen im Nachhinein «geglättet» werden.

3. Stress und Erholung sind miteinander verknüpft

Zukünftige Stressereignisse werfen ihre Schatten voraus, vergangene Ereignisse haben kurz-, mittel- und langfristige Wirkungen. Inwieweit für eine konkrete Stressepisode Ressourcen bestehen, ist von Ausmaß und Intensität des Stress der Vergangenheit und der Zukunft abhängig. So wird sich z. B. aus hohen Anforderungen vor allem dann Stress entwickeln, wenn keine Möglichkeit der Erholung gegeben ist. Eine bevorstehende Pause oder gar Urlaub machen Zeitdruck erträglicher. Stress und Erholung werden damit zu zwei nicht voneinander zu trennenden Prozessen. So verweisen Kallus und Uhlig (2001) zu Recht darauf, dass Modelle über den Stressprozess die Berücksichtigung von Erholung implizieren. Die Folgen von Stress werden ganz wesentlich durch Erholungsmöglichkeiten bestimmt.

Die genannten Implikationen des transaktionalen Stresskonzeptes sind im **Kasten 8** zusammenfassend wiedergegeben.

Kasten 8

Implikationen des transaktionalen Stresskonzepts

- Stress ist ein Prozess.
- Ausgangspunkt des Stressprozesses ist das Verhältnis zwischen Situation und Person.
- Es bestehen transaktionale Wirkungen zwischen Situation und Person.
- Die Elemente des Stressprozesses sind austauschbar.
- Aktuelle, vergangene und zukünftige Stresssituationen spielen eine Rolle.
- Die Qualität von Stresssituationen verändert sich über die Zeit.
- Ein Verständnis von Stress setzt die Einbeziehung von Erholung voraus.

Den weiteren Ausführungen legen wir das arbeitspsychologisch erweiterte transaktionale Stressmodell zugrunde. Es sollen nachfolgend die Elemente des Modells erläutert werden.

4.3 Belastungen

In der öffentlichen Diskussion spielen vor allem außergewöhnliche Belastungen eine Rolle. Zu lesen ist über Schock beim Berufseintritt, über Mobbing oder über Erwerbslosigkeit. Die kleinen, alltäglichen Stressoren (daily hassles, vgl. z. B. Lazarus, 1984; DeLongis, Folkman & Lazarus, 1988), wie unklare Anforderungen, soziale Stressoren oder Enttäuschungen des Alltags, werden kaum genannt. Diese Schwerpunktsetzung mag ein Effekt davon sein, dass sich lebensverändernde Ereignisse oder Krisen eindringlicher darstellen lassen als die lästigen, kleinen Hindernisse des Alltags, an die sich so viele schon gewöhnt haben. Inhaltlich gerechtfertigt ist die Schwerpunktsetzung nicht. Vielmehr ist zu berücksichtigen, dass auch außergewöhnliche Ereignisse ihre Wirkung vielfach über alltägliche Stressoren entfalten.

Unter Stressoren bzw. Belastungen fassen wir zunächst ganz allgemein diejenigen Bedingungen zusammen, die mit hoher Wahrscheinlichkeit Stress auslösen. Diese Begriffsbestimmung, die auch dem Alltagsverständnis von Stressoren entspricht, klingt zunächst tautologisch. Aufgrund von arbeitspsychologischen Untersuchungen lassen sich aber einige Arbeitsbelastungen identifizieren, die Folgen für Gesundheit und Wohlbefinden haben. Dazu gehören v. a. soziale Konflikte, hohe Arbeitsintensität bzw. Zeitdruck, Unsicherheit und organisatorische Probleme. Wie sich an unserem Beispiel zeigen lässt, besteht ein enger Bezug zwischen Stressoren und Arbeitsaufgabe.

Beispiel

Der zentrale Stressor für Frau Kraft ist der Zeitdruck. Sie empfindet es als äußerst unangenehm, wenn auf ihrem Schreibtisch mehrere Vorgänge liegen, die an diesem Tag noch bearbeitet werden sollen, gleichzeitig aber immer wieder das rote Licht leuchtet, und sie damit ihre schriftlichen Arbeiten unterbrechen muss. Zeitdruck entsteht auch dadurch, dass die wenigen Minuten, die für ein Telefongespräch vorgesehen sind, bei komplizierten Fällen einfach nicht ausreichen. Frau Kraft versucht, diesen Zeitdruck zu bewältigen, indem sie schneller arbeitet – aber das geht eben nur manchmal.

Es gibt eine ganze Reihe von Systematisierungen der Arbeitsbelastungen. Mögliche Dimensionen sind Herkunft (z. B. individueller Arbeitsplatz, Arbeitsumgebung, Institution), Qualität (soziale, biologische, physikalisch-geographische, technische Bedingungen), Planmäßigkeit, Voraussehbarkeit, Kontrollierbarkeit und Zeitcharakteristik (z. B. Dauer und Häufigkeit) (Schönpflug, 1987). Wenn die Herkunft der Stressoren weiter differenziert wird, lässt sich trennen zwischen Stressoren in der Arbeitsaufgabe (qualitative und quantitative Über- und Unterforderung), physikalischen Stressoren durch Umgebungsbedingungen, Stressoren in der zeitlichen Dimension, etwa durch Schicht- und Nachtarbeit, Stressoren in der sozialen Situation, organisatorisch bedingte Stressoren, Stressoren in der Berufskarriere, z. B. durch Realitätsschock beim Eintritt in das Berufsleben oder bei Umstellungsprozessen, sowie Stressoren durch Arbeitsplatzunsicherheit (Udris & Frese, 1999).

Systematisierungen wie die genannten sind pragmatisch. Sie lassen die Frage außer Acht, was die spezifischen Charakteristika von Stressoren oder Belastungen sind, was (außer den Folgen) den Stressor zum Stressor macht. Ein wesentliches Verdienst der Arbeitspsychologie besteht darin, mit Hilfe von theoriegeleiteten Klassifikationen von psychischen Arbeitsbelastungen genau diese Frage zu beantworten. Stressoren werden dabei in Bezug zu (Arbeits-)Handeln gesetzt.

4.3.1 Stressoren und Beeinträchtigung der Handlungsregulation

Menschliches Handeln lässt sich beschreiben durch Prozesse der Zielbildung, der Zielkonkretisierung und der Planung, der Ausführung und der Kontrolle (vgl. Kap. 3). Wenn diese Prozesse beeinträchtigt werden, liegen Stressoren vor. Stressoren sind demnach Beeinträchtigungen der Handlungsregulation.

Beispiel

Immer wieder spricht Frau Kraft mit KundInnen, die ihre Versicherung kündigen möchten. In solchen Gesprächen stellt sich dann heraus, dass die jeweilige KundIn mit Versicherungsleistungen unzufrieden ist oder dass sie einen erheblichen Anteil ihres Einkommens für Versicherungen ausgibt. Frau Kraft soll der KundIn von einer Kündigung eher abraten, bei Unzufriedenheit beschwichtigen. Dies widerspricht ihrer Vorstellung davon, was die KundInnen wirklich brauchen. Gleichzeitig weiß Frau Kraft, dass sie bei mehreren Kündigungen Ärger mit ihrer Vorgesetzten bekommen wird. Frau Kraft befindet sich in einem (Ziel-)Konflikt.
Ein weiteres Problem von Frau Kraft besteht darin, dass es immer wieder Fälle gibt, bei denen sie im Zweifel ist, ob sie sie selbst bearbeiten oder ob sie sie weitergeben soll. Wenn sie diese Fälle selbst bearbeitet, überschreitet sie die Minutenvorgabe. In manchen Fällen reizt sie die Aufgabe. Sie ist sich aber nicht sicher, ob ihr Wissen ausreicht, um den Fall zu bearbeiten. Wenn sie den jeweiligen Fall weitergibt, dann kann sie sicher sein, dass eine gründlichere Bearbeitung möglich ist – aber da ist ja noch die Vorgabe, dass sie möglichst wenig Fälle weitergeben soll.
Ein Problem ist auch diese rote Ampel auf dem Bildschirm. Immer wieder kommt es vor, dass Frau Kraft einen schwierigeren Fall bearbeitet, für den sie Konzentration und Ruhe benötigt, in den sie sich richtig einarbeiten muss. Und genau dann leuchtet die rote Ampel und sie muss Telefondienst übernehmen. Bis dann der Telefondienst vorbei ist, hat sie wesentliche Punkte des Falles, den sie vorher bearbeitet hatte, vergessen und sie muss sich neu einarbeiten.

Eine Beeinträchtigung des Arbeitshandelns kann, wie unser Beispiel zeigt, aufgrund verschiedener Problembereiche gegeben sein (vgl. z.B. Semmer, 1984; Semmer & Dunckel, 1991):

- *Die Beeinträchtigung der Befriedigung übergreifender Bedürfnisse oder übergreifender Werte oder Konflikte mit dem Wertesystem einer Person*
  So kommt es immer wieder vor, dass die Ziele der Organisation den Normen und Werten der Person widersprechen. An vielen Arbeitsplätzen kann durch unzureichende Arbeitsinhalte das Interesse nach Erhalt und Entwicklung der eigenen Qualifikation nicht realisiert werden, eingeschränkte soziale Beziehungen können dem Bedürfnis nach Sozialkontakten widersprechen (Beeinträchtigung übergreifender Werte).

Illustration 4: Das ultimative Versicherungspaket

- *Enge Zielvorgaben und damit mangelnde Möglichkeiten, eigene Ziele zu entwickeln oder Ziele zu modifizieren*
  Wenn die Ausführung der Handlung vorgeschrieben ist, wenn die Arbeitenden keine Möglichkeiten haben, Zielvorgaben zu beeinflussen, dann können Handlungsziele nicht den Handlungsbedingungen (und dem individuellen Handlungsstil) angepasst werden (starre Zielvorgaben).
- *Unklare oder widersprüchliche Ziele*
  Immer wieder ist unklar, was bei der jeweiligen Tätigkeit genau verlangt wird, oder die – offiziellen und/oder informellen – Ziele und Handlungskriterien widersprechen sich (Zielunsicherheit).
- *Unbekannte, unklare oder unzugängliche Wege der Zielerreichung*
  z. B. durch ein Missverhältnis zwischen Leistungsvoraussetzungen und Komplexität der Aufgabe (Regulationsunsicherheit).
- *Störungen und Behinderungen, die kompensiert werden müssen*
  z. B. durch fehlende oder nicht funktionierende Arbeitsmittel, durch andere Personen, durch unvorhergesehene Zwischenfälle (Regulationsaufwand).

Unter der Perspektive der Handlungsregulation wird also danach gefragt, inwieweit Zielbildung und Zielerreichung gestört oder behindert sind. Ob Belastungen vorliegen oder nicht, lässt sich damit anhand von fünf Fragen klären (vgl. **Kasten 9**).

Kasten 9

Fünf Fragen zur Identifizierung von Belastungen

1. Sind Ziele und Bedingungen des Arbeitshandelns mit übergeordneten Werten und Motiven vereinbar – oder steht die Arbeitstätigkeit im Widerspruch zu Erwartungen und Normen des Arbeitenden?
2. Können Ziele entwickelt bzw. modifiziert werden – oder sind die Ziele vorgegeben und nicht veränderbar?
3. Sind Ziele eindeutig und widerspruchsfrei – oder ist ungewiss, was von den Arbeitenden erwartet wird?
4. Sind die Wege der Zielerreichung bekannt und verfügbar – oder sind sie unklar und nicht zugänglich?
5. Ist eine Zielerreichung ohne Zusatzaufwand möglich – oder treten immer wieder Störungen auf?

4.3.2 Bedingungsbezogene und personenbezogene Belastungen

In der Belastungsforschung standen in der Vergangenheit situative (bedingungsbezogene, äußere) Belastungen im Vordergrund. In der Tat sind viele Stressoren durch die

Arbeitsbedingungen und die Arbeitsaufgabe gegeben – z. B. durch Umgebungsbelastungen wie Lärm, durch arbeitsorganisatorische Probleme oder durch Arbeitsintensität. Es können aber auch personale (personenbezogene, innere) Stimuli und Prozesse, wie z. B. ineffektive Handlungsregulation, Schmerzempfindungen, Ermüdungs- oder Ärgerzustände, die Handlungsregulation beeinträchtigen und damit als Belastungen gesehen werden. Wenn selbst gesteckte Ziele nicht erreichbar sind, dann sind vielleicht die Ansprüche des Arbeitenden zu hoch. Wenn Wege der Zielerreichung nicht verfügbar sind, so ist dies möglicherweise auf die Qualifikation des Arbeitenden zurückzuführen. Störungen, die immer wieder auftreten, können durch die individuelle Arbeitsorganisation gegeben sein.

Belastungen sind somit durch situative und/oder durch personale Bedingungen gegeben. Die Identifizierung der situativen und der personalen Ursachen von Belastungen ist unerlässlich, um zielgerichtet stressbezogene Interventionen entwickeln zu können.

Beispiel

Frau Kraft hat hohe Anforderungen – Anforderungen, die durch ihre Berufsarbeit und ihre familiäre Situation gegeben sind. Auch Frau Kraft selbst trägt zu diesen Anforderungen bei: Sie hat Ansprüche an die Qualität ihrer Berufsarbeit. Wenn die Ampel auf ihrem Bildschirm leuchtet, dann fühlt sie sich verpflichtet, sofort Telefongespräche anzunehmen. Bei einigen ihrer KollegInnen ist das anders – sie ignorieren die Ampel ganz bewusst.

Auch ihrer Familie versucht Frau Kraft gerecht zu werden. Als ihre Kinder klein waren, hatte sie ein schlechtes Gewissen, wenn sie sie mal als letzte vom Kindergarten abgeholt hat. Wenn das gemeinsame Abendessen mehrfach ausgefallen ist, wenn sich Staubmäuse in den Ecken sammeln, dann sieht Frau Kraft wieder diesen Berg von Arbeit vor sich. Sie versucht die Arbeitsteilung in der Familie zu ändern, Kinder und Ehemann zu mehr Hausarbeit und Familienaktivitäten zu bewegen. Sie gibt diese Versuche aber nach kurzer Zeit auf, weil ihre Durchsetzung zusätzlichen (emotionalen!) Aufwand bedeutet. Beim nächsten Mal wissen die Familienmitglieder schon: Drohende Aufgaben im Haushalt können durch stilles Ausharren vermieden werden – und Frau Kraft lädt sich gleich doppelte Mehrarbeit auf: die Arbeit für ihre Lieben und die Arbeit an ihren Lieben.

4.3.3 Psychosoziale Belastungen

Umfragen zu Stress und Erfahrungen aus Stressmanagementtrainings stimmen weitgehend darin überein, dass im Arbeitsleben Vorgesetzte und Führungskräfte, KollegInnen und MitarbeiterInnen Stressfaktor Nr. 1 seien. Dabei bleibt es nicht bei mehr oder weniger alltäglichen sozialen Auseinandersetzungen und Konflikten. Systematische und gezielte Angriffe, die wiederholt auftreten und sich über einen längeren Zeitraum erstrecken, sind im betrieblichen Alltag keineswegs die Ausnahme.

Trotz dieser einheitlichen Ergebnisse wäre es verkürzt, psychosoziale Stressoren alleine auf soziale Beziehungen zurückzuführen. Vielmehr ist zu unterscheiden, ob psychosoziale Belastungen tatsächlich in sozialen Beziehungen ihre Ursache haben oder ob sie nicht vielmehr von den Akteuren sozialen Beziehungen zugeschrieben werden und/oder Folgeprobleme von sozialen Beziehungen sind. Bei der Entstehung psychosozialer Belastungen können ganz unterschiedliche Prozesse eine Rolle spielen.

Folgeprobleme

Viele Belastungen sind durch organisatorische Mängel wie knappe Ressourcen, unzureichende Informationen oder unklare Verantwortlichkeiten gegeben. Verbunden damit sind häufig Kommunikations- und Kooperationsprobleme und damit soziale Belastungen. Arbeitsbelastungen wie Zeitdruck, Unterbrechungen oder Störungen können Befindensbeeinträchtigungen wie Gereiztheit oder Ärgerreaktionen bewirken. Im Umgang mit anderen können aus diesen Befindensbeeinträchtigungen soziale Stressoren werden.

Folgeprobleme sind auch durch Gratifikationskrisen (Siegrist, 1996) gegeben. Gratifikationen, d.h. Gegenwert und Belohnung, die die Arbeitenden für ihren Einsatz erhalten, sind zentral für Arbeitszufriedenheit und Gesundheit. Gratifikationskrisen entstehen dann, wenn Anstrengung und Belohnung nicht ausgeglichen sind. Belohnung ist damit im weiteren Sinne gemeint, sie kann durch Bezahlung, Wertschätzung, aber auch beruflichen Status gegeben sein.

Für die Entstehung von Gratifikationskrisen dürften Prozesse des sozialen Vergleichs eine nicht zu unterschätzende Rolle spielen. Für die Arbeitenden stellen sich Fragen wie: Welche Ressourcen stehen wem zur Verfügung? Sind Aufwand und Nutzen ausgewogen? Entsprechen Entlohnung und Gratifikationen dem Einsatz?

Eine ungleiche Verteilung von Gratifikationen beeinflusst aber nicht nur das Wohlbefinden der Beteiligten, sondern auch die sozialen Beziehungen. Ungleiche Verteilung kann Auseinandersetzung der Akteure um Ressourcen und Gratifikationen nach sich ziehen, die im günstigen Falle lediglich unterschiedliche Zielvorstellungen und Handlungsstrategien, also divergierende Handlungsregulationen bewirken, im ungünstigen Falle zu persönlichen Angriffen und Mobbing führen.

Aus Belastungen durch ungleiche Verteilung von Gratifikationen können psychosoziale Belastungen entstehen. In der Wahrnehmung und Bewertung durch die Beteiligten werden die verschiedenen Gruppen von Belastungen häufig nicht getrennt. Eine für erfolgreiche Interventionen wichtige Voraussetzung, nämlich die Quellen von Stressoren zu erkennen, wird dadurch erschwert. Dies verweist auf die Notwendigkeit einer ausführlichen Analyse der Belastungsursachen.

Die Ursache der Belastungen liegt in all diesen Fällen bei der Arbeitsaufgabe und den Arbeitsbedingungen – und erst als Folgewirkung in den sozialen Beziehungen. Die Stressspirale, auf die bereits weiter oben eingegangen wurde, trägt damit zur Entstehung psychosozialer Belastungen bei. Auch einige der in den nächsten Abschnitten genannten Prozesse hängen mit diesen Folgeproblemen zusammen.

Divergierende Handlungsregulation der InteraktionspartnerInnen

Bei der Redefinition und Erfüllung der Arbeitsaufgaben, bei Kommunikationsprozessen oder allgemein, hinsichtlich Verhaltensnormen oder -standards, immer ist von Bedeutung, inwieweit die Handlungsregulationen der Beteiligten in Einklang sind.

Belastungen entstehen dann, wenn die Handlungsregulationen der Personen, die miteinander kooperieren oder kommunizieren (müssen) so divergieren, dass damit individuelles Handeln einer oder mehrerer InteraktionspartnerInnen beeinträchtigt ist. Dies ist etwa dann der Fall, wenn die Beteiligten (z. B. KollegenInnen, MitarbeiterInnen oder KundInnen) unterschiedliche Bedürfnisse, Normen oder Werte haben und sich einzelne dadurch in ihrem Wertsystem in Frage gestellt oder angegriffen fühlen. Belastungen durch divergierende Handlungsregulationen liegen auch dann vor, wenn die Beteiligten unterschiedliche Handlungsstrategien verfolgen und sich dadurch gegenseitig behindern oder stören.

Wenn z. B. MitarbeiterInnen einer Pflegestation ihre Arbeitsaufgabe unterschiedlich definieren, für die eine der Umgang mit PatientInnen im Vordergrund steht, der andere besonderen Wert auf eine professionelle Pflegedokumentation legt, können dadurch psychosoziale Belastungen entstehen.

Wenn eine Kollegin der Meinung ist, dass wichtige Entscheidungen in Teamsitzungen vorbesprochen werden sollten, ein anderer Kollege aber lediglich die Information nach Abschluss des Entscheidungsprozesses für wichtig erachtet, dann ist damit eine mögliche Quelle von sozialen Belastungen gegeben.

Wenn für den einen Kollegen ein kleiner Plausch zwischendurch dazu gehört, während die andere Kollegin bevorzugt schweigend ihre Arbeit erledigt, dann kann der eine zum nervigen Schwätzer für die andere, die andere zum Muffel für den einen werden.

Persönliche Angriffe

Angriffe auf Personen, auf deren Normen, Werte und Handlungsmöglichkeiten, sind im Arbeitsleben keine Seltenheit. Diese Belastungen werden dann, wenn sie über eine gewisse Dauer hinweg häufig, regelmäßig und systematisch erfolgen, unter dem Begriff Mobbing diskutiert (vgl. **Kasten 10**).

Kasten 10

Mobbing

Mobbing beschreibt eine konfliktbelastete Kommunikation und Interaktion am Arbeitsplatz unter KollegInnen und/oder zwischen Vorgesetzten und Untergebenen, bei der die angegriffene Person unterlegen ist und systematisch, regelmäßig und über einen längeren Zeitrum direkt oder indirekt angegriffen wird mit dem Ziel der Ausgrenzung (Leymann, 2000).

Leymann ordnet die Mobbinghandlungen fünf Bereichen zu: Angriffe auf die Möglichkeit sich mitzuteilen (z. B. Kontaktverweigerung), Angriffe auf soziale Beziehungen (z. B. nicht mit dem Betroffenen sprechen), Angriffe auf das soziale Ansehen (z. B. andere lächerlich machen), Angriffe auf die Qualität der Berufs- und Arbeitssituation (z. B. Zuweisung sinnloser Aufgaben), Angriffe auf die seelische und körperliche Gesundheit (z. B. Zuweisung gesundheitsschädigender Aufgaben).

Attribuierungsprozesse

Belastungen sind häufig durch Arbeitsinhalte und Arbeitsbedingungen gegeben und über soziale Beziehungen lediglich vermittelt. Dies ist z. B. dann der Fall, wenn eine Arbeitsaufgabe unter Zeitdruck erfüllt werden muss und KollegInnen oder KundInnen auf ein enges Zeitbudget oder auf Termine verweisen. In diesen Fällen erfolgt vielfach eine Zuschreibung von Belastungsursachen zu Personen. Die KollegIn, die auf die Wahrnehmung von Terminen achtet, wird zur AntreiberIn, die KundIn, die etwas besonders genau wissen möchte, zur Nervensäge.

Eine Zuschreibung von Belastungsursachen bezieht sich häufig auf das unmittelbar Sichtbare und scheinbar Bekannte, nicht aber auf Bedingungen, Strukturen oder Prozesse, die wenig transparent und nur teilweise zu erschließen sind. Arbeitsorganisatorische Probleme werden im Alltag weniger auf (nur zum Teil durchschaubare) Organisationsstrukturen zurückgeführt, sondern vor allem auf geringes Engagement oder geringe Kompetenz der anderen.

Die hier genannten Gruppen von Belastungen – soziale Belastungen als Folgeprobleme, aufgrund divergierender Handlungsregulation, in Form von persönlichen Angriffen und die Zuschreibung von Belastungen zu Personen – sind nicht unabhängig voneinander und sie sind in Zusammenhang mit der Arbeitsaufgabe zu sehen. Aus divergierenden Zielen oder Handlungsstrategien entstehen vor allem dann Belastungen, wenn auch durch die Arbeitsaufgabe Stressoren und wenig Ressourcen gegeben sind. Vor allem dann, wenn wenig Möglichkeiten gegeben sind, unterschiedliche Vorstellungen und Strategien zu diskutieren, Kompromisse zu finden und Gemeinsamkeiten zu entwickeln, dürften Divergenzen in der Handlungsregulation zu Belastungen werden. Auch Angriffe auf Personen erfolgen verstärkt bei hohen aufgaben- oder organisationsbezogenen Belastungen und geringen Ressourcen. So verweist Zapf (1999) auf Wechselwirkungen zwischen arbeitsorganisatorischen Problemen und niedrigem Handlungsspielraum auf der einen und Mobbing auf der anderen Seite.

4.3.4 Emotionale Belastungen

Durch die Zunahme der Dienstleistungsarbeit hätten, so lesen wir immer wieder, emotionale Belastungen zugenommen. Insbesondere die Notwendigkeit, bei der Arbeit Emotionen zu zeigen, die man eigentlich gar nicht hat (emotionale Dissonanz, Hochschild, 1990), wird in diesem Zusammenhang als Belastungsfaktor genannt.

Es ist ein Charakteristikum unserer Kultur, dass Personen die Emotionen zeigen, die in einer Situation gefordert sind und weniger die, die sie unmittelbar empfinden. So ist es selbstverständlich, dass MitarbeiterInnen, die müde an einer Teambesprechung teilnehmen, nicht ihren Kopf auf die Arme legen und schlafen. Auch wenn KollegInnen sich gegenseitig unsympathisch finden, werden sie das nicht unbedingt zum Ausdruck bringen. Die Notwendigkeit, bestimmte Emotionen zu zeigen oder «neutral» zu wirken, macht somit noch keine Belastung aus. Sie ist vielmehr eine Anforderung, die viele Arbeitstätigkeiten kennzeichnet.

Die Anforderung, Emotionen zu regulieren, kann sich auf eigene Emotionen beziehen. Dies ist etwa dann der Fall, wenn es darum geht, trotz Ärger, Langweile oder Frustration handlungsfähig zu bleiben. Auf diese Prozesse wird im Kapitel Selbstorganisation verwiesen.

Die Anforderung, Emotionen zu regulieren, kann sich auch auf die Emotionen anderer beziehen – das schreiende Kind, die verzweifelte PatientIn, die cholerische Vorgesetzte, die ärgerliche KollegIn sollen beruhigt, getröstet, aufgebaut werden. Diese Regulierung der Emotionen wird auch unter dem Thema Emotionsarbeit oder Interaktionsarbeit diskutiert.

Wann aber werden aus diesen Anforderungen emotionale Belastungen?

Wie Belastungen generell, so können auch emotionale Belastungen auf dem Hintergrund der Handlungsregulation beschrieben werden: Emotionale Belastungen entstehen demnach dann, wenn durch Emotionen anderer Personen und durch eigene Emotionen übergeordnete Werte, Ziele oder Normen angegriffen oder in Frage gestellt werden. Emotionale Belastungen bestehen ferner dann, wenn durch Emotionen Zielbildungs- und Ausführungsprozesse in Frage gestellt werden. Dann, wenn emotionale Belastungen durch die Emotionen anderer Personen verursacht sind, bestehen Überschneidungen zu psychosozialen Belastungen.

Beispiel

Immer wieder rufen bei Frau Kraft KundInnen an, die völlig irritiert sind. Besonders Montag Morgen häufen sich Telefongespräche, bei denen die KundInnen von dramatischen Ereignissen des Wochenendes berichten. Diese KundInnen sind oft sehr verzweifelt und ratlos. Frau Kraft leidet in diesen Situationen richtig mit. Sie möchte den KundInnen schnelle Hilfe anbieten, hat aber die Vorgabe, ohne schriftliche Schadensfallmeldung keine Zusagen zu machen. Wenn sie einige dieser Telefongespräche hinter sich hat, ist sie selbst deprimiert – muss aber bei den kommenden Gesprächen weiterhin freundlich, aktiv und aufmunternd erscheinen.

4.4 Ressourcen

Vergleichbare Bedingungen werden höchst verschieden bewertet und bewältigt und haben keineswegs immer vergleichbare Folgen für die Gesundheit. Zeitdruck wird manchmal als willkommener Kick erlebt, manchmal als totale Überforderung.

Eine Reihe von AutorInnen weisen darauf hin, dass Gesundheit durch zwei Gruppen von Faktoren beeinflusst wird: durch die bereits genannten Belastungen und durch Ressourcen, insbesondere Handlungsspielraum und Kontrolle. So zeigt Karasek (1979; Karasek & Theorell, 1990) im Rahmen des demand-control-models, dass vor allem die Kombination von hohen Anforderungen und geringem Handlungsspielraum negative Wirkungen auf die Gesundheit habe.

Die genannten Ergebnisse verweisen auf die Bedeutung von Ressourcen: Ressourcen sind Faktoren, die Entwicklungspotentiale und Gesundheit fördern, die Handlungsregulation, Selbstorganisation und den Umgang mit Stress unterstützen oder erleichtern. Ressourcen können durch Merkmale der Situation (situative Bedingungen) oder durch Merkmale der Person (personale Bedingungen) gegeben sein.

Eine gesunde Umwelt, materielle Sicherheit, funktionierende familiäre und soziale Beziehungen sowie gute Wohnverhältnisse werden immer wieder als wichtige *situative Ressourcen* genannt. In arbeitspsychologischen Untersuchungen hat sich besonders die Bedeutung von Handlungsspielraum und von sozialer Unterstützung gezeigt. So sind z. B. Unterbrechungen bei der Arbeit dann ein geringeres Problem, wenn die Möglichkeit besteht, bei Störungen einfachere Aufgaben zu erledigen, wenn also Handlungsspielraum gegeben ist. Arbeitsorganisatorische Probleme dürften dann besser zu bewältigen sein, wenn Hilfe, Rat oder Anteilnahme durch KollegInnen und Vorgesetzte, also soziale Unterstützung, zu erwarten ist.

Kontrollüberzeugungen, Selbstwirksamkeit, Bewältigungsstil und Problemlösekompetenzen sind wichtige *personale Ressourcen.* Diese Aufzählung verweist auf drei Aspekte, die bei der Diskussion personenbezogener Ressourcen zu unterscheiden sind:

1. Ressourcen können durch Kompetenzen, Fähigkeiten oder Fertigkeiten gegeben sein. Dazu gehören z. B. Problemlösekompetenzen, Änderungskompetenzen oder soziale Kompetenzen.

2. Verhaltens- oder Handlungsstile und Bewältigungsstile sind wichtige Ressourcen. Zielorientierung, Handlungsorientierung oder Bewältigungsstile sind z. B. für die Entstehung und Verarbeitung von Stress von Bedeutung.

3. Ressourcen, die in generalisierten Einstellungen, Haltungen oder Bewertungen bestehen, kommt im Stressgeschehen eine besondere Bedeutung zu.

Antonovsky (1987) stellte bei therapeutischer Tätigkeit immer wieder fest, dass es Menschen gibt, die auch bei extremen Belastungen relativ gesund bleiben. Auf dem Hintergrund dieser Erfahrungen ging er der Frage nach, was Personen befähigt, trotz zahlreicher intensiver belastender und krankheitserregender Lebens- und Umwelteinflüsse gesund zu bleiben. Antonovsky entwickelte federführend das Konzept *Kohärenzsinn,* das Ähnlichkeit mit dem Konzept *hardiness* (Kobasa, 1982) aufweist. Kohärenzsinn meint, dass Prozesse, Bedingungen und Ereignisse als verstehbar, handhabbar und sinnhaftig bewertet werden (vgl. **Kasten 11** auf S. 56).

Kasten 11

Kohärenzsinn

Kohärenzsinn ist «eine globale Orientierung, die ausdrückt, in welchem Umfang man ein generalisiertes, überdauerndes, jedoch dynamisches Gefühl des Vertrauens besitzt, dass (1) die Ereignisse in der eigenen inneren und äußeren Umwelt im Lebenslauf strukturiert, vorhersehbar und erklärbar sind; dass (2) Ressourcen verfügbar sind, um den aus diesen Ereignissen stammenden Anforderungen zu entsprechen und dass (3) diese Anforderungen herausfordernd sowie eines Einsatzes und Engagements wert sind» (Antonovsky, 1987, S. 19).

Die weiter oben beschriebenen stresstheoretischen Konzepte behandeln die Frage, welche Faktoren (Stressoren) gesundheitliche Beeinträchtigungen bewirken und berücksichtigen in diesem Zusammenhang die (intervenierenden) Effekte von Ressourcen. Salutogenetische Ansätze, wie das Konzept Kohärenzsinn, gehen insofern über stresstheoretische Konzepte hinaus, als dass sie thematisieren, was Menschen gesund hält, welche Wirkung Ressourcen allgemein für die Entwicklung von Gesundheit und Persönlichkeit haben.

Personale Ressourcen sind vor allem bei den Menschen stark ausgeprägt, die auch über viele situative (externe) Ressourcen, wie z. B. ein hohes Bildungsniveau, hohes Einkommen, privilegierte soziale Positionen und hohe berufliche Entscheidungsspielräume verfügen. Am Beispiel Kohärenzsinn lässt sich zeigen, dass ein enger Zusammenhang zwischen personalen und situativen Ressourcen besteht. So wird z. B. die Bewertung der Handhabbarkeit von Ereignissen durch die situativ gegebene Kontrollierbarkeit dieser Ereignisse beeinflusst. Die Bewertung von Verstehbarkeit von Prozessen ist nicht zuletzt von deren Transparenz bestimmt. Andererseits werden auch situative Ressourcen, wie z. B. soziale Unterstützung, von personalen Ressourcen, z. B. soziale Kompetenzen, bestimmt. Ressourcen stehen also in einem wechselseitigen Abhängigkeitsverhältnis.

Ein Zusammenhang zwischen situativen und personalen Ressourcen ergibt sich auch dadurch, dass personale Ressourcen bei der Nutzung situativer Ressourcen eine Rolle spielen. Handlungsspielräume können beispielsweise nur dann positive Wirkungen im Stressgeschehen haben, wenn sie erkannt und genutzt werden. Schaubroeck, Jones und Xie (2001) überprüfen in ihrer Untersuchung das weiter oben genannte demand-control-model von Karasek (1979). Die Autoren zeigen, dass die Wirkung von Handlungsspielraum (als situative Ressource) von Selbstwirksamkeitserwartung (als personale Ressource) abhängig ist.

Ressourcen haben einen mehrfachen Einfluss im Stressgeschehen (vgl. Kasten Stressmodell), sie haben direkte und moderierende Effekte (Sonnentag & Frese, 2003):

- Ressourcen wirken, wie in den oben angeführten salutogenetischen Modellen betont wird, direkt auf die Gesundheit. So besteht eine positive Wirkung von Kohärenzsinn auf Wohlbefinden.

- Sie haben ferner eine direkte Wirkung auf Stressoren. Durch Handlungsspielraum können z. B. Belastungen reduziert werden.
- Das Wissen um die verfügbaren Ressourcen beeinflusst Bewertungsprozesse: Wenn ausreichend Ressourcen zur Verfügung stehen, werden Situationen weniger als Bedrohung und eher als Herausforderung erlebt.
- Schließlich sind Bewältigungsprozesse ganz wesentlich von Ressourcen abhängig. Selbstwirksamkeitserwartung, Problemlösekompetenzen und Handlungsspielraum bestimmen den Umgang mit Stress.

Welche Ressourcen verfügbar sind und wie sie genutzt werden, ist somit ganz wesentlich für den Stressprozess. Dem **Ressourcenmanagement** ist besondere Aufmerksamkeit zu schenken. Weiter unten werden wir darauf zurückkommen.

4.5 Stressfolgen

Stress hat weitreichende Auswirkungen auf die Handlungsregulation und damit auf Gesundheit und Wohlbefinden. Die Folgen von Stress können unmittelbar in der stressauslösenden Situation und/oder zeitlich verzögert auftreten. Es lassen sich somit kurz- und langfristige Folgen unterscheiden.

Wirkungen von Stress beziehen sich auf drei Ebenen: die physiologisch-somatische, die kognitiv-emotionale und die Verhaltensebene. Sie betreffen das Individuum selbst, dessen soziale Bezugsgruppe wie Freunde und Familie und die Organisation. Wichtige Stressfolgen sind in der **Tabelle 1** aufgeführt (vgl. auch Greif, 1991; Sonnentag & Frese, 2003).

Tabelle 1: Stressfolgen

Ebene	Kurzfristige Stressfolgen	Langfristige Stressfolgen
Individuum		
Physiologisch-somatisch	Erhöhung der kardiovaskulären Aktivität (Blutdruck, Herzfrequenz) Verstärkte hormonelle Reaktion (Adrenalin, Noradrenalin)	Psychosomatische Beschwerden (Herz-Kreislauferkrankungen)
Kognitiv-emotional	Anspannung Ärger	Depressivität
Verhalten	Fehler	Eingeschränktes Freizeitverhalten
(Bezugs-)gruppe	Konflikthafte Interaktion	Soziale Spannungen
Organisation	Unfälle	Fluktuation

Eine Reihe von Studien berichten übereinstimmend von Stressfolgen auf der somatischen und psychosomatischen Ebene. Herz-Kreislauf-Erkrankungen können demnach als Stresskrankheiten bezeichnet werden.

Stressfolgen, die sich der kognitiv-emotionalen Ebene zuordnen lassen, sind Depressivität, Angst oder eingeschränktes Selbstwertgefühl.

Auf der Verhaltensebene sind die Ergebnisse weniger eindeutig. Das Ausmaß von Alkohol-, Medikamenten- und Nikotinkonsum wird nach einigen Studien von Arbeitsstressoren beeinflusst – nicht aber die Frage, ob Genuss- oder Rauschmittel überhaupt konsumiert werden. Es gibt ferner eine Reihe von Arbeiten, die eingeschränktes Freizeitverhalten, aber auch risikoreicheres Verhalten, Unfallverhalten und Fehler als Stressfolgen nennen.

Die Ergebnisse zu Stress und Leistung sind nicht ganz eindeutig (vgl. im Überblick Sonnentag & Frese, 2003): In Laborstudien konnte zwar gezeigt werden, dass Stressoren eine Einschränkung der kognitiven Leistungsfähigkeit bewirken, die Ergebnisse von Feldstudien sind jedoch widersprüchlich: Einige Untersuchungen berichten über beeinträchtigende Wirkungen von Stressoren auf Leistung, andere über förderliche Folgen von Belastungen auf Leistungen und dritte schließlich über keine Zusammenhänge. Diese Ergebnisse könnten darauf zurückzuführen sein, dass Stressoren keine lineare, sondern eine U-förmige Wirkung auf Leistung haben und dass es ferner spezifische Wirkungen einzelner Stressoren gibt. Schließlich ist anzunehmen, dass die Wirkung von Belastungen auf Leistung von einer Reihe intermittierender Faktoren abhängig ist.

Darüber hinaus gibt es eine Reihe von Untersuchungen, die Verhalten von Individuen in Organisationen betreffen. Die Bindung an eine Organisation (commitment), Absentismus und der Wechsel der Arbeitgeber wird durch Arbeitsstressoren beeinflusst.

Stressfolgen betreffen häufig nicht nur eine der oben genannten Ebenen, sondern mehrere gleichzeitig. So gibt es in jüngerer Zeit eine Reihe von wissenschaftlichen Arbeiten zur Wirkung von Stress auf das Immunsystem (z. B. Cohen et al., 1997). Es kann demnach angenommen werden, dass die Wirkung von Stress auf Krebserkrankungen darauf zurückzuführen ist, dass bei Belastungen die Fähigkeit des Immunsystems reduziert sei (somatische Ebene), dass unter Belastungen Gesundheitsverhalten, wie z. B. Sport, eingeschränkt werde (Verhaltensebene) und dass compliance, d. h. die Befolgung ärztlicher Anordnungen, reduziert werde (Schulz & Gold, 1999).

Unser Fallbeispiel verweist auf ein weiteres Merkmal von Stressfolgen: Diese betreffen nicht nur die Arbeitenden selbst, sondern auch deren Familienangehörige, Freunde etc.

Beispiel

An Tagen, an denen der Zeitdruck hoch ist, hat Frau Kraft abends schlechte Laune. Alles ist ihr zu viel, sie ist gereizt, bei jeder Kleinigkeit fährt sie aus der Haut. Auseinandersetzungen mit der Familie sind in diesen Zeiten keine Seltenheit. Schon wenn sie nach Hause geht, weiß sie, dass sie in der folgenden Nacht wieder ein paar Stunden wach liegen und an die rote Ampel auf dem Bildschirm und an ihren vollen Schreibtisch denken wird. Wenn der Zeitdruck über mehrere Tage anhält, dann werden auch die Schlafstörungen zunehmen. Frau Kraft wird dann tagsüber empfindlich, sie mag nichts unternehmen. Die Kinder von Frau Kraft sind in solchen Zeiten sehr verunsichert. Sie wissen kaum, wie sie sich verhalten sollen.

Illustration 5: Auch Schäfchen-Zählen erwies sich nicht als das adäquate Mittel gegen Schlafstörungen.

4.6 Stressbewertung und -bewältigung

Interindividuelle Unterschiede der Folgen von Belastungen zeigen, dass psychischen Prozessen vermittelnde Bedeutung im Stressgeschehen zukommt. In der Literatur wird dies unter dem Thema Stressbewertung und Stressbewältigung (Coping) behandelt (vgl. z. B. Lazarus & Folkman, 1984).

Individuelle *Bewertungsprozesse* können sich auf (gegenwärtige und/oder zukünftige) Bedingungen (primäre Bewältigung/ primary appraisal) und auf Bewältigungsmöglichkeiten (sekundäre Bewältigung secondary appraisal) beziehen. Auch die Neubewertung der stressauslösenden Situation (reappraisal) nach erfolgter Bewältigung gehört dazu.

Bei der *Bewältigung* (Coping) werden kognitive und behaviorale Prozesse getrennt. Behaviorale Prozesse umfassen aber immer auch kognitive Bewältigung. Bewältigung kann sich ferner auf die Regulierung von Problemen und/oder von Emotionen beziehen. Beispiele sind in der **Tabelle 2** aufgeführt.

Tabelle 2: Systematisierung von Bewältigungsprozessen

	Problembezogen	**Emotionsbezogen**
Behavioral	z. B. veränderter Arbeitsstil	z. B. Entspannungsübungen
Kognitiv	z. B. Strukturierung	z. B. sich selbst gut zureden

In «reiner» Form dürften die in der Tabelle gezeigten Varianten kaum vorkommen. Eine problembezogene Bewältigung z. B. wird häufig emotionsbezogene Prozesse implizieren.

Beispiel

Wenn Frau Kraft sehr viel zu tun hat, überlegt sie sich, was besonders wichtig ist und was erst mal warten kann (problembezogen, kognitiv). Sie setzt Prioritäten, erstellt sich eine Liste und arbeitet diese Liste ab. Sie nutzt in diesen Zeiten auch ihre Pausen, um ungestört weiterarbeiten zu können (problembezogen, behavioral). Wenn sie merkt, dass sie zunehmend unter Druck gerät, bemüht sie sich gezielt, an schöne, entspannte Situationen zu denken und sich klar zu machen, dass sie die Arbeit bewältigen wird (kognitiv, emotionsbezogen). Abends führt sie Entspannungsübungen durch (behavioral, emotionsbezogen).

Aussagen darüber, wie gesundheitsförderlich die verschiedenen Varianten von Bewältigung sind, sind nicht ganz eindeutig. Es gibt einige Hinweise darauf, dass problembezogenes Coping emotionsbezogenem Coping überlegen sei. Von den emotionsbezogenen Strategien wird positives Umdeuten als besonders erfolgreiche Strategie genannt. Zwei Gruppen von Bewältigungsformen werden in der Literatur übereinstimmend negativ beurteilt: eskapistische Strategien (z. B. Wunschphantasien, Alkohol/Tabletten) und Selbstbeschuldigung, Selbstabwertung. Bei weiteren Strategien, z. B. defensive, realitätsverzerrende Bewältigungsformen, ist das Urteil nicht eindeutig (vgl. Weber, 1992, 21f).

Diese Ergebnisse beziehen sich auf Coping in unterschiedlichen Situationen. Sie beziehen sich nicht speziell auf Stress am Arbeitsplatz. Es kann aber angenommen werden, dass in Abhängigkeit von Stressoren, Ressourcen und Kontextbedingungen unterschiedliche Copingstrategien erfolgreich sind. So könnte ein problemorientierter Copingstil nur dann erfolgreich sein, wenn die Beteiligten über ausreichenden Handlungsspielraum verfügen (vgl. Sonnentag & Frese, 2003).

Schönpflug und Battmann (1988) heben hervor, dass Coping nicht immer erfolgreich ist. Damit ist die Gefahr ineffektiver Bewältigung gegeben. Diese zeichnet sich durch ein ungünstiges Kosten-Nutzenverhältnis und durch unerwünschte Nebeneffekte aus. Durch ineffektive Bewältigung können Ressourcen reduziert und Stressoren verstärkt werden oder weitere Belastungen entstehen. Im Arbeitsleben findet sich dazu eine Fülle von Beispielen: Konflikte z. B. werden immer wieder kompensiert, indem Kommunikation zwischen den Konfliktparteien vermieden wird. Dadurch können Informationsmangel oder unzureichende Koordination verstärkt werden; die Gefahr von Belastungen durch arbeitsorganisatorische Probleme steigt. In den Interventionen, die sich auf Stressbewältigung beziehen wird diese Überlegung aufgegriffen (vgl. Kap. 6 und 7).

4.7 Jeder seines Glückes Schmied? – Selbstorganisation und Stress

Menschliche Tätigkeiten können unter der Perspektive von Regulationsprozessen beschrieben werden (vgl. Kap. 3). Regulationsprozesse, die mehr oder weniger umfassend und konkret gefasst werden können, beziehen sich etwa auf die Entwicklung und Realisierung eines Lebensentwurfs, die Gestaltung des Alltags, die Verwirklichung eines Wunsches oder die Erfüllung einer Arbeitsaufgabe.

Wenn auch die einschlägigen Konzepte auf unterschiedliche Tätigkeits- und Handlungsbereiche abzielen, so betonen sie doch übereinstimmend die Bedeutung einiger zentraler Prozesse – Prozesse der Orientierung, der Zielbildung und -konkretisierung, der Entwicklung von Handlungsplänen, der Ausführung und der Rückmeldung.

Zwischen Stress und Regulationsprozessen besteht ein mehrfacher Bezug, der in den vorausgegangenen Abschnitten immer wieder thematisiert wurde:

1. Stressoren sind die Faktoren, die menschliche Handlungsregulation beeinträchtigen. Darauf sind wir im Abschnitt *Belastungen* näher eingegangen.

2. Ressourcen lassen sich als diejenigen Bedingungen beschreiben, die Regulationsprozesse unterstützen oder erleichtern. Dies wurde im Abschnitt *Ressourcen* ausgeführt.

3. Die Regulationsprozesse, die direkt auf die Reduktion von Stressoren sowie die Erhöhung von Ressourcen ausgerichtet sind, wurden im Abschnitt *Stressbewältigung* behandelt.
4. Stressfolgen lassen sich als beeinträchtigte Handlungsregulation bezeichnen. Dies wurde im Abschnitt *Folgen von Stress* erläutert.

Im vorausgehenden Abschnitt wurde diese wechselseitige Beziehung unter der Perspektive des Stressprozesses behandelt. Im Folgenden soll die Wirkung von Selbstorganisation auf Stress verdeutlicht werden.

4.7.1 Stressreduktion durch Selbstorganisation?

Alle Phasen der Selbstorganisation – Orientierung, Reflexion übergreifender Motive und Werte, Entwicklung konkreter Ziele und Kriterien, Entwicklung eines Handlungsentwurfs, Ausführung und Feedback – sind für die Entstehung von Stress von Bedeutung.

Orientierung

Anhand zahlreicher Fälle lässt sich die Bedeutung der Orientierungsphase bei Problemlösung oder Planung zeigen. Dies betrifft ganz unterschiedlich komplexe Prozesse der Selbstregulation. So wird in Untersuchungen zu Problemlösen auf die Bedeutung der Orientierungsphase verwiesen. Wenn es darum geht, neue, unbekannte Anforderungen zu bewältigen, ist Orientierung wichtig. Im Zusammenhang mit Berufswahl, bei Berufslaufbahnentscheidungen oder beim Eintritt in eine neue Organisation wird die Relevanz der Orientierungsphase hervorgehoben.

Bei unzureichender Orientierung besteht die Gefahr, dass dadurch Stresssituationen entstehen, dass den eigenen Vorstellungen, Interessen und Potentialen zu wenig Aufmerksamkeit geschenkt wird.

Reflexion übergreifender Ziele und Motive

Welche Werte im Leben zentral sind, inwieweit Ziele realistisch oder unrealistisch sind, inwieweit Haltungen handlungsrelevant sein können – diese Fragen können nur beantwortet werden, wenn übergreifende Ziele, Motive und Haltungen bedacht und ggf. revidiert werden. Eine Reflexion übergreifender Ziele und Motive ist erforderlich, um zu überprüfen, ob diese angemessen sind und ob sie als Grundlage der Entwicklung konkreter Ziele dienen können.

Bei einigen in unserer Kultur verbreiteten Haltungen und Werten, besteht in besonderem Maße die Gefahr, dass sie stressinduzierend sind. Unserer Gesellschaft ist durch protestantische Arbeitsethik stark beeinflusst. Arbeit und Arbeitsfähigkeit haben einen hohen Stellenwert. Das Bild des leistungsfähigen, erfolgreichen und gesunden Menschen ist uns als Positivversion zur Selbstverständlichkeit geworden. Höchstleistung wird in weiten Teilen unserer Gesellschaft positiv bewertet. Der heute häufig verwendete Begriff «Humankapital» mag ebenso wie die Redewendung «Wenn mr no no schaffe ko»[1] ein Indiz dafür sein.

Eine arbeitsorientierte Werthaltung wird bei der Beurteilung anderer und bei der Bewertung der eigenen Person zugrunde gelegt. Um vor anderen und sich selbst etwas wert zu sein, muss man aktiv sein, arbeiten, etwas leisten, Höchstleistung erbringen. Höchstleistung heißt hohe Leistung in knapper Zeit und impliziert damit häufig Stress. Stress aushalten zu können, unter Stressbedingungen zu leben, verschafft gesellschaftliche Anerkennung und damit Selbstwert. Ruhe, Gelassenheit und Muße sind in unserer Gesellschaft allenfalls zur Erholung erwünscht.

Wenn Ziele dazu führen, dass kaum realisierbare Ansprüche an das eigene Handeln formuliert werden, so ist damit eine Quelle von Stress gegeben.

Entwicklung konkreter Ziele und Kriterien

Ziele haben eine mehrfache Funktion: Sie repräsentieren ein inneres Modell dessen, was sein soll. Sie unterscheiden sich insofern von Wünschen, als dass sie mit der Absicht verbunden sind etwas zu erreichen; sie wirken damit motivierend oder energetisierend. Ziele zu entwickeln, Kriterien der Zielerreichung zu reflektieren heißt auch, andere potentielle Zielbereiche zu vernachlässigen, zurückzustellen. Die Entwicklung von Zielen, die Absicht, konkrete Ziele zu verfolgen, bedeutet damit auch eine Entscheidung über den Einsatz von Ressourcen.

Entwicklung eines Handlungsentwurfs

Es hat sich gezeigt, dass die Realisierung eines Zieles stark davon beeinflusst ist, wie konkret die Ausführung geplant wird. Ein Handlungsplan, der Vorsätze darüber enthält, wann, bei welcher Gelegenheit, in welchen Schritten ein Ziel verfolgt wird, hat größere Chancen umgesetzt zu werden als ein diffuser oder vager Plan.

Stress, der dadurch entsteht, dass unrealistische Ziele verfolgt werden, kann ganz wesentlich auf unzulängliche Zielformulierung und Strategieentwicklung zurückzuführen sein.

Ausführung

Motiviertes, konzentriertes und kompetentes Verhalten, sich ohne Überforderung zu fordern, das sind Voraussetzungen dafür, dass die Ausführung einer Tätigkeit keine

1 Wenn man nur noch arbeiten kann!

Quelle von Stress ist. Ein angemessenes Pausen- und Erholungsmanagement ist eine in diesem Zusammenhang wichtige Bedingung.

Rückmeldung

Erfolge motivieren, aus Fehlern kann man lernen. Eine Bewertung des eigenen Verhaltens kann sich darauf beziehen, inwieweit ein Ziel erreicht wurde, wie das Ziel erreicht wurde und welche Konsequenzen daraus zu ziehen sind. Sich selbst Feedback zu geben oder gezielt Feedback von anderen einzuholen, bietet die Möglichkeit, Ziele, Strategien und Handlungen zu korrigieren. Stress, der dadurch entsteht, dass man immer wieder in dieselbe «Falle» gerät, kann so reduziert werden.

4.7.2 Stressinduzierende Selbstorganisation?

Ein Schlüssel zum Verständnis des Verhältnisses zwischen personenbezogenen und bedingungsbezogenen Elementen des Stressprozesses ist die Verknüpfung von Stress und Selbstorganisation. Belastungen und Ressourcen sind durch Lebens- und Arbeitsbedingungen wie etwa die Arbeitsaufgabe oder Umweltfaktoren gegeben. Viele Stressoren und Ressourcen können aber durch Selbstorganisation reduziert oder gefördert werden. Weiter oben wurde auf ineffektive Stressbewältigung verwiesen. Auch bei Selbstorganisation ist die Kehrseite zu berücksichtigen:

1. Das Konzept der Selbstorganisation basiert auf dem Bild eines Individuums, das zielgerichtet und rational handelt, das Geschehnisse und die eigene Zukunft aktiv beeinflusst. Sich treiben zu lassen, in den Alltag hinein zu leben, ist mit Selbstorganisation nur teilweise vereinbar. Volpert (1999) vergleicht in diesem Zusammenhang das Bild des Floßfahrers mit dem des Ruderers. Vielleicht hat Letzterer weniger Stress als der Erstgenannte (vgl. dazu auch Fay & Sonnentag, 2002)?

2. Selbstorganisation kostet Zeit und Ressourcen, die für anderes nicht zur Verfügung stehen.

3. Eine Reflexion grundlegender Ziele und Werte und sich daraus ergebende Handlungskonsequenzen mag in manchen Lebenslagen verfehlt sein. Manchmal ist es vielleicht ganz heilsam, sich den Widerspruch zwischen Lebenswünschen und eigener Realität nicht zu vergegenwärtigen. Sich die eigenen Misserfolge vor Augen zu führen, könnte durchaus demotivierend wirken.

4. Durch Selbstorganisation kann eine mit Rigidität und Inflexibilität gegenüber sich verändernden Bedingungen einhergehende Zielbindung gegeben sein.

Ob Selbstorganisation zur Stressreduktion beiträgt oder Stress fördert bzw. gar produziert, ist somit eine Gradwanderung. Sie ist zum einen von situativen Bedingungen abhängig: Damit Selbstorganisation wirksam wird, müssen Handlungsalternativen

Illustration 6: Floßfahren oder Rudern?

und Handlungsspielraum verfügbar sein, müssen Ressourcen für die Selbstorganisation zur Verfügung stehen. Selbstorganisation ist zum anderen von personalen Merkmalen abhängig. Zentral ist, inwieweit es gelingt, das richtige Verhältnis zu finden

- zwischen Planen und Sich-treiben-lassen
- zwischen Stabilität und Flexibilität von Planung
- zwischen Selbstbewertung und Selbsttoleranz.

Beispiel

Frau Kraft reicht es jetzt: der tägliche Arbeitsstress, den sie abends mit nach Hause nimmt, und dann der Stress zu Hause. Sie fühlt sich trotz ihrer abendlichen Entspannungsübungen ausgelaugt und kaputt. So geht es nicht weiter! Jetzt muss sie mal etwas für sich tun: Immer nur Pflichterfüllung, den Erwartungen der anderen und den eigenen hohen Ansprüchen hinterherlaufen...

Frau Kraft findet, sie hat eine Belohnung für alle ihre Anstrengungen verdient. Und sie weiß auch schon was: In einer Frauenzeitschrift hat sie verschiedene Angebote für herrliche Wellness-Wochen in schöner landschaftlicher Umgebung, gepflegten, ruhigen Hotels mit gesundem Essen gesehen. Das ist es! Sich eine ganze Woche verwöhnen lassen, Körper und Geist was Gutes tun! Frau Kraft ist fest entschlossen: Sie wird ihre Freundin Frau Stark fragen, ob sie nicht mitkommen will. Frau Stark hätte es nämlich auch dringend nötig, denn sie steckt in einer ähnlichen Tretmühle: Ihr Job im Call Center wird auch immer chaotischer und zu Hause die kleinen Kinder und die immer größer werdenden Wäscheberge. Mit ihr hat sie sich oft darüber unterhalten, dass man sich mal den ganzen beruflichen und privaten Verpflichtungen für eine Weile entziehen sollte! Nur hat ihnen immer ihr Verantwortungsgefühl im Weg gestanden: Wie soll das organisiert werden? Was das kostet! Welches Chaos wird entstehen? Aber Frau Kraft ist jetzt an einem Punkt, an dem sie endlich erkannt hat, dass es langfristig allen zu Gute kommt, wenn sie jetzt etwas für sich tut und sich erholt.

Sie nimmt sich vor, sich in der kommenden Woche mal ganz in Ruhe mit Frau Stark über ihre Familie und ihre Arbeitssituation auszutauschen. Vielleicht können sie sich ja gemeinsam Strategien überlegen, wie jede für sich mit ihrem Stress besser fertig werden kann.

Aber egal ob Frau Stark mitmacht oder nicht – Frau Kraft ist wild entschlossen: Sie wird sich eine Wellness-Woche gönnen.

Illustration 7: Schlammbad und Gurkengrün lässt den müden Kopf erblühen.

4.8 Stress – eine Frage der Persönlichkeit?

Wer kennt nicht Menschen, die an der Kasse im Supermarkt mehrmals die Warteschlange wechseln, um eine Minute zu sparen, die im Straßenverkehr immer wieder auf einer anderen Spur fahren, um ein bisschen früher zu Hause zu sein, die Sätze für andere zu Ende sprechen, weil sie nicht warten können. Anscheinend gibt es Personen, die permanent unter Zeitdruck oder Stress stehen. Ist der verbreitete Eindruck, Stress habe sehr viel mit Persönlichkeit zu tun, doch nicht so falsch?

Es gibt eine Reihe von Merkmalen, die immer wieder im Zusammenhang mit Stress aufgeführt werden. Dazu gehören etwa zentrale Faktoren der Persönlichkeit, wie die sog. «Big Five» – Neurotizismus, Extraversion, Optimismus, Verträglichkeit und Gewissenhaftigkeit. Bei weiteren Merkmalen wird kontrovers diskutiert, inwieweit es sich um stabile Persönlichkeitsmerkmale handelt – z. B. Typ-A-Verhalten (s. u.), Selbstwirksamkeitsüberzeugung, Planungsneigung, Zielorientierung, Sensation-Seeking (s. u.).

Mögliche Beziehungen zwischen Stress und Persönlichkeit lassen sich unter Bezugnahme auf das transaktionale Stressmodell verdeutlichen (vgl. auch Vollrath, 1997; Semmer, 2003).

Zwei Gruppen von Zusammenhängen zwischen Persönlichkeit und *Belastungen* sind zu unterscheiden:

- Einer der häufigsten Risikofaktoren ist das Typ-A-Verhaltensmuster. Typ A zeichnet sich durch ein hohes Maß an Wettbewerbsorientierung, Ungeduld, Feindseligkeit und Ärger aus. Eine Reihe von Untersuchungen verweisen auf den Zusammenhang zwischen Typ-A-Verhaltensmuster und somatischer Erkrankung. Ein personenbezogener Zusammenhang zu Belastungen wird deutlich.
- Persönlichkeitsmerkmale haben Wirkungen auf die Wahl und die Gestaltung von Handlungssituationen und Handlungsbedingungen, sie haben damit Wirkungen auf bedingungsbezogene Belastungen. So dürfte z. B. ein hohes Ausmaß an Sensation-Seeking, d. h. Bereitschaft und Bestreben, sich Risiken auszusetzen (z. B. Zuckerman, 1991), damit verbunden sein, dass verstärkt riskante Situationen aufgesucht werden.

Die Haltung, mit der Menschen Anforderungen begegnen, ob sie diese etwa als willkommene Herausforderung betrachten oder als Störung, ob sie sich beeinträchtigt oder bedroht fühlen, ist eine wichtige Ressource im Umgang mit Stress. Von einer Reihe von AutorInnen wird darauf verwiesen, dass es sich dabei um Persönlichkeitsmerkmale handle. Optimismus, Hardiness und Kohärenzsinn (vgl. z.B. Becker, 1992) sind demnach zentrale (personenbezogene) Ressourcen.

Auch hinsichtlich einiger in der Stressforschung besonders wichtiger bedingungsbezogener Ressourcen ist ein Einfluss von personalen Faktoren zu erwarten: Inwieweit Personen z.B. über soziale Unterstützung verfügen, wird dadurch beeinflusst, wie sie ihre sozialen Netze und Kontakte entwickeln und damit auch dadurch, welche sozialen Kompetenzen sie haben.

Einige Argumente sprechen dafür, dass *Regulationsprozesse* durch Persönlichkeitsmerkmale beeinflusst werden. Dies betrifft allgemein Selbstorganisation und Handlungsregulation: Zielorientierung und Planungsneigung werden vielfach als (relativ stabile) Handlungsstile bezeichnet, die Verhalten in unterschiedlichen Situationen beeinflussen.

Bewertungs- und Bewältigungsprozesse werden durch Persönlichkeitsmerkmale beeinflusst. Neurotizismus kann dazu zu führen, dass Situationen verstärkt als bedrohlich oder schädigend beurteilt werden; Optimismus, Hardiness, Sensation-Seeking können bewirken, dass Stresssituationen als weniger bedrohlich und riskant eingeschätzt werden. Es gibt ferner Hinweise darauf, dass Extraversion und Selbstwirksamkeitsüberzeugung problembezogene Bewältigung begünstigen, dass Neurotizismus mit Vermeidungsverhalten einhergeht (vgl. Vollrath, 1997).

Stressfolgen beziehen sich auf Gesundheit und Wohlbefinden. Auch hier besteht ein Zusammenhang zu Persönlichkeitsmerkmalen. Physiologische Stressfolgen werden durch eine Reihe von Dispositionen, wie Typ-A-Verhalten, Ärger, Feindseligkeit, Aggression unterstützt; emotionale Folgen werden durch Neurotizismus verstärkt.

Die Beziehung zwischen Stressprozess und Merkmalen der Person lässt sich wie folgt zusammenfassen:

Es gibt – wie im Abschnitt Ressourcen bereits diskutiert wurde – eine Reihe von Merkmalen, die in Hinblick auf die verschiedenen Elemente des Stressmodells als Schutz wirken (z. B. Optimismus, Kohärenzsinn; vgl. auch Abschnitt Ressourcen). Sie haben belastungsreduzierende Wirkungen, sie unterstützen Bewältigungsprozesse, sie haben positive Wirkungen auf die Gesundheit.

Es gibt einige weitere Merkmale, die zur Erhöhung von Stress und/oder zu Stressvulnerabilität beitragen. Dazu gehören etwa Neurotizismus und Typ-A-Verhalten.

Bei einer dritten Gruppe von Merkmalen ist die Wirkung auf Stress theoretisch und empirisch nicht einheitlich und nicht eindeutig belegt. Dazu gehört etwa Planungsneigung.

Nur bei einigen der genannten Merkmale, ist der Status als Persönlichkeitsfaktor relativ unumstritten (z. B. Neurotizismus oder Extraversion), bei anderen ist kontrovers, inwieweit es sich tatsächlich um stabile Merkmale handelt (z. B. Zielorientierung, Planungsneigung). Einen Ausweg aus dieser Kontroverse bietet eine Unterscheidung, die schon seit langem für Angst, in jüngerer Zeit aber auch für andere Konstrukte, wie etwa seelische Gesundheit (z. B. Becker, 1992) oder Arbeitszufriedenheit (Dormann & Zapf, 2001) formuliert wird. Zwei Komponenten sind demnach zu trennen: eine, die sich auf (relativ stabile) Eigenschaften bezieht und eine, die den aktuellen Zustand charakterisiert. Es ließe sich demnach z. B. unterscheiden zwischen einer generalisierten Selbstwirksamkeitsüberzeugung gegenüber Belastungen allgemein und einer spezifischen Selbstwirksamkeitserwartung in konkreten Belastungssituationen.

Das Stressmodell, das zu Beginn dieses Kapitels vorgestellt wurde, impliziert transaktionale Prozesse zwischen Person und Situation. Auch wenn es eine Reihe bedeutsamer personaler Merkmale gibt, die zeitlich relativ stabil und überdauernd sind und die den Stressprozess beeinflussen, so wird der Einfluss von Arbeitsbedingungen und Arbeitsaufgaben damit keineswegs in Frage gestellt (vgl. Mohr & Semmer, 2002).

4.9 Stress und neue Arbeitswelt

Im vorliegenden Abschnitt werden die in Kapitel 2 skizzierten Entwicklungen der Arbeit auf dem Hintergrund stresstheoretischer Konzepte bewertet. Wir unterscheiden dabei zwischen Anforderungen, Belastungen und Ressourcen.

4.9.1 Anforderungen

Bereits heute – und dieser Trend wird sich fortsetzen – ergeben sich durch Informations- und Kommunikationstechniken, durch Digitalisierung und Virtualisierung neue Anforderungen. Um diese Techniken nutzen zu können, ist es notwendig, sich Hard- und Softwarekenntnisse anzueignen, sich mit neuer Technologie und neuen Programmen vertraut zu machen. Erforderlich ist auch, die vielfältigen Informations- und Kommunikationsquellen zu kennen, relevante Information von irrelevanter zu unterscheiden, Medien effizient zu nutzen.

Anforderungen sind auch mit der oben beschriebenen Flexibilisierung und Individualisierung verbunden. Für die Beteiligten ergeben sich vielfache Umstellungs- und Veränderungsprozesse. Die Aussicht, einen Beruf zu erlernen und diesen dann bis zum Ruhestand auszuüben, sinkt. Im Laufe der Erwerbsbiographie werden stattdessen Veränderungen der Beschäftigungsverhältnisse und der beruflichen Tätigkeit zunehmen. Räumliche Mobilität ist damit erforderlich. Selbst wenn Erwerbstätige über längere Zeit in einer Organisation verbleiben, so werden Organisationsstrukturen, damit auch die Arbeitsaufgaben und Arbeitsinhalte, die Kooperations- und Kommunikationsbezüge zu KollegInnen und KundInnen, mehr als in der Vergangenheit einem Wandel unterliegen.

Damit bestehen hohe Anforderungen an die Regulation von Arbeitsaufgaben, Alltag und Lebensbiographie:

- Verschiedene parallele Projekte der Erwerbsarbeit müssen aufeinander abgestimmt werden.
- Verschiedene Lebensbereiche – etwa Erwerbsarbeit, Haus- und Familienarbeit, Freizeit – sind voneinander abzugrenzen, zu gewichten, zu koordinieren.
- Mittel- und langfristige Berufs- und Lebensplanung ist erforderlich. Die Erwerbsbiographie ist so zu planen, dass qualitative Optionen möglich sind, Schnittstellen der Erwerbsbiographie sind zu antizipieren und zu regulieren.

Diese Anforderungen betreffen nicht nur den einzelnen Erwerbstätigen, sondern auch dessen Familie, Angehörige und Freunde.

Unter stabilen Bedingungen kann auf Bewährtes zurückgegriffen werden, Entwicklungswege sind überschaubar, Ziele, Kriterien und Handlungsstrategien sind bekannt. Veränderungsprozesse dagegen implizieren neue Ziele oder eine Modifizierung der Gewichtung von Zielen. Bewährte Strategien, Kompetenzen und Qualifikationen können sich als unzureichend erweisen. Entwicklungsoptionen müssen entdeckt und genutzt werden, Zukunftsperspektiven sind zu gestalten, Netzwerke aufzubauen, Ziele zu entwickeln und Kriterien zu klären.

Die *Komplexität* der Anforderungen steigt also. Aber auch eine *Intensivierung* der Erwerbsarbeit ist zu verzeichnen, etwa durch just-in-time-Vorgaben, durch den Abbau von Ruhe- und Schonräumen. Die Intensivierung der Informationsflut geht über die Erwerbsarbeit hinaus und bezieht sich auch auf den außerbetrieblichen Bereich. Zunehmende Intensität entsteht auch dadurch, dass unbezahlte, freiwillige oder wohltätige Arbeit große Bedeutung haben. Der wachsende Umfang unbezahlter Arbeit geschieht zum Teil schleichend: Etwa durch Selbstbedienungsrestaurants, Bankautomaten und Online-Konten.

Bei zunehmender Intensivierung aller Lebensbereiche besteht für die Beteiligten die Notwendigkeit, sich Ruheräume zu schaffen, Freizeit von der Arbeit abzugrenzen, soziale Beziehungen zu pflegen, sich aber nicht in sozialen Netzen zu verstricken, ein ausgewogenes Verhältnis zwischen Arbeit und Freizeit, zwischen Anspannung und Entspannung zu finden.

4.9.2 Belastungen

Permanente Veränderungen, die Verbindung von hoher Komplexität und Intensität können eine Reihe von Belastungen erzeugen. An erster Stelle ist hier *Intransparenz* zu nennen: Entwicklungen (etwa des Arbeitsmarktes, von Branchen, Regionen, Organisationen) sind kaum prognostizierbar, die Entwicklungspotentiale der Akteure bleiben unklar. Strukturen (etwa virtueller Unternehmen) sind oft nicht durchschaubar. Ziele und Kriterien verändern sich und sind damit wenig eindeutig.

Veränderungen, aber auch Intransparenz, schaffen *Unsicherheit*. Unsicherheit bezieht sich auf die Gegenwart. Sie besteht dann, wenn Strukturen unklar sind, Ziele, Handlungskriterien und Handlungsbedingungen sich immer wieder verändern. Sie besteht auch dann, wenn Ziele widersprüchlich sind, z. B. hohe Qualität und hohe Intensität gleichzeitig gefordert sind.

Unsicherheit bezieht sich auch auf die mittelfristige und langfristige Zukunft: Auf die berufliche Entwicklung, auf die Entwicklung von Netzwerk und Freundeskreis, auf Fragen des zukünftigen Wohnortes, der Möglichkeiten der Koordination der Entwicklungsperspektiven der LebenspartnerInnen.

Unsicherheit hat negative Wirkungen auf Gesundheit und Wohlbefinden. Besonders gilt dies für Arbeitsplatzunsicherheit: die Ungewissheit, ob der eigene Arbeitsplatz langfristig gesichert ist oder ob Erwerbslosigkeit droht.

Permanente Veränderungen, zunehmende Komplexität der Gestaltung von Alltag und Arbeit, Intensivierung, Unsicherheit – die Anforderungen sind hoch. Für die Personen, die diesen Anforderungen nicht gewachsen sind, besteht die Gefahr der *Überforderung*, aber auch der *Dequalifizierung*. Dequalifizierung kann dadurch gegeben sein, dass viele der Arbeitsaufträge, die verfügbar sind, wenig Entwicklungsmöglichkeiten bieten.

Weiter oben wurde darauf verwiesen, dass *Gratifikationskrisen* dann entstehen können, wenn Einsatz und Gratifikationen nicht ausgeglichen sind. Entwicklungen der Arbeitswelt führen zu einer Veränderung des Verhältnisses zwischen Arbeitseinsatz durch die Erwerbstätigen und Gratifikationen durch die Unternehmen. Die Anforderungen hinsichtlich Qualifikationsanforderungen, Leistungsintensität nehmen zu, nicht aber Einkommen, Arbeitsplatzsicherheit und die Möglichkeiten der Laufbahnentwicklung. Die derzeitigen Entwicklungen der Arbeitsgesellschaft machen Gratifikationskrisen wahrscheinlicher.

4.9.3 Ressourcen

Die zukünftige Arbeitswelt bietet für die Einzelne vielfältige Entwicklungsmöglichkeiten: Erweiterte Perspektiven eröffnen sich, Veränderungen können gestaltet werden. Handlungsspielräume werden vergrößert, soziale Netzwerke erweitert. Von daher könnten durch Entwicklungen des Arbeitslebens wichtige bedingungsbezogene Ressourcen positiv beeinflusst werden. Inwieweit dies tatsächlich der Fall sein wird, ist aber aus zwei Gründen offen. Zum einen ist zu befürchten, dass wegen hoher Belastungen Ressourcen nicht genutzt werden können – dies ist etwa dann der Fall, wenn aufgrund von hoher Intransparenz Handlungsspielräume nicht ausgefüllt werden können. Zum anderen bleibt die Frage, ob die einzelnen auch über personenbezogene Ressourcen verfügen um die bedingungsbezogene Ressourcen nutzen zu können.

Für stressbezogene Interventionen ergibt sich die Notwendigkeit, bedingungsbezogene und personenbezogene Maßnahmen verstärkt aufeinander zu beziehen, Gestaltungen der Arbeitsbedingungen und die Förderung der persönlichen Entwicklungsmöglichkeiten miteinander zu verknüpfen.

4.10 Resümee

Auf der Grundlage des Stressprozesses lassen sich eine Reihe von Schlussfolgerungen für Stress- und Ressourcenmanagement formulieren. Grundsätzlich ist es möglich, an allen Elementen des Stressprozesses anzuknüpfen – an Belastungen, Ressourcen, Bewertung und Bewältigung sowie an den Stressfolgen. Die wechselseitige Beeinflussung von personenbezogenen und bedingungsbezogenen Belastungen und Ressourcen machen eine Einbeziehung von Personenmerkmalen (z. B. individuelle Bewältigungsstile) und von Arbeitsbedingungen (z. B. Arbeitsteilung in Familie oder Arbeitsgruppe) erforderlich. Der Selbstorganisation, die sich auf die individuellen Handlungsstrategien, aber auch auf die Gestaltung der eigenen Handlungsbedingungen bezieht, ist dabei besondere Aufmerksamkeit zu schenken (vgl. Kap. 3). Stress- und Ressourcenmanagement hat nicht nur aktuelle Stressoren und Ressourcen zu berücksichtigen, sondern muss zukünftige Entwicklungen aufgreifen.

Auf diesem Hintergrund scheint es zunächst relativ einfach, wirksames Stress- und Ressourcenmanagement zu konzipieren. Werfen wir einen Blick auf Frau Kraft.

Beispiel

Während ihrer Wellness-Woche tauschen sich Frau Kraft und Frau Stark ausführlich über ihre Familie und ihre Arbeitsbedingungen aus. Dabei machen sie eine sehr interessante Erfahrung: Beide sind immer so gewissenhaft und wollen überall perfekt sein: Perfekt im Job, perfekte Mutter, perfekte Ehefrau. Damit soll jetzt Schluss sein. Wenn sie nach Hause kommen, werden sie zunächst mal die Arbeiten neu verteilen: Es ist ja gar nicht einzusehen, dass sowohl Frau Kraft als auch Frau Stark abends immer diejenigen sind, die beim Fernsehen das Bügeleisen schwingen. Das können doch Herr Kraft und Herr Stark genauso und Frau Krafts Sohn kann sich seine Hosen auch alleine bügeln. Und wenn sich die Herren nicht bereit erklären zu bügeln, dann gehen sie eben ungebügelt aus dem Haus! Außerdem nehmen sich Frau Kraft und Frau Stark vor, sich in der nächsten Zeit immer mal gegenseitig zu fragen, wer denn nun was bügelt, denn das kennt man ja auch: Ein, zwei Wochen klappt es und danach fällt man dann wieder in den alten Trott zurück. Soweit die guten Vorsätze für zu Hause.
Im Beruf sieht das etwas anders aus: Zwar haben beide überlegt, ob sie auch dort mal einen Gang runterschalten, aber sie sehen beide, dass das eigentliche Problem dort ein anderes ist. Das Problem bei beiden ist die Art, wie die Arbeit organisiert und aufgeteilt ist. Auch bei Frau Stark liegt Vieles im Argen:
Den ganzen Tag muss sie entweder für ein Versandhaus Bestellungen annehmen oder für einen Telefonanbieter Fragen beantworten und Reklamationen annehmen und klären. Besonders schlimm findet Frau Stark schwierige KundInnen, mit denen sie sich auseinandersetzen muss: Immer dieser Zwang nett und freundlich zu bleiben – egal wie unfreundlich die Kunden sind. Besonders ärgerlich ist, wenn KundInnen von Frau Stark eine Information zu einem neuen Produkt des Telefonanbieters haben wollen und Frau Stark diese gar nicht hat. Das passiert leider häufiger und Frau Stark hat ihrer Teamleiterin schon hundert Mal gesagt, dass es nicht angehen kann, dass sie nicht die Informationen bekommen, die sie brauchen – aber die Teamleiterin verweist immer nur darauf, dass sie das auch nicht beeinflussen kann, dafür sei halt der Telekommunikationsanbieter zuständig.
Früher, als sie nur für das Versandhaus gearbeitet hat, war es nicht so schlimm. Zwar war die Arbeit da eintöniger, dafür aber nicht so chaotisch. Heute herrscht ein irrer Zeitdruck und dazu muss sie bei jedem Gespräch innerlich umschalten und dabei alles auf einmal im Kopf haben. Manchmal führt Frau Stark 160 Telefonate am Tag – wenn sie dann nach Hause kommt, mag sie am liebsten keinen Ton mehr von sich geben, aber da wollen ja dann die Kinder und der Mann was von ihr. An solchen Tagen ist es ihr schon passiert, dass sie sich, wenn dann auch noch zu Hause das Telefon klingelt, mit den Worten meldet: ‹Guten Tag, mein Name ist Frau Stark, was kann ich für Sie tun?›
Und dann noch der Schichtdienst: Wenn Frau Stark Nachtschicht hat, kommt sie natürlich nur zur Ruhe, wenn die Kinder weg sind, da bleibt nicht viel Schlafenszeit. Aber bei all dem Stress und Druck, hat Frau Stark wenigstens etwas Hoffnung, dass sich in nächster Zeit was verändern wird: Eine Trainerin im Call Center hat ihr

angekündigt, dass man dem Stress dort jetzt zu Leibe rücken und endlich etwas unternehmen will.
Das wünscht sich Frau Kraft auch. Sie entschließt sich, nach ihrer Rückkehr mal mit Frau Schreck zu reden. Die ist doch immer so engagiert im Betriebsrat. Vielleicht kann ja der Betriebsrat anregen, dass auch bei ihnen was gegen den Stress getan wird. Wenn sie daran denkt, wie viele ihrer KollegInnen schon gekündigt haben und wie oft KollegInnen krank sind – da sollte es doch selbst die Unternehmensführung interessieren, woran das liegt.
Frau Kraft und Frau Stark kehren somit nach einer Wellness-Woche nicht nur entspannt und erholt zurück, sondern sie sind wild entschlossen, in ihrem Leben einiges zu ändern und in ihrem Job nicht alles als unveränderbar zu akzeptieren.

Das Beispiel zeigt ein relativ häufiges Phänomen: Es gibt zahlreiche Vorsätze, Stress zu reduzieren und Ressourcen zu erhöhen.

Ob diese Vorsätze realisiert werden, ob Frau Kraft und Frau Stark erfolgreich sein werden, wird neben den oben genannten Faktoren (personenbezogene und bedingungsbezogene Belastungen und Ressourcen einbeziehen; Stressprozess berücksichtigen; nicht nur aktuelle, sondern auch zukünftige Bedingungen aufgreifen) von einer Reihe weiterer Bedingungen abhängig sein. Stress- und Ressourcenmanagement, das im betrieblichen Kontext durchgeführt wird und von den Akteuren in der Organisation unterstützt wird, hat größere Chancen umgesetzt zu werden als eine Intervention, die privat oder etwa in der Volkshochschule angeboten wird. Dies ist nicht nur darauf zurückzuführen, dass bei betrieblichem Stress- und Ressourcenmanagement die Arbeitsbedingungen besser aufgegriffen werden können. Wichtig ist auch, dass die verschiedenen Beteiligten- und Betroffenengruppen sich gegenseitig unterstützten.

Eine weitere wichtige Voraussetzung ist, dass Stress- und Ressourcenmanagement langfristig, kontinuierlich und systematisch erfolgt. Dies schließt eine sorgfältige Analyse- und Evaluationsphase ein. Wenn Frau Kraft das Glück hat, dass in ihrer Organisation eine solche Intervention angeboten wird, dann sind die Chancen, dass ihre Vorsätze realisiert werden, günstig. Wie diese Interventionen gestaltet werden können, darum geht es in den nächsten Kapiteln.

5 Analyse- und Evaluationsmethoden

Ein langfristig angelegtes, auf Wirksamkeit abzielendes betriebliches Stress- und Ressourcenmanagement erfordert eine genaue Analyse der Ausgangslage und der Faktoren, die am Stressprozess beteiligt sind (vgl. Abb. 1, s. Seite 41): Welche personalen und situativen Stressoren und Ressourcen liegen vor, welche Bewältigungsstrategien werden von den Betroffenen bevorzugt, welche Stressfolgen werden erkennbar?

Hierfür liegen zahlreiche Analysemethoden und -instrumente vor. Für die betriebliche PraktikerIn stellt sich daher bei der Planung einer Stressmanagementintervention die Frage: Was sind für mein Anliegen und meine spezifische betriebliche Situation die geeigneten Methoden und Instrumente? Im folgenden Kapitel werden verschiedene Methoden und Instrumente vorgestellt, mit denen Belastungen, Anforderungen, Ressourcen, Bewältigungsstrategien und Stressfolgen analysiert werden können. Die Reihenfolge ihrer Darstellung orientiert sich am praktischen Vorgehen während der Analyse: Nach einer Einleitung, in der es um die Frage einer sinnvollen Kombination von Einzelmethoden und Instrumenten geht, werden zunächst Methoden und Instrumente beschrieben, die dazu dienen, sich einen groben Überblick zu verschaffen, dann folgen Methoden und Instrumente, mit denen weitergehende Detailanalysen vorgenommen werden können. Mit dieser Darstellung soll ein Überblick und eine Orientierung darüber gegeben werden, welche Instrumente es gibt, für welchen Anwendungsbereich sie geeignet sind und aus welchen Kernelementen sie sich zusammensetzen. Mit dieser Übersicht soll eine erste Vorauswahl von Methoden und Instrumenten für den jeweiligen Anwendungsfall ermöglicht werden. Damit haben dieses und das folgende Kapitel eher den Charakter eines Nachschlagewerkes: Je nach Interessenlage kann es punktuell oder auch als Ganzes gelesen werden.

5.1 Einführung

Es gibt eine Vielzahl von Methoden und Instrumenten zur Analyse und Evaluation. Es gibt Instrumente zur Erfassung der stressrelevanten Arbeitsbedingungen, zur Erfassung von Stressbewältigungsstrategien, von Wohlbefinden, Zufriedenheit und Gesundheit. Einen Überblick über Arbeitsanalyseinstrumente gibt Dunckel (1999), über Instrumente zur Erfassung der psychosozialen Gesundheit z. B. Westhoff (1993). Um die zahlreichen Methoden und Instrumente zu systematisieren und miteinander in sinnvoller Weise zu kombinieren, können folgende Unterscheidungen hilfreich sein:

5.1.1 Was wird analysiert und evaluiert: Bedingungen oder persönliche Einschätzungen?

Analyseverfahren – insbesondere Arbeitsanalyseverfahren – können danach unterschieden werden, ob sie die Arbeitsbedingungen erfassen und analysieren (bedingungsbezogen) oder die Voraussetzungen, Kenntnisse, Fähigkeiten, Fertigkeiten und Einstellungen der Person (personenbezogen).

Mit bedingungsbezogenen Analyseverfahren werden Merkmale der Arbeitssituation wie z. B. der Handlungsspielraum einer Aufgabe erhoben, wie sie für **alle** Personen, die diese Arbeitstätigkeit ausüben, gelten. Arbeitspsychologische Aufgabenanalysen wie z. B. das VERA/RHIA-Verfahren (siehe Kap. 5.6) sind solche bedingungsbezogenen Verfahren.

Mit bedingungsbezogenen Verfahren können Fragen beantwortet werden wie: Wie soll und wie kann die betriebliche Situation verändert werden, um Stress zu reduzieren? Welche Angebote und Ressourcen können vom Betrieb, dem Management, zur Verfügung gestellt werden, um mit Stress besser umzugehen und das Wohlbefinden aller MitarbeiterInnen zu fördern? Damit geht es hier um die Klärung der Frage: Was ist überhaupt betrieblich veränderbar?

Personenbezogene Analyseverfahren erfassen hingegen individuelle Einschätzungen, Wahrnehmungen und Bewertungen der Arbeitsbedingungen und der Gesundheit. In einem personenbezogenen Verfahren wird danach gefragt, welche Arbeitsbedingungen als belastend *erlebt* werden oder wie eine Person z. B. auf Stresssituationen reagiert. Diese Beurteilungen können von Person zu Person unterschiedlich sein. Fragebögen zur Arbeitszufriedenheit, zu persönlichen Entspannungstechniken sind solche personenbezogene Verfahren.

Mit personenbezogenen Verfahren werden Fragen beantwortet wie: Wer verfügt über welche Ressourcen, wie können sie besser genutzt werden als bisher? Wie werden Belastungen beurteilt? Was ist die einzelne MitarbeiterIn und das Management bereit zu tun, um die gegebenen Bedingungen zu verbessern? Wie kann jede ihr eigenes Stress- und Ressourcenmanagement optimieren? Welche Veränderungen werden von MitarbeiterInnen und Management gewollt?

Im Kontext des betrieblichen Stress- und Ressourcenmanagements sind sowohl bedingungs- als auch personenbezogene Analysen unverzichtbar. Bedingungsbezogene Analysen sind erforderlich, um Belastungen und Ressourcen, die in der Arbeitssituation angelegt sind, zu ermitteln. Insbesondere für die Ermittlung von Belastungen, die den Beschäftigten selbst zum Beispiel durch Anpassungs- oder Gewöhnungseffekte gar nicht mehr als solche bewusst sind, sind bedingungsbezogene Verfahren unverzichtbar.

Die Unterscheidung bedingungs-, personenbezogen wird in erster Linie auf Arbeitsanalyseverfahren angewendet, kann aber auch für die Analyse der Gesundheit nützlich sein. So kann Gesundheit eher ‹bedingungsbezogen› erfasst werden durch Fragen wie: Welche Krankheiten wurden im letzten Jahr von einem Arzt bei ihnen diagnostiziert? Eine ‹personenbezogene› Frage könnte lauten: Wie häufig fühlen sie sich abends müde und erschöpft?

5.1.2 Wer analysiert und evaluiert: Spezialisten oder Betroffene selbst?

In der Praxis werden zunehmend Analysen von internen oder externen Spezialisten um beteiligungsorientierte Methoden ergänzt. Eine solche Kombination erhöht nicht nur die Qualität der Analyse, sondern auch die innerbetriebliche Akzeptanz der Analyseergebnisse. Häufig wird z. B. den direkt Betroffenen eine verkürzte Sichtweise unterstellt, die gesamt- und überbetriebliche Notwendigkeiten nicht angemessen berücksichtigt. Eine ergänzende Analyse durch meist externe SpezialistInnen kann hier ein Gegengewicht darstellen oder auch eine unterstützende Rolle spielen. Andererseits können die so erzielten Analyseergebnisse in Beteiligungsworkshops auf ihre Relevanz in Arbeitsbereichen oder an einzelnen Arbeitsplätzen überprüft werden und es können hierfür Veränderungsvorschläge von den Beschäftigten erarbeitet werden. Beteiligungsorientierte Analysen haben darüber hinaus den Vorteil, dass sie bei den Beteiligten Handlungsbereitschaft auslösen und für Veränderungsprozesse motivieren können. Beteiligungsorientierte Analysemethoden sind beispielsweise Gesundheitszirkel (Kap. 6.4.1).

5.1.3 Wie tiefgehend ist die Analyse: Grob- oder Feinanalysen?

Die Analyse von Belastungen und Ressourcen ist ein Prozess der zunehmenden Eingrenzung und Konkretisierung. Mit Interviews, Begehungen und/oder Beobachtungen verschafft man sich zunächst einen groben Überblick über Besonderheiten des Betriebes und der genauer zu analysierenden Tätigkeiten. Zu diesem Überblick gehört auch, sich die Verkettung und Verknüpfung einzelner Arbeitsplätze bzw. Abteilungen genauer anzusehen, um Zusammenhänge von möglichen Belastungen und Ressourcen an verschiedenen Arbeitsplätzen erkennen zu können, und um bei späteren Interventionen mögliche Folgewirkungen für andere Arbeitsplätze berücksichtigen zu können.

Haben sich Besonderheiten und besonders kritische Problemstellen herausgestellt, werden im weiteren Verlauf zunehmend detailliertere Analysen erforderlich, um Hinweise auf mögliche Ursachen und auch Lösungsmöglichkeiten zu erhalten. Detailanalysen (z. B. Aufgabenanalysen) auf der Ebene des konkreten Arbeitsplatzes und der Arbeitsaufgabe sind erforderlich, wenn das genaue Belastungsausmaß ermittelt und konkrete Interventionsvorschläge erarbeitet werden sollen.

5.1.4 Wie standardisiert sind die Analyse- und Evaluationsmethoden?

Verschiedene Analysemethoden wie die Begehung, die Arbeitsplatzbeobachtung, das Interview und der Fragebogen lassen sich nach dem Grad ihrer Standardisierung bzw. Strukturierung (un-, halb- oder vollstandardisiert) unterscheiden. Qualitative Methoden wie z. B. das Experteninterview oder die Dokumentenanalyse können unterschiedlich stark strukturiert sein. Zu den unstandardisierten Methoden zählen freie Expertengespräche oder auch die freie Beobachtung. Halbstrukturierte Erhebungsmethoden sind beispielsweise Interviews mit einem Interviewleitfaden oder auch Beobachtungen nach Kriterien, z. B. im Rahmen einer Begehung. Zu den standardisierten Erhebungsmethoden zählen Fragebögen und Beobachtungsinterviews, wenn nach genau vorgegebener Frageformulierung und Reihenfolge beobachtet oder befragt wird. Die Antwortkategorien sind bei Fragebögen vorgegeben. Bei Beobachtungsinterviews gibt es auch offene Antwortmöglichkeiten. Welche Art der Standardisierung geeignet ist, ist abhängig von der Ausgangslage und vom Ziel der Untersuchung.

Die Vorteile von weniger standardisierten Methoden mit offenen Antwortmöglichkeiten, wie das Experteninterview oder andere qualitative Methoden, sind, dass sehr spezifische Informationen über die Arbeitssituation erhoben werden und daraus bedarfsgerechte Interventionen abgeleitet werden können. Die Vorteile standardisierter Methoden mit geschlossenen Antwortkategorien sind, dass die Auswertung schnell erfolgen kann, die Daten gut vergleichbar sind und eine Wiederholung einfach ist. Jede Methode hat somit ihre besonderen Vor- und Nachteile, daher wird häufig für einen kombinierten Einsatz von verschiedenen Methoden wie Fragebögen, Interviews und Beobachtung plädiert.

5.1.5 Welche Merkmalsbereiche werden erfasst?

Im Kapitel 4 wurden bereits die aus der Theorie und der empirischen Forschung als relevant ermittelten Anforderungen, Belastungen und Ressourcen, die in betrieblichen Zusammenhängen für die Gesundheit und das Wohlbefinden von Bedeutung sind, genannt. Eine gute Analyse sollte diese Aspekte erfassen, wobei es je nach Fragestellung, Branche und/oder Tätigkeitsstruktur unterschiedliche Gewichtungen geben kann. Bei personenbezogenen Dienstleistungsarbeiten wie z. B. im Gesundheitswesen oder bei Tätigkeitsfeldern mit intensivem Kundenkontakt wie im Call Center, müssen emotionale und soziale Anforderungen und Belastungspotentiale ausführlich ermittelt und beurteilt werden. In der industriellen Fertigung oder bei einfachen Sachbearbeitungs- und Verwaltungstätigkeiten sollte die Ausprägung monotoner Arbeitsbedingungen genauer untersucht werden. Im Baugewerbe werden Aspekte von Zeitdruck und physische Belastungspotentiale im Mittelpunkt stehen. Im Kontext von Stress- und Ressourcenmanagement sollten außerdem immer auch personale und situative Ressourcen erhoben werden.

5.1.6 Welche Theorie liegt zu Grunde?

Es versteht sich fast von selbst, dass Analyseinstrumente, vor allem aber die Merkmalsbereiche, die mit dem Instrument erfasst werden, theoretisch begründet sein sollten, um die Auswahl der Merkmale nachvollziehbar, und die Ergebnisse der Analyse bewertbar und vergleichbar zu machen. Dies ist besonders dann wichtig, wenn verschiedene Methoden oder mehrere Instrumente zum Einsatz kommen, da nur ein gemeinsamer theoretischer Bezugsrahmen der ausgewählten Merkmalsbereiche die Vergleichbarkeit der Untersuchungsergebnisse und ihre eindeutige Interpretation sicherstellt (Ulich, 2001). Auch beim Einsatz qualitativer, theoriebildender oder entwickelnder Methoden ist auf theoretische Konsistenz zu achten. Je vielfältiger die theoretischen Bezüge, desto schwieriger wird eine widerspruchsfreie Gesamtinterpretation der Ergebnisse.

Theorien spielen aber auch im betrieblichen Alltag zum Beispiel beim Aufbau eines Stress- und Ressourcenmanagementprogramms eine erhebliche Rolle. So bestimmen (Alltags-) Theorien über die Entstehung von Krankheit und Gesundheit, über die Rolle der Arbeitsbedingungen und die Einflussmöglichkeiten der eigenen Person, welche Inhalte und welche Schwerpunkte ein betriebliches Stress- und Ressourcenmanagement haben wird.

5.1.7 Welche testtheoretische Güte haben standardisierte Instrumente?

Für quantitative Methoden gilt, dass nur wissenschaftlich abgesicherte Instrumente die Qualität der Analyseergebnisse gewährleisten. Nur methodisch sorgfältig entwickelte und überprüfte Instrumente können sicherstellen, dass die erzielten Ergebnisse nicht beliebig oder zufällig, sondern zuverlässig und gültig sind. Die zum Einsatz kommenden Analyseinstrumente sollten daher auf Validität, Reliabilität und Objektivität überprüft und die Ergebnisse dieser Überprüfung nachvollziehbar veröffentlicht sein. Analyseinstrumente sollten somit Antworten auf folgende Fragen liefern:

- Misst das Instrument das, was es zu messen vorgibt? (Gültigkeit/Validität)
- Wie genau misst das Instrument? (Zuverlässigkeit/Reliabilität)
- Wie abhängig ist die Messung vom jeweiligen Untersucher? (Unabhängigkeit/Objektivität)

Jede Analyse fördert Ergebnisse zu Tage, die für bestimmte betriebliche Gruppen (z. B. Personen, die sich für aufgezeigte Problemlagen verantwortlich fühlen) unangenehm sind und von ihnen nachträglich in Frage gestellt oder abgewehrt werden. Hier hat die Sicherstellung methodischer Mindeststandards auch sehr praktische Vorteile: Sie verhindert bzw. verkürzt Scheindiskussionen über die Qualität und Angemessenheit der verwendeten Instrumente, die häufig in dem Augenblick beginnen, wenn unliebsame Ergebnisse nicht veröffentlicht werden sollen.

5.1.8 Für welchen Anwendungsbereich ist ein Instrument ausgewiesen?

Der Geltungsbereich bzw. die ausgewiesenen Anwendungsgebiete eines Instruments entscheiden darüber, ob der Einsatz eines Analyseinstruments in einem speziellen Betrieb geeignet ist oder nicht. In den letzten Jahren wurden beispielsweise für Arbeitsanalyseinstrumente verschiedene Versionen zur Ermittlung von aufgabenbezogenen Anforderungen und Belastungen für unterschiedliche Tätigkeitsbereiche (industrielle Tätigkeiten, für Büro- und Verwaltungstätigkeiten, Humandienstleistungen) entwickelt. Die Spezialisierung von Analyseinstrumenten führt dazu, dass Frageformulierungen und Einstufungshilfen auf die jeweiligen Tätigkeitsgruppen ausgerichtet sind, was in der Regel die Genauigkeit des Instruments erhöht. Je spezieller ein Instrument ist, um so konkreter ist es auf die jeweilige Tätigkeit zugeschnitten, was für die Ableitung von Interventionen sehr von Vorteil ist. In jedem Fall ist vor dem Einsatz eines Instruments zu prüfen, ob es für den jeweiligen Anwendungsbereich geeignet ist oder nicht.

5.1.9 Welche Empfehlungen lassen sich für die Auswahl von Analysemethoden und -instrumenten ableiten?

Zusammenfassend lassen sich folgende Empfehlungen formulieren:

1. Um methodenbedingte Einschränkungen so gering wie möglich zu halten, empfiehlt sich ein Mix aus quantitativen und qualitativen Erhebungsmethoden, wobei man zu Beginn der Analyse zur ‚Felderkundung' eher offene, un-, bzw. teilstandardisierte Verfahren oder Instrumente einsetzt, um darauf aufbauend dann das passende standardisierte Instrument auswählen zu können.

2. Weiterhin ist es empfehlenswert, sowohl bedingungs- als auch personenbezogene Analysen vorzunehmen, um die stressauslösenden Arbeitsbedingungen und die persönlichen Umgangsweisen mit den Bedingungen zu ermitteln. Nur durch diese Kombination kann ein umfassendes betriebliches Stress- und Ressourcenmanagement aufgebaut werden.

3. Unter dem Gesichtspunkt einer vernünftigen Prozessgestaltung, die den Kriterien der Organisationsentwicklung folgt, sollten weiterhin Spezialistenanalysen und partizipative Analysen kombiniert werden.

4. Die eingesetzten Instrumente sollten objektiv, reliabel und valide sein, sie sollten für den jeweiligen betrieblichen Kontext angemessen sein und die tätigkeitsspezifischen Besonderheiten in den Merkmalsbereichen, die erfasst werden, berücksichtigen.

5.1.10 Wie sieht die Evaluation aus?

Betriebliche PraktikerInnen interessiert – zu Recht – die Wirksamkeit von Stress- und Ressourcenmanagement. Meist ist die zusammenfassende Beurteilung der Wirksamkeit von durchgeführten Maßnahmen von Interesse, die sog. summative Evaluation. Eine Evaluation kann auch begleitend zur Intervention erfolgen, um Wirkungsverläufe zu identifizieren und die laufende Intervention zu verändern und zu verbessern. Letzteres – die formative Evaluation – wird vor allem bei der Entwicklung und Implementierung neuer Maßnahmen eingesetzt. Eine Evaluation kann nur von dafür ausgebildeten SpezialistInnen durchgeführt werden, da sie sehr spezifische, methodische Kenntnisse voraussetzt.

Eine summative Evaluation überprüft, ob die gewählte Maßnahme wirksam ist bzw. ob sie so wirkt, wie intendiert. Dazu gehört auch der Nachweis, dass die registrierten Wirkungen ohne Einsatz der Maßnahme ausbleiben. Die Gestaltung bzw. das Design der summativen Evaluation erfolgt, angelehnt an experimentelle Anordnungen, mit Experimental- und Kontrollgruppen. Die Experimentalgruppe ist die Gruppe, die die potentiell wirksame Intervention erfährt. Kontrollgruppen sind Gruppen, die alternative Interventionen oder auch keine oder zeitlich versetzt Interventionen erhalten. Vor und nach der Intervention werden Datenerhebungen durchgeführt, um die Wirkungen aufgrund der Maßnahme zu erfassen. Werden nicht vor der Intervention, sondern ausschließlich nach der Intervention Daten erhoben, sind die Ergebnisse wenig aussagekräftig, da die Ausgangssituation unbekannt ist. Auch Evaluationsdesigns ohne Kontrollgruppen oder mit nicht äquivalenten Kontrollgruppen sind wenig aussagekräftig bzw. intern valide. Wird eine Intervention ohne Kontrollgruppe evaluiert, ist unklar, ob Veränderungen auf die Intervention zurückzuführen sind oder auf andere Ereignisse. Nicht äquivalente Kontrollgruppen sind solche, die mit der Experimentalgruppe nicht vergleichbar sind, z. B. wenn die MitarbeiterInnen der Kontrollgruppe im Gegensatz zu denen der Experimentalgruppe weniger Stress empfinden. Nicht äquivalente Kontrollgruppen können sich auch in anderen für die Veränderungen relevanten Variablen unterscheiden, wie Geschlecht, Alter. Ideal ist eine zufällige Zuteilung der Betroffenen zu Experimental- und Kontrollgruppen.

Im betrieblichen Alltag ist eine zufällige Zuteilung selten zu realisieren. Die Gruppen können nicht zufällig zusammengestellt werden, wenn die Arbeitsorganisation und Arbeitsabläufe dies verbieten. Damit sind die Kontrollgruppen häufig nicht äquivalent. Ebenfalls verbietet es sich, gestressten MitarbeiterInnen eine Intervention vorzuenthalten, nur weil sie als Kontrollgruppe fungieren sollen. Organisationen verändern sich ständig. Während einer Intervention werden sich eventuell tiefgreifende Veränderungen im Betrieb ergeben, die sich stärker auf die Evaluationsergebnisse auswirken, als die Intervention selber. Somit wird deutlich, dass eine Evaluation im betrieblichen Alltag einen Kompromiss von methodischen Anforderungen und betrieblichen Möglichkeiten sowie ethischen Grundsätzen darstellt.

Keine Kompromisse sind allerdings bei der Auswahl der Evaluationsinstrumente zu machen. Hier kommen nur die Instrumente in Betracht, die maßnahmenrelevant sind. Nur dann sind gültige Evaluationsergebnisse gewährleistet. Werden beispielsweise Zeitmanagementseminare als Intervention angeboten, müssen sie auch mit Instrumenten evaluiert werden, die Zeitmanagementverhalten erfassen.

Im Folgenden werden verschiedene Analysemethoden und zugehörige spezifische Instrumente in der Reihenfolge ihres möglichen Einsatzes in einem betrieblichen Entscheidungsprozess für Stress- und Ressourcenmanagement genauer vorgestellt. Da es im Rahmen der jeweiligen Methoden wiederum unzählige Instrumente gibt, kann hier nur eine Auswahl vorgestellt werden. Diese Auswahl erfolgt auf dem im vorangegangen Teil des Buches dargestellten theoretischen Hintergrund und der praktischen Erfahrungen der Autorinnen mit einzelnen Instrumenten. Einen sehr viel größeren Überblick über Instrumente liefern Resch (2003) und die Bundesanstalt für Arbeitsschutz und Arbeitsmedizin (**http://www.baua.de/baua/index.htm**).

Begonnen wird mit der Begehung und Experteninterviews für einen ersten Einblick in die Organisation. Es folgen Mitarbeiterbefragungen und Führungskräfteinterviews. Führungskräfteinterviews werden gesondert dargestellt, da Führungskräfte sehr häufig Zielgruppe von Stress- und Ressourcenmanagement sind, bei ihnen aber Instrumente der Mitarbeiterbefragung nicht zum Einsatz kommen können. Bei Mitarbeiterbefragungen werden spezifische Instrumente für die Analyse der Arbeitssituation und der Person vorgeschlagen und beschrieben. Den Abschluss bilden Beobachtungsinterviews. Alle Methoden werden nach einem einheitlichen Schema dargestellt, in dem folgende Fragen beantwortet werden (s. **Kasten 12**):

Kasten 12

Struktur der folgenden Kapitel

Indikation/Ziele: Wann kann die jeweilige Analysemethode eingesetzt werden?

Zielgruppe/-indikator: Wer ist die AdressatIn?

Akteure: Wer kann, bzw. sollte die Analyse durchführen?

Ablauf: Wie ist der Ablauf, was sollte in der Vorbereitung, bei der Durchführung und bei der Auswertung der Analyse berücksichtigt werden?

Zeitumfang: Wie lange dauert die Analyse?

Gefahren und Schwierigkeiten: Welche besonderen Schwierigkeiten und Gefahren können sich ergeben, worauf sollte besonders geachtet werden?

Literatur: Wo finde ich Genaueres zu dieser Analysemethode?

Illustration 8: Greifen Sie zu den passenden Auswahlkriterien für geeignete Analyseinstrumente!

5.2 Begehungen

Ein in der Praxis übliches Screening zur Problemeingrenzung und Schwachstellenanalyse ist die Arbeitsstättenbegehung. Die Arbeitsstättenbegehung ist ein gesetzlich vorgeschriebenes Instrument zur Ermittlung von Unfall- und Gesundheitsgefahren (Unfallverhütungsvorschrift GUV, 0.1§9, gemäß § 22 SGB VII) und wird im Arbeitssicherheitsgesetz dem Aufgabengebiet der Betriebsärzte zugeschrieben (Asig, §3, Abs. 3). Begehungen sind mehr oder weniger systematisierte Beobachtungen und mündliche Befragungen von Beschäftigten zu bestimmten, zuvor festgelegten Problembereichen. Begehungen fokussieren in der Regel die Arbeitsbedingungen und sind daher als bedingungsbezogen zu bezeichnen.

Indikation/Ziele

Begehungen dienen dazu, einen ersten Gesamteindruck über das Unternehmen oder Unternehmensbereiche, die herzustellenden Produkte, die Produktionstechnik und -abläufe, die Verkettung von Arbeitsplätzen sowie über mögliche (sichtbare) Gefährdungen, Belastungen und Ressourcen zu erhalten. Im Mittelpunkt stehen üblicherweise Umgebungsbelastungen, sicherheitstechnische Fragen z. B. der Unfallgefährdung und ergonomische Gestaltungsfragen. Aber auch zur Identifizierung von psychosozialen Belastungen und Ressourcen können Begehungen nützlich sein. Als Screening sollten sie sinnvoller Weise zu Beginn eines Analyseprozesses durchgeführt werden, um weitere Analysen und Interventionen zu strukturieren.

Zielgruppe/-indikator

Je nach Ausgangslage kann eine Begehung des gesamten Unternehmens oder auch nur einzelner Betriebsbereiche sinnvoll sein. Im Mittelpunkt der Betrachtung stehen verschiedene Aspekte der Arbeitsbedingungen (Unfallgefahren, Lärm, aber auch psychosoziale Belastungshaltigkeit der Arbeitsorganisation). Begehungen bieten sich eher bei ausführenden Tätigkeiten an, bei denen größere Teile des Arbeitsprozesses sichtbar sind. Bei Leitungstätigkeiten oder überwiegend geistigen Tätigkeiten ist zu berücksichtigen, dass das möglicherweise vorhandene Belastungspotential nicht unmittelbar beobachtbar ist und nur durch gezieltes Nachfragen ermittelt werden kann.

Akteure

Begehungen werden überwiegend von BetriebsärztInnen, Sicherheitsfachkräften und Betriebsräten genutzt, um sich einen Gesamtüberblick über aktuelle, gesundheitsrelevante Fragen des Betriebsgeschehens zu verschaffen. Auch für externe BeraterInnen ist die Begehung ein geeignetes Mittel, sich einen ersten Eindruck über die betrieblichen Gegebenheiten zu verschaffen. Um sie im Rahmen betrieblichen Stress- und Ressourcenmanagements nutzen zu können, erfordern sie von den Akteuren fundiertes Wissen über psychosoziale Belastungen, Ressourcen und ihre Indikatoren.

Ablauf

Auswahl geeigneter Instrumente. Wissenschaftlich fundierte Verfahren oder Instrumente, die eine Arbeitsstättenbegehung und ihre Auswertung anleiten, fehlen derzeit. Allerdings bieten Berufsgenossenschaften, betriebsärztliche Dienste und private Anbieter vermehrt praktische Handlungsleitlinien und Checklisten für einzelne Branchen oder Tätigkeitsbereiche an, die über das Internet oder über die jeweiligen Berufsgenossenschaften bezogen werden können. Für eine Begehung, die auch psychische Belastungen und Ressourcen fokussiert, hat Kleindienst (1996) ein arbeitswissenschaftlich fundiertes Screeningschema entwickelt. Im Mittelpunkt stehen hier neben Fragen zu den eher ‚klassischen' Umgebungsbelastungen auch aufgabenbezogene und soziale Belastungen und Ressourcen und damit verbundene Fragen zur Arbeitsteilung und Arbeitsorganisation. Das Screeningschema besteht aus Beobachtungs- und Befragungsanteilen und unterteilt sich in eine Überblicksphase und die Analyse ‹typischer› Arbeitsplätze. In der Überblicksphase wird zunächst der gesamte Betrieb einmal durchlaufen. Danach folgt eine ausführliche Begehung einzelner Abteilungen und Arbeitsplätze. Dabei folgt die Begehung der Prozesskette bzw. ausgewählten Prozessketten (je nach Größe des Betriebes). Ein aus der Handlungs- und Stresstheorie abgeleitetes Kategoriensystem leitet in jeder Phase zur systematischen Betrachtung einzelner Untersuchungsdimensionen an. Der Anhang B enthält eine ausführlichere Darstellung einzelner Analyseinstrumente. Dort findet sich in Kapitel 8 (S. 203) eine Kurzbeschreibung des Instruments von Kleindienst (1996).

Vorbereitung der Begehung. Begehungen sollten durch Expertengespräche z. B. mit der Personalabteilung, dem Betriebsrat, dem Arbeitsschutzausschuss (wenn vorhanden), der BetriebsärztIn oder auch durch Dokumentenanalysen (Tätigkeitsbeschreibungen, Fehlzeitenstatistiken) vorbereitet werden. In der Vorbereitung wird festgelegt, welche Betriebsbereiche in welcher Reihenfolge begangen werden sollten und was die wichtigsten Fragestellungen sind.

Durchführung der Analyse. Besonders bei einer erstmaligen Begehung gibt es unzählige Informationen, die es aufzunehmen und zu verarbeiten gilt. Hilfreich zur Strukturierung und gezielten Selektion der vielen Informationen sind daher Leitfäden oder Checklisten, die die Aufmerksamkeit der Beobachter gezielt auf potentielle Gefährdungsbereiche, Belastungen aber auch Ressourcen lenken. Wie schon oben erwähnt, bieten Berufsgenossenschaften, arbeitsmedizinische Dienste und private Anbieter solche Checklisten an. Das in Anhang B, Kapitel 8 beschriebene Begehungsinstrument von Kleindienst enthält ebenfalls einen strukturierenden Begehungs-Leitfaden.

Abschluss und Auswertung der Analyse. In der abschließenden Auswertungs- und Interpretationsphase sollte die Begehung systematisch ausgewertet und einer groben Gesamtbeurteilung unterzogen werden. Auch hier ist es hilfreich, nach einem Schema zum Beispiel in Form vorgegebener Antwortblätter vorzugehen (siehe Anhang B, Kap. 8).

Zeitumfang

Je nach Betriebskenntnis und Betriebsgröße zwischen drei und acht Stunden.

Gefahren und Schwierigkeiten

Die grobe Abschätzung von Belastungen und Ressourcen erfordert entweder besondere betriebliche Vorerfahrungen oder aber Erfahrungen mit dem Einsatz von differenzierten Aufgabenanalysen, da viele psychische Belastungsaspekte nicht auf den ersten Blick erkennbar sind und nur durch gezieltes Nachfragen erschlossen werden können. Begehungen sollten unbedingt durch andere Analysen wie Mitarbeiterbefragungen oder vertiefende Beobachtungsinterviews ergänzt werden.

Literatur

Kleindienst, C. (1996). Analyse von gesundheitsrelevanten Faktoren in der industriellen Arbeitswelt. Entwicklung eines Screening-Schemas zur Identifikation von gesundheitsschädigenden und -fördernden Faktoren am Arbeitsplatz. Unveröffentlichte Magisterarbeit im Fach Public Health/ Gesundheitswissenschaften, Technische Universität, Berlin. Interessierte wenden sich direkt an die Autorin: cornelia.kleindienst@tu-berlin.de.

5.3 Experteninterviews

Für eine erste Orientierung in der Organisation sind neben einer Begehung Experteninterviews unverzichtbar. Experteninterviews sind halbstrukturierte, offene Interviews und gehören zu den personenbezogenen Analysemethoden.

Indikation/Ziele

Experteninterviews sind für die «Felderkundung» indiziert. Sie dienen zum einen dazu, einen Gesamteindruck von der Organisation, ihrer Produkte und ihrer Organisationsgestaltung zu erhalten. Zum anderen sind sie geeignet, um einen Einblick in Entscheidungsprozesse und in die Organisationskultur bezüglich Belastungen, Ressourcen und Stressmanagement zu erhalten. Zudem können in Experteninterviews bereits erste Belastungen und Ressourcen deutlich werden. Sie dienen nicht der Analyse konkreter Arbeitsbedingungen.

Zielgruppe/-indikator

ExpertInnen sind diejenigen Personen in einer Organisation, die Verantwortung in betrieblichen Entscheidungsprozessen tragen und/oder über einen privilegierten Zugang zu Informationen über die betrieblichen Abläufe verfügen. ExpertInnen sind hier zudem Personen, die eine entscheidende Rolle für Interventionen zu Stress- und Ressourcenmanagement in der Organisation spielen können. Letztere können BetriebsärztInnen, Sicherheitsfachkräfte und VertreterInnen der Personal- und Organisationsentwicklung sein. ExpertInnen zu Informationen über betriebliche Entscheidungsprozesse sind Betriebsräte und Personen der mittleren Führungsebene, da diese Personen über das detaillierteste Wissen über interne Strukturen verfügen, betriebsrelevante Entscheidungen planen und durchsetzen. In Abgrenzung zu anderen Interviews ist die ExpertIn nicht als Gesamtperson von Interesse, sondern hinsichtlich ihrer Funktion im organisationalen Kontext.

Akteure

Experteninterviews werden insbesondere von externen BeraterInnen eingesetzt, um einen Überblick über die Organisation zu finden. Aber auch für interne BeraterInnen eignen sich Experteninterviews, um eine andere Perspektive auf die Organisation oder eine Felderkundung einzelner Organisationsbereiche zu erhalten, «blinde Flecken» und Selbstverständlichkeiten aufzulösen, Überzeugungen und Annahmen zu revidieren.

Ablauf

Identifizierung von ExpertInnen. Die InterviewerIn wird zunächst ihre Zielgruppe, die ExpertInnen (siehe oben), identifizieren. Entscheidende Rollen für Interventionen von Stress- und Ressourcenmanagement spielen, wie bereits genannt, die BetriebsärztIn, die Sicherheitsfachkräfte, VertreterInnen der Personal- und Organisationsentwicklung, die aufgrund ihrer beruflichen Rollen für Stress- und Ressourcenmanagement von Bedeutung sind. Schwieriger wird es bei der Identifizierung von ExpertInnen, die über Informationen zu betrieblichen Entscheidungsprozessen verfügen. Betriebsräte und Personen der mittleren Führungsebene wurden bereits genannt. Die InterviewerIn kann zum Zweck der Identifizierung von ExpertInnen Organisationsmitglieder fragen, welche Personen bereits an Entscheidungsprozessen zu diesem oder ähnlichen Themen teilgenommen haben, welche als einflussreich gelten, welche bei diesem oder ähnlichen Themen als «Hindernisse», sogenannte Opponenten, bekannt sind.

Leitfadenentwicklung. Anschließend wird die InterviewerIn ihre Fragen in einem bzw. mehreren Leitfäden für die Interviews mit den verschiedenen ExpertInnen festhalten. Ein Leitfaden sollte in jedem Fall entwickelt und verwendet werden. Er wird dem thematisch begrenzten Interesse der InterviewerIn gerecht. Die InterviewerIn strukturiert ihr Hintergrundwissen bei der Leitfadenentwicklung und eignet sich weiteres Wissen zu dem Thema an. Der Leitfaden dient bei der Durchführung als Gedächtnisstütze und ist der thematische Orientierungsrahmen des Interviews.

Durchführung. Bei der Durchführung der Interviews ist zu beachten, dass die InterviewerIn der Logik der Interviewten folgt, anstatt ihr ihre Sprache und Logik aufzuzwingen. Somit ist der Leitfaden auch kein Gesprächsleitfaden, sondern er dient lediglich der thematischen Orientierung. Personen, die die Rolle der ExpertIn nicht gewohnt sind, fällt es oftmals schwer, Probleme zu benennen, dichte Beschreibungen zu liefern, Fragen aufzuwerfen. Bei stockendem Gespräch kann die InterviewerIn sich aus dem Leitfaden thematische Anregungen holen. Führungskräfte bzw. Personen, die der Funktionselite der Organisation angehören, neigen dagegen oft zur Selbstdarstellung oder schweifen auf andere Themen ab. Der Leitfaden dient dann der Disziplinierung auf die interessierenden Themen. Das Interview kann aufgezeichnet werden für die folgende Auswertung. Weniger zeitaufwendig ist das Protokoll während bzw. direkt nach dem Interview. Die Anfertigung einer kurzen Postkommunikationsbeschreibung zu Kontaktaufnahme, eigenen Situationseinschätzungen, Beobachtungen während des Interviews, usw. kann für die Auswertung sinnvoll sein.

Auswertung. Die Aussagen der verschiedenen ExpertInnen werden kontrastierend und ergänzend ausgewertet. Die Auswertung kann nach unterschiedlichen Methoden erfolgen. Pragmatisch ist die zusammenfassende, qualitative Inhaltsanalyse, grob gesagt die zusammenfassende Auswertung nach den thematischen Kategorien des Leitfadens, ergänzt um Themen, die von den Interviewten genannt wurden.

Zeitumfang

Je nach Kenntnis und Größe der Organisation wird die Anzahl der Experteninterviews unterschiedlich ausfallen. Der Leitfaden entscheidet über den Zeitumfang des einzelnen Interviews. Mit einer Stunde pro Interview ist zu rechnen.

Gefahren und Schwierigkeiten

Experteninterviews erfordern Erfahrungen in der Interviewdurchführung, um die Gradwanderung zwischen thematischer Orientierung anhand des Leitfadens und Orientierung an der Darstellungslogik der Befragten zu meistern. Experteninterviews müssen ökonomisch eingesetzt und gleichzeitig ergiebig sein, da ihre Ergebnisse in die Gestaltung der weiteren Analyse und Intervention einfließen.

Literatur

Meuser, M. & Nagel, U. (1991). Experteninterviews – vielfach erprobt, wenig bedacht. Ein Beitrag zur qualitativen Methodendiskussion. In D. Garz & K. Kraimer (Hrsg.), *Qualitativ-empirische Sozialforschung. Konzepte, Methoden, Analysen.* (S. 441–471). Opladen: Westdeutscher Verlag.

5.4 Mitarbeiterbefragungen

Mitarbeiterbefragungen (MAB) sind systematische, zielgerichtete, meist schriftliche Befragungen zu einem organisationsrelevanten Problembereich.

Indikation/Ziele

Es gibt verschiedene Gründe, eine MAB durchzuführen (vgl. Borg 1995). Befragungen können dann sinnvoll sein, wenn im Betrieb kein präzises Bild darüber besteht, wie MitarbeiterInnen ihre Arbeitssituation beurteilen, welche Belastungen sie sehen, über welche Ressourcen sie verfügen, welche Bewältigungs- und Selbstmanagementstrategien sie einsetzen, wie sie ihr Wohlbefinden und ihre Gesundheit beschreiben. In diesem Fall dient die Befragung dazu, sich einen Überblick darüber zu verschaffen, wo aus Sicht der MitarbeiterInnen Problemschwerpunkte und verfügbare Ressourcen liegen und wie sie gewichtet werden, welche Selbstmanagementstrategien verfügbar sind oder wie die Gesundheit und das Wohlbefinden bewertet werden. Aufbauend auf diesen Überblick können dann vertiefende Analysen angeschlossen werden und später betriebs-, abteilungs- oder zielgruppenspezifische Interventionen abgeleitet werden. Die Befragung dient hier einer Zielkonkretisierung.

Ein anderer Grund kann darin liegen, eine konkrete Intervention, zum Beispiel ein Stressmanagementtraining für eine spezielle MitarbeiterInnengruppe vorzubereiten. Die Befragung dient in diesem Fall dazu, in einem ausgewählten Kreis von Personen Voraussetzungen (z. B. Kenntnisse, Fähigkeiten, individuelle Stressbewältigungsstrategien), Wünsche oder Erwartungen an die Maßnahme zu erfragen. Je nach Anlass können sich folglich Inhalte und Themen, aber auch das Vorgehen bei der Befragung stark unterscheiden.

Zielgruppe/-indikator

Je nach betrieblicher Ausgangslage können MitarbeiterInnen des gesamten Unternehmens, einzelner Abteilungen oder spezieller betrieblicher Zielgruppen (Teilzeitarbeitende, Schichtarbeitende, befristet Beschäftigte usw.), aber auch Einzelpersonen befragt werden. Einzelpersonen werden z. B. im Vorfeld einer größeren Befragung zu Rate gezogen, um einen Fragebogen auf seine Eignung und Angemessenheit im jeweiligen betrieblichen Kontext zu überprüfen.

Akteure

Damit eine MAB positiv aufgenommen wird und sich möglichst viele daran beteiligen, sollte sie von möglichst vielen betrieblichen Gruppen mit getragen und mit vorbereitet sein. Egal wer die HauptinitiatorIn der Befragung ist, die Personal- oder Sozialabteilung, der arbeitsmedizinische Dienst oder der Betriebsrat, die konkrete Vorbereitung und Durchführung sollte – wie schon aufgezeigt – durch einen Steuerkreis erfolgen (siehe Kap. 7).

Da eine Befragung bestimmten methodischen Mindeststandards entsprechen sollte, und die Auswertung und Interpretation der Ergebnisse statistisches Grundlagenwissen erfordert, sollte mindestens eine/r der Akteur/Innen über dieses Grundlagenwissen verfügen, ggf. müssen hierfür externe BeraterInnen hinzugezogen werden.

Ablauf

Auswahl geeigneter Instrumente. Es gibt viele Befragungsinstrumente, mit denen unterschiedliche Aspekte des Stressprozesses analysiert werden können: Es gibt Instrumente zur Analyse situativer und personaler Stressoren und/oder Ressourcen, Instrumente zur Erfassung der individuellen Bewältigungsstrategien, des Selbstmanagements und/oder der Reaktionen auf Stress (Befindensbeeinträchtigungen und Gesundheit). Teilweise erfasst ein Instrument auch mehrere Aspekte des Stressprozesses. Zur besseren Einordnung sind in der **Abbildung 2** Instrumente, bzw. Skalen, die im Folgenden genauer dargestellt werden, den Einzelbestandteilen des Stressprozesses zugeordnet.

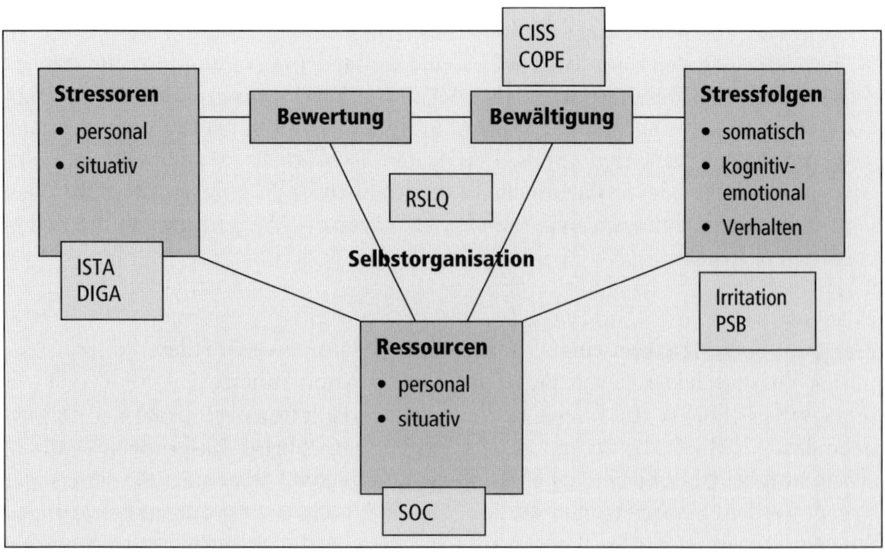

Abbildung 2: Das transaktionale Stressmodell mit zugeordneten Analyseinstrumenten

Welches Instrument ausgewählt wird, ist in erster Linie abhängig von der Fragestellung, der zu analysierenden Tätigkeitsstruktur, der testtheoretischen Güte des Instruments und den Analysebedingungen (z. B. wie viel Zeit steht zur Verfügung).

Analyse situativer Stressoren und Ressourcen. Zur Analyse von Arbeitsstressoren und -ressourcen liegen mehrere arbeitswissenschaftliche Verfahren vor, die zusammenfassend bei Resch (2003) und bei Dunckel (1999) beschrieben sind. Im Folgenden soll exemplarisch auf drei Instrumente aufmerksam gemacht werden:

1. Das Instrument zur Stressbezogenen Tätigkeitsanalyse (ISTA) von Semmer (1984), in seinen Weiterentwicklungen, z. B. Version 6.0, von Semmer, Zapf und Dunckel (1999)
2. Das Diagnoseinstrument gesundheitsförderliche Arbeit (DIGA) von Ducki (2000)
3. Das Screening psychischer Arbeitsbelastungen (SPA) von Metz & Rothe (1999, 2001)

Die Instrumente basieren auf stress-, handlungs- und ressourcentheoretischen Überlegungen zum Zusammenhang von Arbeit und Gesundheit. Sie sind methodisch überprüft und haben eine gute bis sehr gute Reliabilität. Validitätsprüfungen wurden darchgeführt. Die Instrumente sind – obwohl überwiegend in industriellen Zusammenhängen entstanden – mittlerweile universell einsetzbar. Mit den Instrumenten wurden von den Autorinnen positive Erfahrungen in betrieblichen Projekten zu Stress- und Ressourcenmangement und zur Gesundheitsförderung gemacht.

DIGA und ISTA enthalten zu Beginn soziodemographische und qualifikationsbezogene Fragen und beinhalten bzw. verweisen auf Ergänzungsskalen zur Erfassung der Gesundheit und des psychosozialen Wohlbefindens. Außerdem finden sich bei beiden Hinweise, dass sie mit vertiefenden Arbeitsanalyseverfahren (Beobachtungsinterviews) kombinierbar sind. ISTA verfügt über eine eigene Beobachtungsversion, das DIGA ist mit zwei Instrumenten kombinierbar, mit denen aufgabenbezogene Anforderungen und Belastungen vertiefend analysiert werden können: Mit dem Verfahren zur Ermittlung von Regulationserfordernissen (VERA) und dem Verfahren zur Ermittlung von Regulationshindernissen in der Arbeit (RHIA) (siehe Kap. 5.6).

Hinsichtlich der Erfassung der Arbeitsmerkmale sind ISTA und DIGA durch möglichst neutral-beschreibende Frageformulierungen bedingungsbezogen angelegt (‹Die Arbeit ist eintönig und erfordert gleichzeitig ständige Konzentration›). So wird eine Konfundierung zwischen Stressor und daraus resultierender Stressreaktion (z. B. «Wie stark leiden Sie am Arbeitsplatz unter Kopfschmerzen?») vermieden. Die (Ergänzungs-)Skalen zur Erfassung der Gesundheit haben eine personenbezogene Ausrichtung (‹Nach der Arbeit kann ich nicht abschalten›). Teilweise finden sich Überschneidungen und identische Itemformulierungen, da das zeitlich später entwickelte Verfahren DIGA sich stark auf das ISTA bezieht. Im Anhang B, Kapitel 9.1 findet sich eine Übersicht über die erfassten Merkmalsbereiche und die Besonderheiten der beiden Instrumente.

Ein neueres Screeningverfahren, das sowohl als Fragebogen als auch als Beobachtungsinterview (siehe folgend) vorliegt, ist das Screening psychischer Arbeitsbelastungen (SPA) von Metz und Rothe (1999). Auch dieses Verfahren basiert auf handlungs- und stresstheoretischen Überlegungen und wurde bereits erfolgreich an Call Center Arbeitsplätzen eingesetzt (Metz, Rothe & Degener 2001). Die Fragebogenversion (SPA-P) ermittelt die individuelle Reflektion der Arbeitssituation hinsichtlich relevanter Belastungen und Ressourcen sowie die individuell erlebte Beanspruchung durch die Beschäftigten. Genauere Information zu diesem Instrument befindet sich ebenfalls im Anhang B, Kapitel 9.1.

Analyse personaler Ressourcen. Wie schon mehrfach erwähnt, spielen personale Ressourcen im Stressgeschehen eine zentrale Rolle. Sie in der Analyse und Intervention zu berücksichtigen, ist somit unbedingt erforderlich. Das derzeit prominenteste Konzept personaler Ressourcen ist der Kohärenzsinn, englisch ‹sense of coherence› (SOC) von Antonovsky (1987). Er beschreibt das Ausmaß, in dem eine Person Prozesse, Bedingungen und Ereignisse als verstehbar, handhabbar und sinnhaft bewertet (vgl. Kap. 4.4). Antonovsky hat eine Skala zur Erfassung des Kohärenzsinns mit seinen drei Subdimensionen Verstehbarkeit, Machbarkeit und Sinnhaftigkeit konzipiert. Es existieren eine Kurz- und eine Langfassung. Die Kurzfassung wurde, von Antonovsky autorisiert, von Rimann und Udris (1993) ins Deutsche übersetzt. Das Handbuch psychosozialer Messinstrumente stuft die psychometrischen und methodischen Eigenschaften des Fragebogens als insgesamt positiv ein (Westhoff 1993, S. 801). Eine genauere Darstellung der Skalen findet sich im Anhang B, Kapitel 9.2.

Ein Teilaspekt des Kohärenzsinns sind Gefühle der Kontrollierbarkeit und Beeinflussbarkeit äußerer Lebensbedingungen, die auch als optimistische Kompetenzerwartungen bzw. generalisierte Selbstwirksamkeitserwartungen bezeichnet werden können (Schwarzer, 1994). Skalen zu Selbstwirksamkeitserwartungen, wie sie von Schwarzer (1992 b) entwickelt und erprobt wurden, erfassen Überzeugungen subjektiver Kontrollierbarkeit bzw. Kompetenzerwartungen in verschiedenen Anforderungssituationen. Sie beziehen sich explizit auf persönliche Handlungskompetenzen und beinhalten die Überzeugung, schwierige Anforderungen durch eigene Aktivitäten bewältigen zu können. Es existiert eine Skala ‹allgemeine Selbstwirksamkeit› in Kurz- und Langform. Die Skalen sind empirisch geprüft und weisen durchgehend gute Kennwerte auf.

Analyse von Stressbewältigungsstrategien. Erfolgreiches Stress- und Ressourcenmanagement basiert auf funktionalen Bewältigungsstrategien. Für eine Veränderung und Erweiterung individueller Bewältigungsstrategien ist die Selbstbeobachtung in Stresssituationen Voraussetzung. Bewältigungsverhalten kann nur dann gezielt verändert werden, wenn das aktuelle Verhalten bewusst ist. Selbstbeobachtung ist ein wichtiges Instrument der Selbststeuerung. Sie ist notwendige Voraussetzung für die Selbstbewertung, bei der gewünschte Verhaltensänderungen den tatsächlich realisierten gegenüber gestellt werden. Selbstbeobachtung und Selbstbewertung werden zu den Strategien gezählt, die die Person befähigen sollen, mit zukünftigen Situationen besser umzugehen. Die Analyse von Stressbewältigungsstrategien spielt nicht nur bei der Indikation, sondern auch bei der Evaluation von Maßnahmen zu Stress- und Ressourcenmanagement eine große Rolle. Es interessiert, inwieweit eine Maßnahme dazu geführt hat, dass funktionale Bewältigungsstrategien gegenüber dysfunktionalen überwiegen.

Zwei wissenschaftlich entwickelte und psychometrisch abgesicherte Befragungsinstrumente, die ins Deutsche übersetzt und nochmals testtheoretisch überprüft wurden, scheinen besonders geeignet:

Der CISS (Coping Inventory for Stressful Situations, Endler & Parker, 1990, deutsch: Semmer, Schade & Tschan, 1991) überzeugt durch seine theoretisch und methodologisch korrekte Absicherung. Das Instrument basiert theoretisch auf dem transaktionalen Stressmodell. Endler und Parker unterscheiden drei Hauptstrategien der Bewältigung: aufgaben-, emotions- und vermeidungsorientiertes Coping. Das aufgabenorientierte Coping entspricht dem in Kapitel 4.6 aufgeführten problemorientierten Coping. Vermeidungsorientiertes Coping umfasst emotions- wie aufgabenorientiertes Coping.

Der COPE (Carver, Scheier & Weintraub, 1989, deutsch: Kälin, 1994) überzeugt durch seine theoriegeleitete Konstruktion und differenzierte Erfassung unterschiedlicher Strategien. Er basiert theoretisch auf dem transaktionalen Stressmodell in Verbindung mit einem von den Autoren entwickelten Modell der Selbstregulation des Verhaltens. Stress entsteht durch die wahrgenommene Bedrohung, ein Ziel nicht zu erreichen. Stressbewältigung ist der Versuch, mit dem drohenden Nicht-Erreichen des Ziels umzugehen. Theoretisch abgeleitet werden funktionale und dysfunktionale Strategien unterschieden.

Bei Interesse an der Erfassung verschiedener funktionaler und dysfunktionaler Bewältigungsstrategien ist der COPE indiziert; bei Interesse an der Erfassung der drei Hauptbewältigungsstrategien erscheint der Einsatz des CISS sinnvoll. Im Anhang B, Kapitel 9.3 findet sich eine Übersicht über die erfassten Merkmalsbereiche und die Besonderheiten der beiden Instrumente.

Analyse von Selbstmanagement. In Kapitel 3 und 4.6 wurde die Bedeutung von Selbstorganisation und Selbstmanagement im Stressprozess dargestellt.

Selbstmanagement beinhaltet das Setzen von persönlichen Zielen, z. B. eine Führungstätigkeit auszuüben. Dazu gehören weiterhin Selbstinstruktionen, um diese Ziele zu erreichen, die Entwicklung von Plänen, das Durchführen zielgerichteter Handlungen und ihre Kontrolle (vgl. Kap. 3). Selbstmanagement ist auf Verhaltenstechniken und -strategien beschränkt und ein Teil des Konzepts «Self-leadership». Self-leadership geht zusätzlich auf die übergeordneten persönlichen Gründe und Motive für Verhalten ein.

Self-leadership umfasst:

- Strategien zur Selbstbeeinflussung

- Strategien zur Gestaltung intrinsisch belohnender Tätigkeiten (mental und physisch)
- Meta-kognitive Strategien zu konstruktivem Denkverhalten

Ein wissenschaftlich entwickeltes und psychometrisch abgesichertes Befragungsinstrument von Houghton und Neck (2002), der Revised Self-Leadership Questionnaire (RSLQ), wurde von Schmidt (2000) ins Deutsche übersetzt und testtheoretisch mit Erwerbstätigen überprüft. Eine Kurzversion wird derzeit entwickelt (Bamberg & Schmidt, i.V.). Das Instrument ist im Anhang B, Kapitel 9.4 ausführlicher dargestellt.

Analyse von arbeitsbezogenen Befindensbeeinträchtigungen. Für die Indikation und Evaluation von Maßnahmen zu Stress- und Ressourcenmanagement sind die Bewertungen der MitarbeiterInnen hinsichtlich ihres Wohlbefindens und ihrer Gesundheit wesentlich. Skalen zur Selbsteinschätzung psychischer Befindensbeeinträchtigungen, die speziell für die Arbeitswelt, d. h. für Personen, die (noch) arbeitsfähig sind, konzipiert wurden, sind die Skalen «Gereiztheit/Belastetheit (GerBel)» bzw. «Irritation» und «psychosomatische Beschwerden (PSB)» von Mohr (1991, 2001). Befindensbeeinträchtigungen werden als Stressreaktionen und -folgen angesehen, die mit subjektivem Leiden einhergehen, handlungsbestimmend sind und damit individuelle, organisationale und gesellschaftliche Kosten verursachen. Die Berücksichtigung von Befindensbeeinträchtigungen in Interventionen zu Stress- und Ressourcenmanagement kann die Krankheitsentwicklung verhindern und die oben genannten Kosten reduzieren. Die ausgewählten Skalen überzeugen durch ihre theoretische und methodische Absicherung mit zahlreichen Erwerbstätigen aus unterschiedlichsten Branchen und Organisationen. Beide Skalen sind im Anhang B, Kapitel 9.5 dargestellt.

Alle beschriebenen Instrumente können aufgrund ihres gemeinsamen stresstheoretischen Hintergrunds kombiniert zum Einsatz kommen. Welche Kombinationen gewählt werden, wird von der betrieblichen Situation abhängen.

Vorbereitung der MAB. Alle MitarbeiterInnen und Führungskräfte sollten rechtzeitig über Ziele und Ablauf der Befragung informiert werden. Insbesondere Führungskräfte mittlerer Hierarchieebenen stehen MAB oft skeptisch bis ablehnend gegenüber. Sie müssen daher, sofern sie nicht an der Planung der Befragung selbst partizipieren, umfassend über Hintergründe, Ziele und auf sie zukommende Aufgaben im Rahmen der MAB informiert werden.

Durchführung der MAB. Befragungen finden während der Arbeitszeit statt, sollten grundsätzlich freiwillig sein und erfordern eine gute Logistik. Ein ökonomisches Vorgehen, das einen hohen Rücklauf und allen MitarbeiterInnen die gleichen Ausfüllbedingungen garantiert, besteht darin, die Fragebögen zu einem festgelegten Zeitpunkt von allen MitarbeiterInnen in einen Raum (z. B. Kantine) ausfüllen zu lassen. Es empfiehlt sich, dass mindestens eine UntersucherIn während des Ausfüllens anwesend ist und für Nachfragen zur Verfügung steht. Zu Beginn der Veranstaltung sollte noch einmal über Ziel und Zweck, Ablauf, Datenschutz usw. informiert werden. Achtung: Hinreichend große Räume auswählen!

Auswertung der MAB und Rückmeldung. Eine zügige Auswertung und Rückmeldung der Befragung sorgt dafür, dass die Konsequenzen der Befragungen nachvollziehbar bleiben.

Die Befragungsergebnisse dürfen nur in anonymisierter Form und unter vollständiger Wahrung des Datenschutzes veröffentlicht werden. Um dies zu gewährleisten, sind bestimmte Mindeststichprobengrößen erforderlich. Generell richtet sich die Mindeststichprobengröße nach der Art der zu untersuchenden Fragestellungen und den erforderlichen statistischen Auswertungsmethoden. Dient die Befragung der Vorbereitung einer Intervention für eine spezielle Zielgruppe, kann die Stichprobengröße durchaus auch gering sein, aber auch hier gelten die Regeln zur Wahrung des Datenschutzes. In Zweifelsfällen können Datenschutzbeauftragte (z. B. der Gewerkschaften, aber auch der Kommunen oder Länder) konkrete Entscheidungshilfen geben.

Sollen möglichst ‹repräsentative› Aussagen für bestimmte Abteilungen/ Zielgruppen o. ä. erzielt werden, muss eine Mindestzahl an Befragten in Relation zur Grundgesamtheit der jeweiligen Gruppe gegeben sein (75 %).

Eine einfach strukturierte und klar verständliche Rückmeldung an alle MitarbeiterInnen und Führungskräfte fördert die Akzeptanz der Ergebnisse. Die Ergebnisse sollten gemeinsam mit den Beschäftigten z. B. in Workshops oder in ‹natürlichen› Arbeitsgruppen hinsichtlich Ursachen und möglichen Handlungsfolgen diskutiert und interpretiert werden. Am Ende sollte im Steuerkreis ein gemeinsamer Aktionsplan für das weitere Vorgehen festgelegt werden. Daten, Ablauf der Untersuchung und Ergebnisse sollten sorgfältig dokumentiert werden. Dies ist auch für eine spätere Evaluation unbedingt erforderlich.

Zeitumfang

Der zeitliche Umfang einer Befragung variiert in Abhängigkeit von der Größe des Unternehmens, der Anzahl der zu Befragenden und Ziel. Für ein mittelgroßes Unternehmen mit mehreren hundert MitarbeiterInnen kann man durchschnittlich eine Vorbereitungszeit durch den Steuerkreis von ein bis zwei Monaten veranschlagen. Für die Durchführung kann dann ebenfalls, je nach Anzahl der zu Befragenden, von einem Tag bis zu mehreren Wochen und für die Auswertung etwa vier bis acht Wochen geplant werden. Auch für die Dokumentation der Ergebnisse sollte hinreichend Zeit eingeplant werden.

Gefahren und Schwierigkeiten

Für MAB gilt, was für alle Analysen gilt: Eine ungenügende Prozessgestaltung (siehe Kap. 7 und 8), zum Beispiel aufgrund großen Zeitdrucks, kann zu Widerstand und

Akzeptanzproblemen auf allen betrieblichen Ebenen führen. Darüber hinaus gilt wie aufgezeigt, dass der Einsatz methodisch unzureichender Instrumente hinsichtlich Qualität der Fragebögen oder Angemessenheit der erfassten Merkmalsbereiche zu ungenauen Aussagen führt. Dies gilt es besonders zu bedenken, wenn Fragebögen selbst konstruiert werden.

MAB sind mitbestimmungspflichtig (Betriebsverfassungsgesetz, § 87, 89, 90) und müssen daher von Betriebs- oder Personalräten mitgetragen werden. Sie zu übergehen ist ein schwerwiegender Fehler, der nicht selten dazu führt, dass eine Befragung in letzter Minute gestoppt wird – egal, wie gut die Absichten sein mögen, die mit der Befragung verfolgt werden!

Im Kontext von Befragungen ist das Thema Datenschutz ein sensibles Thema. Betriebsräte fordern oftmals, dass bestimmte Fragen zur Person, zur eigenen Tätigkeit nicht gestellt und Zuordnungen zu bestimmten betrieblichen Gruppen (z. B. SchichtarbeiterInnen, befristet Beschäftigte) nicht vorgenommen werden dürfen. Die Aussagekraft von Befragungen kann dadurch eingeschränkt werden. Hier muss durch Gespräche und Abwägen der Risiken und des Nutzens der ‹goldene Mittelweg› gefunden werden. Zum Beispiel kann dafür gesorgt werden, dass die ausgefüllten Fragebögen nicht im Betrieb gesammelt und ausgewertet werden, sondern außerhalb des Betriebes, von speziellen Beratungsunternehmen oder beteiligten Forschungsinstitutionen gesammelt und ausgewertet werden und der Betrieb nur die aufbereiteten Ergebnisse erhält.

Literatur

Borg, I. (1995). *Mitarbeiterbefragungen. Strategisches Auftau- und Einbindungsmanagement.* Göttingen: Verlag für Angewandte Psychologie.

Dunckel, H. (Hrsg.). (1999). *Handbuch psychologischer Arbeitsanalyseverfahren.* Zürich: vdf Hochschulverlag.

5.5 Führungskräfteinterviews

Indikation / Ziele

Führungskräfte eines Unternehmens sind nicht nur Entscheidungsträger für betriebliches Stress- und Ressourcenmanagement, sondern sie sind selbst Betroffene von Stress und damit Zielgruppe. Sie sind sogar eine sehr häufige Zielgruppe. Die Instrumente der Mitarbeiterbefragung können bei dieser Zielgruppe aber nicht zum Einsatz kommen. Das hat verschiedene Gründe. Stresssituationen von Führungskräften zu analysieren ist ein sensibles Thema, da Führungskräfte ineffektives Stressmanagement oftmals als individuelle Schwäche auslegen und es verleugnen. Zudem füllen Führungskräfte Fragebögen nur höchst ungern aus. Sie sind persönliche Gespräche gewöhnt. Daher eignen sich zur stressbezogenen Analyse bei Führungskräften Einzelinterviews, in denen zudem eine größere Vertraulichkeit und Offenheit erreicht werden kann.

Je nach Betrieb, Führungsebene und Vertrauensverhältnis innerhalb der Führungsebenen ist zu entscheiden, ob statt Einzelinterviews auch Workshops durchgeführt werden können. So kann es sich beispielsweise anbieten, auf Meisterebene Workshops durchzuführen. Die Kosten sind zudem für Workshops geringer, so dass Einzelinterviews meist nur auf höheren Führungsebenen einsetzbar sind.

Zielgruppe / -indikator

Alle Führungskräfte eines Unternehmens sind potentielle Zielgruppe für Führungskräfteinterviews. Für Führungskräfte sind Stress- und Ressourcenmanagement und eine gute psychische Belastbarkeit wesentliche Kompetenzen, um den vielfältigen Anforderungen gerecht zu werden. Darüber hinaus werden Führungskräfte innerhalb von Unternehmen als Vorbilder und Modelle wahrgenommen. Stress von Führungskräften kann sich unter anderem in einem schlechten Betriebs- bzw. Abteilungsklima manifestieren.

Akteure

Als InterviewerInnen bieten sich externe BeraterInnen an. Ihnen bringen Führungskräfte oftmals eine größere Offenheit entgegen als gegenüber internen Personen, da Führungskräfte ihr individuelles Stressmanagement höchst vertraulich behandelt wissen wollen. Selbstverständlich können auch interne Personen Führungskräfteinterviews durchführen, wenn sie eine Vertrauensbeziehung aufbauen können. Die InterviewerIn sollte den Umgang mit dieser Zielgruppe gewohnt und ExpertIn für Stress- und Ressourcenmanagement sein.

Ablauf

Es gelten die typischen Vorgaben eines Einzelinterviews: Anwärmphase, Erläuterung des Ablaufs als auch die Zusicherung von Anonymität und Vertraulichkeit, Durchführung des Einzelinterviews mit den Fragen nach den stressbezogenen Situationen und Verhaltensweisen sowie der Abschluss des Einzelinterviews durch Zusammenfassung der Inhalte und der Erklärung über das weitere Vorgehen.

Leitfadenentwicklung. Die Methode der kritischen Ereignisse, die «Critical Incident Technique» nach Flanagan, (1954; dt. vgl. Fichtbauer, 1995, S. 128) bietet sich als Interviewmethode zur Ermittlung von Stresssituationen und stressbezogenem Verhalten bei Führungskräften an. Dieses Verfahren ist ursprünglich eine verhaltensorientierte Analysemethode zur Erhebung von anforderungsrelevanten Merkmalen in komplexen Tätigkeiten. Unter einem kritischen Ereignis wird eine Situation verstanden, in der erfolgsrelevantes («kritisches») Verhalten gezeigt wird. Erfolgsrelevantes Verhalten ist effektives oder ineffektives Verhalten, das die Bewältigung einer Situation fördert oder behindert.

Diesem Grundgedanken der Methode folgend werden stressbezogene Verhaltensweisen identifiziert, die zur Bewältigung in spezifischen tätigkeitsbezogenen Stresssituationen beitragen. Um ineffektive und effektive Verhaltensweisen zu identifizieren, wird zunächst nach Situationen gefragt, die die TeilnehmerIn als stressend einstuft. Vorher sollte die InterviewerIn eine Definition von Stress, Stressoren und Ressourcen dargelegt haben. Die Situation sollte möglichst genau erfragt werden (wer, wann, wie, externe Umstände). Nachfolgend wird erfragt, welche Faktoren an dieser Situation als Stressoren und Ressourcen bewertet werden. Im Anschluss an die Beschreibung der Situation wird dem konkreten Verhalten und den Gedanken zur Bewältigung der Situation nachgegangen. Thematisch gibt die InterviewerIn keine Situationen vor.

Die Inhalte des Einzelinterviews werden in Bezug auf die Stresssituationen, die Hinweise auf bedingungsbezogene Stressoren und Ressourcen geben und auf die darauffolgenden Verhaltensweisen, die Hinweise auf personenbezogenen Stressoren und Ressourcen geben, zusammengefasst.

Durchführung. Die Methode der kritischen Ereignisse vereinfacht das Identifizieren von Stressoren und Ressourcen, da über konkrete Stresssituationen gesprochen wird. Hier sollte zunächst auf die bedingungsbezogenen Stressoren und Ressourcen eingegangen werden, um im Verlauf des Einzelinterviews auf die personenbezogenen Stressoren und Ressourcen zu kommen. Weiterhin ist zu beachten, dass Termini wie Stressoren und Ressourcen vermieden werden bzw. durch zugänglichere Begriffe, wie z. B. belastende oder unterstützende Faktoren, ersetzt werden.

Bei einem Workshop, z. B. auf Meisterebene, gilt es ebenfalls zunächst Vertrauen auszubilden. Das Vorgehen in einem Workshop ist vergleichbar mit der Durchführung des Einzelinterviews. Zunächst werden stressbezogene Situationen gesammelt und Stressoren und Ressourcen kategorisiert. In einem weiteren Schritt werden die stressspezifischen Verhaltensweisen den Kategorien zugeordnet.

Auswertung. Die Auswertung kann ähnlich wie bei den Experteninterviews vorgenommen werden. Die wesentlichen Stresssituationen werden zusammengefasst. Dabei wird zwischen personen- und situationsbezogenen Aspekten unterschieden. Die Ergebnisse der Analyse werden den TeilnehmerInnen im Rahmen der Maßnahme zurückgemeldet.

Zeitumfang

Bei der Durchführung von Einzelinterviews kann mit durchschnittlich 60 Minuten gerechnet werden. Der Zeitumfang eines Workshops ist abhängig von der Teilnehmerzahl; durchschnittlich können vier Stunden veranschlagt werden.

Gefahren und Schwierigkeiten

Schwierigkeiten liegen darin, dass Führungskräfte oftmals ihr eigenes Stressempfinden nicht wahrnehmen bzw. nicht darüber sprechen wollen sowie ineffektives Bewältigungsverhalten verleugnen oder ihr Zustandekommen ausschließlich äußeren Bedingungen zuschreiben.

Literatur

Fichtbauer, S. (1995). Anforderungen an den Operateur. In K. Steininger, S. Fichtbauer & K.-M. Goeters (Hrsg.), *Personalentwicklung für komplexe Mensch-Maschine-Systeme: Anforderungen, Auswahl, Training.* Weinheim: Beltz.

5.6 Beobachtungsinterviews

Ziel von Beobachtungsinterviews ist die differenzierte Analyse der Aufgabe und der Ausführungsbedingungen. Mit Beobachtungsinterviews werden Aufgabenmerkmale (z. B. aufgabenbezogene Anforderungen, Ressourcen und Belastungen) oder einzelne Arbeitsbedingungen nach zuvor festgelegten Kriterien erfasst und bewertet. Beobachtungsinterviews sind somit bedingungsbezogene Methoden. Die Kombination aus Beobachtung der Arbeitstätigkeit und Interview der arbeitenden Personen ermöglicht es, die methodischen Nachteile der jeweiligen Verfahren zu reduzieren. So kann es beispielsweise sein, dass eine Person Belastungen, wie z. B. Lärm oder monotone Arbeitsbedingungen auf Grund von Gewöhnungseffekten nicht mehr als belastend wahrnimmt. Durch die Beobachtung können solche Belastungen dennoch zu Tage treten. Anders herum können Aspekte der Arbeit, die sich einer direkten Beobachtung entziehen, wie zum Beispiel Denk- und Planungsanforderungen, durch strukturierte Interviews ermittelt werden.

Indikation/Ziele

Beobachtungsinterviews dienen der detaillierten Analyse eines speziellen Ausschnitts aus dem gesamten betrieblichen Stressprozess. Ihr Einsatz wird daher in der Regel erst erfolgen, nachdem man sich mit Hilfe geeigneter Screenings bzw. Schwachstellenanalysen (Befragung oder Begehungen) einen Eindruck über die Gesamtsituation verschafft hat und sich hierdurch Hinweise auf eine unzureichende Aufgaben- und Arbeitsgestaltung ergeben haben.

Die Kombination von Beobachtung und Interview erhöht die Qualität und Genauigkeit der erzielbaren Ergebnisse. Außerdem können durch das differenzierte Erfassen der Aufgabe und ihrer Ausführungsbedingungen mit diesen Analyseverfahren sehr konkrete Gestaltungsvorschläge abgeleitet werden. Beobachtungsinterviews liefern daher präzise Informationen für spätere Interventionen.

Zielgruppe/-indikator

Die meisten Beobachtungsinterviews stellen die Arbeitsaufgabe bzw. Aufgabengruppen mit ähnlichen oder gleichen Aufgabenbestandteilen (z. B. die Tätigkeit der Maschinenführung oder die Einkaufstätigkeit) in den Mittelpunkt der Analyse, daher kann hier genau genommen nicht von Zielgruppe, sondern eher von Zielmerkmal gesprochen werden.

Akteure

Beobachtungsinterviews können nur von geschulten UntersucherInnen vorgenommen werden, da die korrekte Anwendung eine sorgfältige Schulung voraussetzt, in der die UntersucherInnen mit den theoretischen Grundlagen des Verfahrens, seinen Kerndimensionen, der Verfahrenslogik, dem Aufbau sowie den Anwendungsvoraussetzungen und -bedingungen vertraut gemacht werden. Mit einer solchen entsprechenden sorgfältigen Schulung und Vorbereitung können auch betriebliche PraktikerIn, BetriebsärztIn, IngenieurIn oder Betriebsrat Aufgabenanalysen durchführen.

Ablauf

Auswahl geeigneter Instrumente. Welches Instrument ausgewählt wird, ist in erster Linie abhängig von den Ergebnissen der vorangegangenen Schwachstellenanalysen, der zu analysierenden Tätigkeitsstruktur sowie der Branche. Es gibt zahlreiche theoretisch fundierte Bobachtungsinterviews, die im Kontext des betrieblichen Stress- und Ressourcenmanagements zum Einsatz kommen können, wie das Screening psychischer Arbeitsbelastungen (SPA-S) von Metz und Rothe (1999, 2001), für das auch eine Fragebogen- und eine Online-Version vorliegt (vgl. Kap. 5.4). Dieses Instrument ist u. a. erfolgreich bei der Analyse von Call Center Arbeitsplätzen zum Einsatz gekommen (Metz, Rothe & Degener, 2001). Auch das Tätigkeitsbewertungssystem (TBS) von Hacker, Fritsche, Richter und Iwanowa (1994) und darauf aufbauend das rechnergestützte Verfahren für die Bewertung und Gestaltung im Arbeits- und Gesundheitsschutz (REBA-Verfahren) von Pohlandt, Richter, Jordan und Schulze (1999) sind handlungstheoretisch fundierte und wissenschaftlich geprüfte Beobachtungsinterviews. Einen guten Verfahrensüberblick liefern Dunckel (1999) und Resch (2003).

Für die betriebliche Praxis ist bei Detailanalysen dieser Art besonderes wichtig, wie konkret die Gestaltungsvorschläge sind, die mit diesen Verfahren entwickelt werden können. Aus diesem Grund sollen drei handlungs- und stresstheoretisch fundierte und methodisch breit evaluierte Verfahren, die die Kerndimensionen – aufgabenbezogene Anforderungen, Ressourcen und Belastungen – erfassen, genauer vorgestellt werden. Auch die folgenden Angaben zur Durchführung von Analysen beziehen sich auf diese Verfahren.

1. VERA: Verfahren zur Ermittlung von Regulationserfordernissen in der Arbeitstätigkeit (Oesterreich & Volpert, 1991)
2. RHIA: Regulationshindernisse in der Arbeitstätigkeit (Oesterreich, Leitner & Resch, 2000; Leitner, Lüders, Greiner, Ducki, Niedermeier & Volpert, 1993)
3. ISTA-Ratingversion: Instrument zur stressbezogenen Arbeitsanalyse (Semmer, Zapf & Dunckel, 1999)

Alle Instrumente basieren auf handlungs-, bzw. stresstheoretischen Überlegungen zur Regulation menschlichen Handelns und zum Zusammenhang von Arbeit und Gesundheit. Alle Verfahren sind theoriegeleitete Beobachtungsinterviews und erfordern daher eine sorgfältige Schulung und Einweisung der UntersucherInnen. Die Anwendung der Verfahren wird durch Fragen (enthalten sind sowohl standardisierte Fragen mit vorgegebenen Antwortkategorien als auch offene Fragen, die Beschreibungen und Erläuterungen erfordern) und Antwortblätter unterstützt. Belege zur Validität und Reliabilität liegen vor. Genauere Informationen zu den Instrumenten sind dem Anhang B, Kapitel 10 zu entnehmen.

Vorbereitung von Beobachtungsinterviews. Neben den schon bekannten Grundregeln guter Prozessgestaltung sind für die erfolgreiche Durchführung von Aufgabenanalysen mit Hilfe der vorgestellten Beobachtungsinterviews einige gesonderte Vorbereitungen empfehlenswert:

- **Information des Managements:** Die hier dargestellten Verfahren basieren auf bestimmten theoretischen Vorannahmen und einem Belastungsbegriff, der in den Betrieben nicht als selbstverständlich vorausgesetzt werden kann. Daher sollten Konzept und theoretische Grundlagen vorab erläutert werden. Ggf. sollte ein Bezug hergestellt werden zu der in Betrieben oft bekannten Belastungsdefinition der DIN 33400, 33405. Der Gegenstand der Analyse (Arbeitsaufgabe), Nutzen und Grenzen des Verfahrens sollten dargestellt werden.
- **Information der Beschäftigten:** Ergänzend zu den Grundregeln umfassender und frühzeitiger Information der Beschäftigten ist eine besondere Information erforderlich, wenn im zu untersuchenden Bereich zuvor andere Arbeitsanalysen z. B. REFA-Analysen durchgeführt wurden, die in einer Arbeitsintensivierung und -rationalisierung mündeten. In diesem Fall wird das Misstrauen der Beschäftigten hinsichtlich der Aufgabenanalysen groß sein. Es ist daher empfehlenswert, sehr genau über die Unterschiede zu derartigen Verfahren und die andere Zielsetzung aufzuklären.
- **Auswahl geeigneter Arbeitsplätze:** Werden Analysen an typischen Arbeitsplätzen vorgenommen, die für eine größere Gruppe von Arbeitsplätzen Geltung haben sollen, ist eine richtige Vorauswahl dieser Arbeitsplätze sehr wichtig. Sofern es nicht in einer vorherigen Begehung deutlich wurde, welche Arbeitsplätze gleich oder sehr ähnlich sind, sollte dies durch Gespräche mit Meistern und Vorarbeite-

rInnen geklärt werden. Arbeitsplätze sind meist miteinander verkettet, daher kann es unter Umständen erforderlich sein, angrenzende Arbeitsplätze mit zu analysieren. In jedem Fall sollten die Konsequenzen abgeschätzt werden, die durch Gestaltungslösungen an einem Arbeitsplatz für andere Arbeitsplätze entstehen können.

- **Zeitpunkt der Analyse:** Bei der Wahl des Analysezeitpunkts ist zu beachten, dass die *üblichen* Arbeitsabläufe auch beobachtbar sind. Eine Analyse in der Lohn- und Gehaltsabrechnung zum Zeitpunkt des Jahresabschlusses wäre beispielsweise ungünstig, da hier besondere und damit untypische Arbeiten anfallen.
- **Organisatorisches:** Für die Untersuchungstage sollte ein ruhiger Raum zur Verfügung stehen, um die Antwortblätter auszufüllen.

Durchführung der Analyse. Die Durchführung einer Analyse mit den vorgestellten Verfahren unterteilt sich in drei Schritte: Eine erste Beobachtung und mündliche Befragung der arbeitenden Person, in der alle Grunddaten gesammelt und schriftlich festgehalten werden. Dann folgt eine erste Systematisierungs- und Auswertungsphase, möglichst abseits vom zu untersuchenden Arbeitsplatz. In der dann abschließenden vertiefenden Beobachtung und erneuten mündlichen Befragung werden alle restlichen Informationen erhoben, um zu einer Bewertung der Arbeitsaufgaben zu gelangen und konkrete Gestaltungshinweise formulieren zu können.

Abschluss und Auswertung der Analyse. Eine zügige Auswertung der Beobachtungsinterviews sorgt dafür, dass die Konsequenzen der Analyse nachvollziehbar bleiben. In jedem Fall sollte eine Rückmeldung der Ergebnisse an die Beschäftigten mit genauer Zeitangabe zugesichert werden. Die auf Grund der Analysen entwickelten Gestaltungsvorschläge sollten Gegenstand der dann folgenden Intervention sein.

Zeitumfang

Der zeitliche Umfang variiert in Abhängigkeit der Anzahl der zu untersuchenden Arbeitsaufgaben/Arbeitsplätze. Pro Tag und UntersucherIn können maximal zwei Arbeitsanalysen veranschlagt werden.

Gefahren und Schwierigkeiten

Es ist hervorzuheben, dass im Zentrum der Analyse dieser Verfahren jeweils nur *eine Arbeitsaufgabe* steht. Führt eine Person mehrere Aufgaben aus, wie es zum Beispiel bei Sekretariatsarbeiten häufig der Fall ist, muss für jede Aufgabe eine getrennte Aufgabenanalyse mittels Beobachtungsinterviews durchgeführt werden.

Schwierig kann auch die Festlegung des richtigen Untersuchungszeitpunkts sein: Werden beispielweise vormittags- und nachmittags die gleichen Arbeitsaufgaben an einem Arbeitsplatz ausgeführt oder unterscheiden sich hier einzelne Teile? In manchen Fällen kann es notwendig werden, die Arbeitsaufgabe zu einem zweiten Zeitpunkt nach zu analysieren, um mögliche Unterschiede zu erfassen.

Belastende oder gesundheitsförderliche Aspekte, die über die konkrete Arbeitsaufgabe und den Arbeitsplatz hinausgehen, können mit diesen Verfahren nicht erfasst werden.

Literatur

Dunckel, H. (Hrsg.) (1999). *Handbuch psychologischer Arbeitsanalyseverfahren.* Zürich: vdf Hochschulverlag

Illustration 9: Die Auswahl der Befragten und des Arbeitsfeldes muss sorgfältig erfolgen, um repräsentative Aussagen machen zu können.

6 Interventionsmethoden

Erfolgreiches Stress- und Ressourcenmanagement erfordert Interventionen, die sowohl zielgruppen-, als auch bedarfs- und problemgerecht sind. Bedarfsgerechte Interventionen müssen nicht immer auch problemgerechte Interventionen sein, worauf noch einzugehen sein wird. Die Grenzen zwischen Analyse und Intervention sind oft fließend, denn jede Analyse stellt selbst bereits eine Intervention dar. So berichten in Führungskräfteinterviews die Betroffenen – vielleicht zum ersten Mal – über ihre Stresssituationen und ihre Selbstbeobachtung in diesen Situationen. Sie werden sich im Interview ihrer eventuell nicht immer effektiven Bewältigungsstrategien bewusst. In Mitarbeiterbefragungen werden beispielsweise Bewältigungsstrategien erfragt, die ebenfalls zur Selbstbeobachtung in Stresssituationen anregen oder es werden im Analyseprozess Merkmale der Arbeitssituation, wie der Handlungsspielraum einer Aufgabe erhoben, die eine Sensibilisierung für das Thema bewirken und Erwartungen bei den Betroffenen wecken. In der Analysephase wird auch geklärt, welche Arbeitsbedingungen betrieblich veränderbar und welche Veränderungen von MitarbeiterInnen und Management gewollt sind. Das gewählte Analyseverfahren nimmt zudem Einfluss auf Ansatzpunkt und Art der weiteren Interventionen. So determinieren die im letzten Kapitel dargestellten bedingungsbezogenen Beobachtungsinterviews die Intervention durch die Ableitung sehr konkreter Veränderungsvorschläge.

Im Folgenden geht es zunächst um die Frage nach den Einflussfaktoren für die Auswahl einer Intervention und um die Einbettung von Stress- und Ressourcenmanagement in die Betriebliche Gesundheitsförderung. Qualitätskriterien der Betrieblichen Gesundheitsförderung gelten auch für Stress- und Ressourcenmanagement. Ansatzpunkte und Ziele von Interventionen werden aus stresstheoretischer, aus arbeitspsychologischer und aus der Perspektive der Präventivmedizin dargestellt. Es folgen die im betrieblichen Alltag realisierten Ansatzpunkte und Ziele. Gründe für die im betrieblichen Alltag dominierenden, individuumszentrierten Interventionen werden ausgeführt und es wird auf die schwierige Frage nach der Indikation eingegangen. Für die Wirksamkeit von Interventionsmethoden spielt die Anwerbung von TeilnehmerInnen eine große Rolle; auch organisatorische Rahmenbedingungen sind nicht zu unterschätzen. Diese Punkte schließen die Einführung in die Interventionsmethoden ab.

Der Einführung folgt die Darstellung konkreter Interventionsmethoden. Wir beginnen mit den im betrieblichen Alltag dominierenden, individuumszentrierten Interventionen zu Stress- und Ressourcenmanagement. Dazu zählen in erster Linie Trainings auf der Grundlage der kognitiven Verhaltenstherapie. Entspannungsmethoden und problemorientierte Bewältigungsmethoden werden auch in eigenständigen Trainings angeboten. Sie werden daher auch getrennt dargestellt. Für die Zielgruppe der Führungskräfte ist stressbezogenes Coaching indiziert. Abschließend wird die Wirksamkeit dieser individuumszentrierten Methoden dargestellt (vgl. Kap. 6.2).

Aus arbeitspsychologischer und stresstheoretischer Perspektive wird ein integratives Vorgehen gefordert. Es gibt einige aktuelle integrative Ansätze, die ihre Effektivität unter Beweis gestellt haben. Diese werden im Anschluss an individuumszentrierte Methoden vorgestellt. Sie umfassen ressourcenorientierte Programme, in denen personale und – zumindest teilweise – situative Ressourcen gefördert werden. Neben einem integrativen Stress- und Ressourcenmanagementprogramm für Arbeitsgruppen wird ein organisationsweites Survey-Feedback-Programm vorgestellt. Abschließend wird auf die Wirksamkeit dieser verschiedenen integrativen Ansätze eingegangen (vgl. Kap. 6.3).

Die Darstellung der Interventionsmethoden schließt mit den bedingungsbezogenen Verfahren ab. Eine Zuordnung der wahrgenommenen Stressreaktionen zu Arbeitsplatzbedingungen erfolgt systematisch in Gesundheitszirkeln. Gesundheitszirkel gehören zu den beteiligungsorientierten Verfahren. Stressbezogene Arbeitsgestaltung ist «die» bedingungsbezogene Interventionsmethode. Die Darstellung ihrer Grundlagen, Strategien, Ansatzpunkte sowie Empfehlungen für eine ressourcenfördernde Arbeitsgestaltung und die Wirksamkeit von stressbezogener Arbeitsgestaltung schließen das Kapitel 6 ab.

Mit der folgenden Darstellung soll, ebenso wie mit dem vorangegangenen Kapitel zu den Analysemethoden, ein erster Überblick und eine Orientierung darüber gegeben werden, welche Interventionen es gibt, wann sie geeignet sind und aus welchen Kernelementen sie sich zusammensetzen. Damit soll eine erste Vorauswahl von Interventionen für den jeweiligen Anwendungsfall ermöglicht werden. Damit hat auch dieses Kapitel den Charakter eines Nachschlagewerkes: Je nach Interessenlage kann es punktuell oder auch als Ganzes gelesen werden.

6.1 Einführung

Die Auswahl der Intervention ist abhängig von zahlreichen Einflussfaktoren: Kosten-Nutzen-Erwägungen, Passung der Intervention zu übergeordneten organisationalen Zielen und strategischen Themen, individuelle Ziele der Akteure, Alltagstheorien über die Wirksamkeit einzelner Maßnahmen und auch die methodischen Vorerfahrungen und Kompetenzen der Beteiligten spielen eine bedeutende Rolle.

Wenn an Stress- und Ressourcenmanagementinterventionen im Alltag gedacht wird, werden oftmals ausschließlich Stressbewältigungstrainings assoziiert. In diesen Trainings geht es darum, Stresssituationen wahrzunehmen, das eigene Verhalten,

Gedanken und Gefühle in Stresssituationen zu beobachten, Situationen neu zu bewerten, Bewältigungsstrategien, insbesondere Entspannungsmethoden zur Emotionsregulierung kennen zu lernen und einzuüben. Es gibt aber eine weitaus größere Vielfalt an Interventionsmethoden, auf die im Folgenden eingegangen wird. Alle Interventionen gehören zu Stress- und Ressourcenmanagement, wenn sie mit dem Ziel, Stress zu vermeiden oder zu reduzieren oder seine Folgen zu minimieren, eingesetzt werden.

6.1.1 Betriebliche Gesundheitsförderung – Qualitätskriterien

Interventionen zu Stress- und Ressourcenmanagement sind Teil der Betrieblichen Gesundheitsförderung. Kurse zur Stressbewältigung sind mit Bewegungs- und Ernährungsprogrammen die häufigsten Interventionen im Rahmen betrieblicher Gesundheitsförderung. Einen Überblick über Maßnahmen und Umfang Betrieblicher Gesundheitsförderung in Deutschland geben Hartmann und Traue (1996) sowie Gröben und Böse (1999).

Betriebliche Gesundheitsförderung umfasst allerdings mehr als gesundheitsbezogene Trainings. Charakteristika und Qualitätskriterien Betrieblicher Gesundheitsförderung wurden auf der Grundlage arbeits- und organisationspsychologischer Befunde und der Ottawa-Charta der Weltgesundheitsorganisation entwickelt. Diese Kriterien sind auch bei der Konzipierung von Interventionen zu Stress- und Ressourcenmanagement, kurz SMI, zu beachten. Einige wichtige Qualitätskriterien für **SMI** werden im Folgenden genannt:

- SMI orientieren sich an der Verbesserung der Gesundheit und nicht nur an der Verhinderung und der Behandlung von Krankheiten.
- Stressrelevante Arbeitsmerkmale, insbesondere die Arbeitsaufgabe, stehen bei der Konzipierung von SMI im Vordergrund.
- Neben der Vermeidung und dem Abbau von arbeitsbedingten Stressoren sind Ressourcen in und bei der Arbeit aufzubauen und zu unterstützen.
- SMI stellen keine isolierte Einzelmaßnahme dar, sondern sind in ein umfassendes Konzept betrieblicher Gesundheitsförderung eingebunden.
- SMI sind keine Eintagsfliegen, sondern in Organisations- und Kommunikationsstrukturen des Betriebs eingebunden und werden somit kontinuierlich verfolgt.
- SMI richten sich an alle Beschäftigten, nicht nur an Risikogruppen, mit dem Ziel, sie zu befähigen, ihre Gesundheitspotentiale selbstbestimmt zu erschließen (vgl. Bamberg, Busch & Mohr, 1999, S. 258 ff.).

Ansatzpunkte und Ziele von SMI zeigen weitere Qualitätskriterien von SMI als Teil der Betrieblichen Gesundheitsförderung auf. Sie systematisieren gleichzeitig die Interventionen und geben Anhaltspunkte für ihren Nutzen.

6.1.2 Ansatzpunkte und Ziele aus stresstheoretischer Perspektive

Interventionen zu Stress- und Ressourcenmanagement können sehr vielfältige Ansatzpunkte und Ziele haben.

Aus stresstheoretischer Perspektive (vgl. Kap. 4) ist eine Systematisierung entlang des Stressprozesses sinnvoll (vgl. Abb. 1, s. Seite 41):

- Interventionen können an den Stressoren, Anforderungen und Ressourcen im Stressprozess ansetzen, mit dem Ziel, Stressoren zu beseitigen oder zu reduzieren und Anforderungen und Ressourcen zu erweitern:
  - Interventionen können zum einen an den situativen Stressoren, Anforderungen und Ressourcen ansetzen. Diese sind Merkmale der Arbeitsaufgabe und der Arbeitsorganisation, der Arbeitsmittel, der Arbeitszeit, der Entlohnung, der sozialen Beziehungen sowie der sozialen und physikalischen Arbeitsumwelt (vgl. Kap. 4.3, 4.4 und 4.9).
  - Interventionen können zum anderen an den personalen Stressoren, z. B. Typ-A-Verhalten, ansetzen. Sie können weiterhin an den personalen Ressourcen ansetzen, z. B. an Überzeugungen und Einstellungen, wie dem Kohärenzsinn und dem Kontrollgefühl (vgl. Kap. 4.3, 4.4 und 4.8).
- Ein weiterer Ansatzpunkt von SMI ist die individuelle Bewertung: Es geht dabei um die individuelle Bewertung der stressvollen Situation, hinter der die Frage steht *«Ist die Situation für mein Wohlbefinden relevant?»* Zum anderen geht es um die individuelle Bewertung der Bewältigungsmöglichkeiten und Ressourcen mit der Frage: *«Was kann ich tun?»* Ziele dieser Interventionen sind, die Situation und die Bewältigungsmöglichkeiten sowie Ressourcen neu zu bewerten, bedrohliche Situationen als Herausforderung zu sehen, sogar allgemeine Einstellungen gegenüber Stresssituationen und den eigenen Bewältigungsmöglichkeiten und Ressourcen zu verändern und damit die individuelle Belastbarkeit allgemein zu erhöhen oder vorhandenen Stress frühzeitig zu reduzieren (vgl. Kap. 4.6).
- Interventionen können weiterhin an den Bewältigungsstrategien ansetzen. Ziel ist, die Bandbreite an verfügbaren Strategien zu erweitern, funktionale Strategien, wie die aktive Suche nach sozialer Unterstützung, zu stärken und dysfunktionale Strategien, wie Wunschdenken und Selbstbeschuldigung, abzubauen (vgl. Kap. 4.6).
- Selbstorganisation ist ein weiterer Ansatzpunkt von Interventionen zu Stress- und Ressourcenmanagement. Ziel ist, übergreifende, individuelle Ziele und Motive und die Art und Weise der Zielbereiche zu überprüfen (vgl. Kap. 3 und 4.7).
- «Last but not least» können Interventionen an den Stressfolgen (vgl. Kap. 4.5) ansetzen.
  - Interventionen können an kurzfristigen individuellen Stressreaktionen, wie an Gereiztheit ansetzen. Diese Interventionen zielen darauf ab, diese kurzfristigen Stressreaktionen sofort zu regulieren. Die Betroffenen sollen sich möglichst

rasch von der Stresssituation erholen, um eine Krankheitsentwicklung zu verhindern.
- Interventionen können an den mittel- und langfristigen individuellen Folgen, z. B. psychosomatischen Beschwerden und Herz-Kreislauf-Erkrankungen, ansetzen. Die Interventionen zielen auf eine Behandlung dieser Erkrankungen.
- Zudem ist zwischen individuellen Stresswirkungen und Stresswirkungen auf der Ebene der Arbeitsgruppe, der Abteilungen, des Betriebs usw. zu unterscheiden. Bei letzteren spielen beispielsweise das Betriebsklima, der Krankenstand oder die Produktivität eine Rolle.

6.1.3 Ansatzpunkte und Ziele aus arbeitspsychologischer Perspektive

Aus arbeitspsychologischer Perspektive werden Interventionen in personen- und bedingungsbezogene bzw. verhaltens- und verhältnisbezogene Interventionen unterschieden. Dieser Unterscheidung liegt die Annahme zugrunde, dass Stress ein Ungleichgewicht von Anforderungen und Fähigkeiten ist. Die Unterscheidung in personen- und bedingungsbezogene bzw. verhaltens- und verhältnisbezogene Interventionen kann sich auf die Ansatzpunkte der Intervention oder die Ziele der Intervention beziehen. Wir wollen hier die Unterscheidung nach den Zielen einer Intervention vornehmen:

- Demnach können Interventionen dieses Ungleichgewicht verändern, indem sie auf die Veränderungen der Fähigkeiten der betroffenen Person zielen. Das können z. B. Selbstmanagementfähigkeiten sein.
- Interventionen, die auf eine Veränderung der Anforderungen zielen, gehören zu den bedingungsbezogenen Interventionen. Gesundheitszirkel sind exemplarische Interventionsmethoden.
- Die Annahme, dass Stress ein Ungleichgewicht darstellt, legt ein integratives Vorgehen beim Management von Stress nahe, z. B. die Kombination von Stressmanagementtrainings und Arbeitsgestaltung.

6.1.4 Ansatzpunkte und Ziele aus der Perspektive der Präventivmedizin

Ansatzpunkte und Ziele von Stress- und Ressourcenmanagementinterventionen lassen sich auch aus der Perspektive der Präventivmedizin betrachten. Sie geht davon aus, dass präventive Interventionen in jedem Stadium der «Lebensgeschichte» einer Krankheit ansetzen können. Präventive Interventionen verlangsamen oder stoppen einen Krankheitsverlauf oder machen ihn rückgängig. Sie lassen sich in primäre, sekundäre und tertiäre Prävention unterscheiden.

- Primäre Intervention setzt an den Risikofaktoren an, z. B. den Arbeitsstressoren und verhindert Stresssituationen.
- Sekundäre Prävention setzt an den kurzfristigen, individuellen Stressreaktionen an und verhindert eine Krankheitsentwicklung.
- Tertiäre Prävention setzt an den mittel- und langfristigen Stressfolgen an und zielt auf die Behandlung von fortgeschrittenen Krankheiten.

6.1.5 Die Dominanz von individuumszentrierten Interventionen

Überblicksstudien zu Stress- und Ressourcenmanagementinterventionen im betrieblichen Alltag zeigen die häufigsten Ansatzpunkte und Interventionen im betrieblichen Alltag auf (Bamberg und Busch, 1996; Murphy, 1996; van der Hek & Plomp, 1997; van der Klink, Blonk, Schene & van Dijk, 2001):

Die häufigsten *Ansatzpunkte* in der betrieblichen Praxis sind aus stresstheoretischer Perspektive individuelle Stressoren und Ressourcen, individuelle Bewertungs- und Bewältigungsprozesse sowie individuelle Stressreaktionen und -folgen mit dem Ziel individueller Selbstkontrolle. Aus arbeitspsychologischer Perspektive liegt der Schwerpunkt der Interventionen bei den personenbezogenen Interventionen. Aus der Perspektive der Präventivmedizin dominieren Interventionen der sekundären Prävention.

Die häufigsten *Interventionen* sind Gruppentrainings auf der Grundlage der kognitiven Verhaltenstherapie (vgl. Kap. 6.2.2). Hier spielt das Stressimpfungstraining von Meichenbaum (2003) und die rational-emotive Verhaltenstherapie nach Ellis (Schelp, Gravemeier & Maluck 1997) eine große Rolle. Entspannungsmethoden und problemorientierte Bewältigungsmethoden werden auch in eigenständigen Trainings angeboten. Bei den Entspannungstrainings dominiert im betrieblichen Alltag die Progressive Muskelentspannung (vgl. Kap. 6.2.3). Problemlösetrainings, Trainings sozialer Kompetenz und Zeit- und Selbstmanagementtrainings sind beliebte Trainings problemorientierter Bewältigungsstrategien (vgl. Kap. 6.2.4).

Die aus arbeitspsychologischer und stresstheoretischer Perspektive geforderten integrativen und ressourcenorientierten Interventionen sind in der betrieblichen Praxis leider noch sehr selten (vgl. Kap. 6.3). Auch stressbezogene Arbeitsgestaltung als «die» bedingungsbezogene Interventionsmethode, ist im betrieblichen Alltag eher selten vorzufinden (vgl. Kap. 6.4.2). Populärer sind dagegen Gesundheitszirkel (vgl. Kap. 6.4.1).

6.1.6 Gründe für die Dominanz individuumszentrierter Methoden

Im betrieblichen Alltag dominieren individuumszentrierte Interventionsmethoden zu Stress- und Ressourcenmanagement. Es gibt verschiedene Erklärungen für diese Unausgewogenheit:

Eine Erklärung mag in den Kenntnissen und Interessen der Anbieter von Interventionen zu Stress- und Ressourcenmanagement liegen. Anbieter sind zumeist MedizinerInnen, PsychologInnen oder PädagogInnen, die in ihrer Ausbildung v. a. die subjektiven und individuellen Phänomene von Stress kennen lernten und selten arbeits- und organisationspsychologische Kenntnisse, insbesondere Kenntnisse in Arbeitsgestaltung, mitbringen. Sie sind an sozialmedizinischen Risikofaktorenmodellen orientiert und an Verhaltensmodifikation in Seminaren interessiert.

In Überblickstudien (z. B. Karasek, 1992) zeigte sich, dass betriebliche Entscheidungsträger dazu neigen, Stressoren vor allem in der Persönlichkeit und dem Lebensstil der MitarbeiterInnen zu sehen. Interventionen, die vom Management initiiert werden, haben das Ziel, individuelle Bewältigungsstrategien zu steigern. Externe ExpertInnen werden beauftragt, die Problemanalyse vorzunehmen und Lösungen bereitzustellen. Die individuumszentrierten Interventionen sind kurzfristig preiswerter und daher attraktiv. Eingriffe in betriebliche Strukturen sind dagegen unbeliebt. Sie sind nicht nur kurzfristig kostenintensiver sondern mit ihnen werden auch von den Beschäftigten unabsehbare negative Folgen assoziiert. Moldaschl (1994) zeigt eindrücklich bei der Einführung von Gruppenarbeit wie auch Beschäftigte Stress personifizieren und individualisieren.

Weitere Gründe für den Schwerpunkt auf individuumszentrierten Interventionen in Überblickstudien liegen in der Schwierigkeit, bedingungsbezogene Maßnahmen angemessen wissenschaftlich zu begleiten und zu evaluieren. Arbeitsgestaltungsmaßnahmen sind langfristiger angelegt als individuumszentrierte Interventionen. Zudem sind sie stärker in innerbetriebliche Kommunikations- und Organisationsstrukturen eingebunden. Damit sind sie den zahlreichen und ständigen Veränderungsprozessen in Unternehmen auch stärker ausgesetzt als beispielsweise ein zweitägiges Autogenes Training. Es ist schwierig, Wirkungen der bedingungsbezogenen Intervention von anderen Einflüssen im Unternehmen zu trennen.

6.1.7 Bedarfs- und problemgerechte Interventionen

Die richtige Indikation ist eine der wichtigsten und gleichzeitig der schwierigsten Schritte im Rahmen von Stress- und Ressourcenmanagement. Eine Bedarfsanalyse der Betroffenen und der Entscheidungsträger in der Organisation allein reicht nicht aus, wie die Befunde von Karasek (1992) und Moldaschl (1994) zeigen. Eine systematische Analyse der stressrelevanten Arbeitsmerkmale und der individuellen Voraussetzungen, des Wohlbefindens und der Gesundheit der TeilnehmerInnen ist notwendige Bedingung für eine richtige Indikation. Darüber hinaus ist eine Analyse der Zusammenhänge von Stressoren und Ressourcen auf der einen Seite und Stresswirkungen auf der anderen Seite (im Englischen «risk assessment» genannt) notwendig.

Zeigen die Analyseergebnisse, dass die Arbeitsorganisation problematisch ist und in Zusammenhang mit Stressreaktionen steht, wird eine Intervention indiziert sein, die die arbeitsorganisatorischen Probleme beseitigt und zusätzlich die Stressreaktionen bearbeitet und die negativen Folgen von Stress minimiert.

Die Indikation ist zusätzlich von vielen Einflussfaktoren abhängig, die schon im vorigen Kapitel angesprochen wurden. So sind organisationale Ziele, laufende andere Interventionen usw. für die richtige Indikation wesentlich.

Interventionen in der Praxis können aber bisher eher nach dem Anbieter unterschieden werden als danach, in welcher Branche, welchem konkreten Betrieb, für welche Zielgruppe sie eingesetzt werden. Interventionen sind damit so gut wie identisch, egal wo und wofür sie angeboten werden.

6.1.8 TeilnehmerInnen von SMI und organisatorische Rahmenbedingungen

Für die Wirksamkeit von Interventionen spielt die Anwerbung von TeilnehmerInnen eine entscheidende Rolle. Im Sinne Betrieblicher Gesundheitsförderung werden SMI allen freiwillig Beschäftigten über Informationsveranstaltungen, Aushänge oder Intranet angeboten. Allerdings ist es nicht immer leicht, sich als MitarbeiterIn tatsächlich in der Teilnahmeentscheidung «frei» zu fühlen, so dass auch viele «nicht-gewillte» TeilnehmerInnen in SMI anzutreffen sind, vor allem wenn es sich um Beschäftigte handelt, die in Teams oder Arbeitsgruppen arbeiten. Dass dies nicht von Nachteil ist, zeigen verschiedene Studien mit tatsächlich freiwilligem Teilnahmeangebot. Dort nehmen vor allem die sogenannten «worried-well» MitarbeiterInnen teil, d. h. diejenigen, die bereits ein großes Bewusstsein über ihre Stressoren und Bewältigungsstrategien haben. Sie weisen gegenüber den Nicht-TeilnehmerInnen geringere Befindensbeeinträchtigungen auf. Anscheinend fühlen sich die MitarbeiterInnen, die unter Stressfolgen leiden, von diesen Angeboten eher bedroht und bleiben weg.

Informationsveranstaltungen vor dem Beginn einer SMI können einen erlebnismäßigen Eindruck der Intervention geben und zur Teilnahme motivieren.

Für den Erfolg einer Intervention sind die organisatorischen Rahmenbedingungen nicht zu unterschätzen. Zu den organisatorischen Rahmenbedingungen gehören u. a. die zeitliche und räumliche Struktur sowie die materielle Ausstattung und die Verpflegung während der Maßnahme. Feiertage, Urlaubs- und arbeitsintensive Zeiten sind für Interventionen zu vermeiden. Ein größerer, gut belüftbarer Raum mit Liegeflächen ist für Entspannungsübungen Voraussetzung. Für Trainings, Workshops und Gesundheitszirkel sind bequeme Stühle und Platz für Wandzeitungen und Stellwände sowie gutes Material und ausreichende und gesunde Verpflegung notwendig.

6.2 Individuumszentrierte Interventionsmethoden

6.2.1 Einführung

Den besten Überblick über die zahlreichen, individuumszentrierten Interventionen zu Stress- und Ressourcenmanagement in der Arbeitswelt geben Metaanalysen und Reviews. Metaanalysen integrieren statistisch-quantitativ die Ergebnisse von Evaluationsstudien und analysieren ihre Unterschiedlichkeit, z. B. inwieweit die Länge einer Intervention mit ihrem Erfolg zusammenhängt. Reviews dagegen sind Überblicksartikel, in denen die Auswahl und die zusammenfassenden Urteile von ExpertInnen aufgrund ihrer Erfahrung und wissenschaftlichen Ausrichtung vorgenommen werden.

Allerdings können in diese Überblicksstudien nur die Interventionen und Zielgruppen einfließen, die auch ausreichend häufig untersucht wurden. So sind z. B. Führungskräfte eine der häufigsten Zielgruppen von Stressmanagementtrainings. Die Trainings werden aber selten evaluiert, u. a. weil Führungskräfte selten bereit sind, an Untersuchungen teilzunehmen oder die Anbieter sich nicht «in die Karten schauen» lassen. Daher sind Interventionen für Führungskräfte in Überblicksstudien so gut wie nicht zu finden.

Überblicksstudien zeigen, dass individuumszentrierte SMI in Form von Gruppentrainings die populärsten SMI sind. Sie werden v. a. LehrerInnen, Pflegekräften und Beschäftigten im sozialen Bereich angeboten. Das Angebot richtet sich innerbetrieblich an alle Beschäftigte im Sinne einer primärpräventiven Intervention. Lediglich ein Viertel der Trainings sind explizit gestressten MitarbeiterInnen vorbehalten. Selten werden Teilnahmegebühren erhoben. Die Trainings erfolgen in einer Gruppe von TeilnehmerInnen einer, teilweise auch mehrerer, Hierarchieebenen aus unterschiedlichen Abteilungen eines Betriebes. Der Umfang der Trainings variiert so stark, dass es schwierig ist, allgemeine Aussagen zu machen. Es gibt Trainings mit nur einer Sitzung. Andere haben bis zu 30 Sitzungen. Häufig erstrecken sich die Trainings über bis zu vier Wochen, es gibt aber auch eintägige Trainings und Trainings über mehrere Monate. Die Kursleitung wird meist von Diplom-PsychologInnen mit einer speziellen Kursleitungsschulung übernommen.

Die Inhalte der Trainings basieren größtenteils auf der kognitiven Verhaltenstherapie. Hier dominieren das Stressimpfungstraining nach Meichenbaum und die rational-emotive Verhaltenstherapie nach Ellis (vgl. 6.2.2).

Entspannungsmethoden werden oftmals auch als eigenständige Trainings zu Stress- und Ressourcenmanagement angeboten. Beliebt sind die Progressive Muskelentspannung und das Autogene Training (vgl. Kap. 6.2.3).

Neben der Kombination emotionsorientierter Strategien werden in individuumszentrierten Interventionen emotionsorientierte Strategien mit problemorientierten Strategien, z. B. dem Problemlösetraining kombiniert. Das Stressimpfungstraining ist ein Beispiel, in dem emotionsorientierte Strategien um problemorientierte Strategien ergänzt werden können.

Auch problemorientierte Bewältigungsmethoden werden als eigenständige Trainings zu Stress- und Ressourcenmanagement angeboten. Beliebt sind das Problemlösetraining, das Training sozialer Fertigkeiten oder Zeit- und Selbstmanagementtraining (vgl. 6.2.4).

Für Führungskräfte sind Gruppentrainings meist nicht angebracht. Für diese Zielgruppe eignet sich stressbezogenes Coaching (vgl. Kap. 6.2.5).

Im Folgenden werden diese populären Trainingsprogramme und Einzelmethoden zu individuumszentriertem Stress- und Ressourcenmanagement vorgestellt. Zunächst werden Trainingsprogramme der kognitiven Verhaltenstherapie vorgestellt und auf die zwei bekanntesten Formen der kognitiven Verhaltenstherapie, das Stressimpfungstraining und die rational-emotive Verhaltenstherapie als Gruppentraining, detailliert eingegangen. Anschließend wird beispielhaft ein individuumszentriertes Trainingsprogramm vorgestellt, das sich dadurch auszeichnet, dass es, wie stresstheoretisch und arbeitspsychologisch gefordert, neben einem emotions- und einem problemorientierten auch einen Ressourcenbaustein umfasst. Es folgt die Darstellung populärer Entspannungsmethoden und Trainings zu problemorientierten Bewältigungsstrategien. Stressbezogenes Coaching für Führungskräfte wird im Anschluss an die problemorientierten Interventionsmethoden vorgestellt. Abschließend wird auf die Wirksamkeit individuumszentrierten Stress- und Ressourcenmanagements eingegangen.

6.2.2 Trainingsprogramme der kognitiven Verhaltenstherapie

Individuumszentriertes Stress- und Ressourcenmanagement in der Arbeitswelt wird meist als Training auf der Grundlage der kognitiven Verhaltenstherapie angeboten. Für die kognitive Verhaltenstherapie liegen überzeugende Wirksamkeitsnachweise vor. Sie gilt als eine der erfolgreichsten Therapieformen. Die maßgeblichen Ansätze für die erfolgreiche Entwicklung kognitiver Verhaltenstherapie sind die «Rational-emotive Verhaltenstherapie» von Albert Ellis, die «Kognitive Therapie» nach Aaron Beck und Donald Meichenbaums «Stressimpfungstraining». Letzteres ist eigentlich eine umfassende Trainingskonzeption zur Verhaltensmodifikation. Die kognitive Verhaltenstherapie sieht den Menschen als aktives, handelndes Wesen an. Drei Annahmen liegt der Therapie zugrunde: Die erste Grundannahme ist, dass Gefühle und Verhalten von Gedanken beeinflusst sind. Irrationale, realitätsferne oder sogar falsche Gedanken und Grundannahmen führen zu krank machenden Empfindungen und Verhaltensweisen. Die zweite Grundannahme lautet, dass kognitive Aktivität kontrolliert beobachtet und verändert werden kann und die dritte Grundannahme, dass erwünschte Verhaltensänderungen unter dem Einfluss kognitiver Veränderungen erfolgen. In der Therapie werden der KlientIn irrationale Gedanken und übergeneralisierte sowie übersteigerte negative Einstellungen bewusst gemacht, hinterfragt und verändert. Die kognitive Verhaltenstherapie arbeitet insbesondere mit den Denkprozessen, die nicht bewusst ablaufen, wie automatische Gedanken und Grundannahmen, die aber mittels Selbstbeobachtung leicht bewusst werden können.

Techniken der kognitiven Verhaltenstherapie sind vielfältig. Zu den wichtigsten Techniken gehören das Rollenspiel bzw. die Verhaltensprobe, Verhaltensübungen, Systematische Desensibilisierung, Belohnungschips und Gespräche über Werte und Gefühle.

Das Rollenspiel ist eigentlich eine Technik des Psychodramas nach Jakob Moreno (1889–1974), die aber von der Verhaltenstherapie in ihr Technikrepertoire integriert wurde und sogar mitunter als wichtigste Technik genannt wird. Das Rollenspiel wird innerhalb der Verhaltenstherapie auch als Verhaltensprobe bezeichnet. Das eigene Verhalten wird mit einer PartnerIn ausprobiert und eintrainiert, wobei diese eine bestimmte Rolle einnimmt. Dadurch werden wirklichkeitsnahe Bedingungen geschaffen.

Die kognitive Verhaltenstherapie ist eine individuelle Therapie. Auch in Trainingskonzeptionen für Beschäftigtengruppen wird die individuelle Herangehensweise verfolgt. Individuelle Stresssituationen werden in der Gruppe bzw. in Teilgruppen bearbeitet.

In der Arbeitswelt sind das Stressimpfungstraining und die rational-emotive Verhaltenstherapie als Gruppentrainingskonzeptionen verbreitet. Diese beiden Konzeptionen werden im Folgenden zunächst dargestellt, um anschließend ein konkretes Trainingsprogramm beispielhaft vorzustellen, das sich dadurch auszeichnet, dass es neben einem Problemlösetraining und einem Entspannungstraining, ein Genusstraining umfasst:

Das Stressimpfungstraining

Grundlagen. Das Stressimpfungstraining (SIT) von Donald Meichenbaum (2003) ist eine der beliebtesten Trainingskonzeptionen, wenn es um Stressmanagement in der Arbeitswelt geht. Analog zur medizinischen Impfung wird das Ziel des SIT darin gesehen, «psychologische Antikörper» bzw. Bewältigungsstrategien aufzubauen und damit die Widerstandskraft der KlientIn gegenüber Stress zu vergrößern. Dies geschieht über die Darbietung von Stressreizen, die einerseits stark genug sind, um Bewältigungsstrategien zu stimulieren, gleichzeitig zu schwach sind, um diese zu hemmen. Die Vermittlung verschiedener und an die individuellen Bedürfnisse angepassten Bewältigungsstrategien sowie ein flexibler Umgang mit diesen Strategien ist Dreh- und Angelpunkt des Trainings. Mit der flexiblen Verfügung über diese Bewältigungsstrategien entwickelt die TeilnehmerIn ein Gefühl von Bewältigungskompetenz und baut eine Erwartungshaltung auf, zukünftige Stresssituationen erfolgreich bewältigen zu können. Zudem wird die aktive Auseinandersetzung mit der Umwelt gefördert. Weitere Leitlinien des Trainings sind nach Meichenbaum (2003, S. 27 ff.) eine sorgfältige Analyse des Trainingsziels, die Betonung der kognitiven und emotionalen Faktoren im Stressprozess, die Transfersicherung durch Generalisierung der Bewältigungsstrategien auf eine Vielzahl von neuen Situationen und die Zukunftsorientierung durch die Antizipation von kritischen Lebensereignissen und Misserfolgen.

Techniken. «Das Stressimpfungstraining kombiniert Elemente des Lehrens, der Sokratischen Gesprächsführung, der kognitiven Umstrukturierung, der Problemlösung und Entspannung, Verhaltens- und Vorstellungsübungen, Selbstbeobachtung, Selbstinstruktionen, Selbstverstärkung und umweltbezogene Strategien» (Meichenbaum 2003, S. 37).

Eine wichtige Technik ist die Situationsanalyse. In der Situationsanalyse beobachten die TeilnehmerInnen ihre Gedanken, Gefühle, körperliche Empfindungen und Bewältigungsverhalten in einer Stresssituation, beschreiben sie und suchen nach

Parallelen zu anderen Situationen. Die bewusste und differenzierte Wahrnehmung des Stressprozesses ist Voraussetzung, um Veränderungen herbeizuführen.

Zu den regelmäßig vermittelten Bewältigungsstrategien zählt Kognitive Umstrukturierung. Dabei orientiert sich Meichenbaum an der Vorgehensweise der Kognitiven Therapie nach Aaron Beck, u. a. dem kollaborativen Empirismus. Der kollaborative Empirismus betont die Güte der therapeutischen Beziehung und setzt die TeilnehmerIn als eine praktische WissenschaftlerIn ein. Die TrainerIn und die TeilnehmerIn legen zusammen Hypothesen vor, die sie gemeinsam prüfen. Dysfunktionale automatische Gedanken werden identifiziert und verändert. Dabei handelt es sich um automatische Gedanken, die aber durch Selbstbeobachtung leicht bewusst werden können. Dysfunktionale Gedanken weisen in der Regel eine oder mehrere kognitive Verzerrungen auf, z. B. Alles-oder-Nichts-Denken. Nach ihrer Identifizierung werden Beweise für oder gegen diese Stressbewertungen gesammelt. Im letzten Schritt werden persönliche Experimente durchgeführt, um die Gültigkeit alternativer Stressbewertungen zu testen. Dabei wird auch das «ABC-Schema» von Albert Ellis eingesetzt (s. u.).

Eine Technik zur kurzfristigen Erleichterung ist Relativieren durch sozialen Vergleich und kognitive Umstrukturierung unter Entspannung. Dabei wird bei der Wahrnehmung von Stresssignalen innegehalten, entspannt und der stressvollen Situation mit den negativen Bewertungen die gesamte Aufmerksamkeit zugewendet. Sobald die Aufmerksamkeit schwindet, wird die Situation durch soziale und Situationsvergleiche relativiert und anschließend ein Handlungsplan entworfen.

Das Selbstinstruktionstraining ist ein wesentlicher Baustein des Stressimpfungstrainings. Es umfasst eine Analyse der bisherigen Selbstinstruktionen während der verschiedenen Stressphasen, wie sie die Stressreaktionen verstärken und effektive Bewältigungsstrategien behindern. Dann werden alternative Selbstinstruktionen für die Förderung effektiver Bewältigungsstrategien erarbeitet und eintrainiert, wobei die KlientIn die Selbstinstruktionen durch Formulierung in ihren eigenen Worten persönlich gestaltet.

Weiterhin wird regelmäßig eine Entspannungsmethode vermittelt. Die Progressive Muskelentspannung nach Jacobson (1996) ist die am häufigsten vorzufindende Methode in der betrieblichen Praxis. Auf Entspannungsmethoden wird im Folgenden noch gesondert eingegangen.

Problemorientierte Bewältigungsstrategien werden zielgruppenspezifisch angeboten, z. B. Durchsetzungsfähigkeit in sozial stressvollen Situationen mittels Rollenspiel. Auf diese Bewältigungsmethoden wird ebenfalls noch gesondert eingegangen.

Ablauf. Das Stressimpfungstraining ist in drei Phasen gegliedert. In der Informationsphase wird das Arbeitsbündnis zwischen der TrainerIn und den TeilnehmerInnen aufgebaut. Die TeilnehmerInnen lernen den transaktionalen Stressprozess und Ansatzpunkte für Stressmanagementmethoden kennen. Zudem werden Situationsanalysen geübt und Trainingsziele zur Transfersicherung vereinbart.

In der zweiten Phase, der Lern- und Übungsphase, werden bedarfs- und problemspezifische Bewältigungsstrategien vermittelt. Die TeilnehmerInnen sollen aus diesem Repertoire individuell passende Strategien herausfiltern.

In der letzten Phase, der Anwendungs- und Posttrainingsphase, werden mit Vorstellungsübungen und Rollenspielen sowie abgestufter Stressorenkonfrontation in der Realität die erlernten Techniken geübt und generalisiert. Die Phase umfasst auch Zusatzsitzungen, Nachuntersuchungen und Programme für die Rückfallprävention zur Transfersicherung.

Literatur

Meichenbaum, D. (2003). *Intervention bei Stress. Anwendung und Wirkung des Stressimpfungstrainings.* 2. Revidierte und ergänzte Auflage. Übersetzt und für die zweite Auflage mit einem zusätzlichen Kapitel versehen von Lothar Schattenburg. Bern. Huber.

Rational-emotive Verhaltenstherapie als Gruppentraining

Grundlagen. Die rational-emotive Verhaltenstherapie als Gruppentraining ist ebenso wie das Stressimpfungstraining eine beliebte individuumszentrierte Trainingskonzeption in der Arbeitswelt. Die rational-emotive Verhaltenstherapie ist von Albert Ellis entwickelt worden. Sie ist eine sehr strukturierte und auf Selbsthilfe abzielende Therapie. Bedingungslose Selbstakzeptanz und der Einsatz von Logik und Humor sind wesentliche Merkmale. Das ABC-Modell ist Grundlage der Therapie: **A**ktivierende Ereignisse, z. B. stressvolle Arbeitssituationen, führen über «**B**eliefs», d. h. dysfunktionale bzw. irrationale Gedanken, zu «**C**onsequences», z. B. psychosomatischen Beschwerden. Ellis geht davon aus, dass Belastungssituationen rational bewältigt werden können. Dies erfolgt durch die bewusste Veränderung von Glaubenssätzen bzw. «Beliefs», v.a. der irrationalen MUSS-Überzeugungen z. B.: «Ich MUSS kompetent, angemessen und erfolgreich sein und muss die Anerkennung von praktisch allen bedeutsamen Leuten in meinem Leben gewinnen; es ist schrecklich, wenn mir dies nicht gelingt.» Diese Überzeugungen stellen überhöhte Ansprüche an die eigene Person und Umwelt dar.

Techniken. Techniken der rational-emotiven Verhaltenstherapie sind u. a. die Selbstanalyse, der sokratische Dialog bzw. die logische Disputation, dramatische Konfrontationen, Einsatz von Humor und rational-emotive Vorstellungsübungen. Der flexible Einsatz verschiedenster Techniken wird auch in dieser Therapieform betont.

Die Selbstanalyse umfasst die Anwendung des «ABC-Schemas». Stresssituationen werden von den TeilnehmerInnen in der Selbstanalyse nach diesem Schema analysiert.

Der «sokratische Dialog» (**D**ispute) ist eine Technik, bei der die TrainerIn irrationale Überzeugungen mit so genanntem wissenschaftlichen Nachfragen auflockert. Sie regt wissenschaftliches, rationales Denken an, das nach Ellis folgende Grundregeln befolgt:

- Realitäten werden akzeptiert

- Es wird mit den Gesetzen der Logik argumentiert
- Die Flexibilität des Denkens wird gewahrt
- Hypothesen werden geprüft
- Es gibt nicht Gut und Böse
- Es werden realistische Ziele gewählt.

Vorstellungsübungen sind eine weitere Technik, die der Annahme zugrunde liegen, dass Vorstellungen verändern können. Dabei sollen sich die TeilnehmerInnen mit geschlossenen Augen eine Stresssituation vorstellen. Die irrationalen Überzeugungen in der Situation werden in der Vorstellungsübung verändert und die TeilnehmerInnen stellen sich vor, wie sie mit den neuen Kognitionen die Situation erleben. Vorstellungsübungen werden auch mit Verhaltensübungen im Alltag kombiniert.

Ablauf. Der Ablauf ist bei allen Trainingskonzeptionen auf der Grundlage der kognitiven Verhaltenstherapie ähnlich. Die Flexibilität wird auch beim Ablauf immer wieder betont. Bei der REVT folgt typischerweise einer (1) Phase des Kennen Lernens und Information über das «ABC-Schema, sowie Klärung der Trainingssituation eine (2) diagnostische Phase mittels der o. g. Selbstanalyse nach dem «ABC-Schema». (3) Der «sokratische Dialog» stellt irrationale Gedanken und Einstellungen in Frage. (4) Weitere Techniken wie Rollenspiele, Phantasieübungen, Probehandeln im Alltag werden zusätzlich bei Bedarf eingesetzt und führen im Idealfall zu emotionalen, kognitiven und Verhaltenseffekten, d. h. einer Neuorientierung des Bewertungssystems und damit einer Neuorientierung des Verhaltens und der Gefühle.

Literatur

Schelp, T., Gravemeier, R., und Maluck, D. (1997). Rational-Emotive Therapie als Gruppentraining gegen Stress. Seminarkonzepte und Materialien. Zweite, überarbeitete und ergänzte Auflage. Bern: Huber.

Das Trainingsprogramm «Gelassen und sicher im Stress»

Neben diesen populären Trainingskonzeptionen soll hier das Trainingsprogramm «Gelassen und sicher im Stress» beispielhaft vorgestellt werden. Es zeichnet sich dadurch aus, dass es neben einem emotionsorientierten Baustein und einem problemorientierten Baustein auch einen Ressourcenbaustein umfasst. Es ist manualisiert und hat sich in ersten Evaluationsstudien als wirksam erwiesen.

Grundlagen. Gert Kaluza (1996) hat das Programm «Gelassen und sicher im Stress» entwickelt. Grundlage des Programms ist die Annahme, dass eine Balance zwischen den distanzierenden, emotionsorientierten Bewältigungsstrategien und den konfrontierenden, problemorientierenden Bewältigungsstrategien Bedingung für ein langfristig effektives Bewältigungsverhalten ist. Ein ständiges Bemühen um Kontrolle über die Anforderungsbedingungen und forcierte Problembewältigung führt zu einer anhaltenden Aktivierung des autonomen Nervensystems und damit langfristig zu einer gesundheitsschädlichen Überaktivierung. Andererseits ist ein Verhalten, das ausschließlich auf Entspannung und Kompensation gerichtet ist, langfristig ineffektiv, da die stressauslösenden Bedingungen unverändert bleiben. Das Programm integriert ein individuelles Problemlösetraining, ein Entspannungstraining und ein Genusstraining.

Konzeptionelle Merkmale des Programms sind

- Die klare Struktur des Programms durch drei Programmbausteine
- Die flexible, nicht rigide Kursgestaltung
- Die Betonung von Ressourcen und Kompetenzen der TeilnehmerInnen
- Der Bezug zu Alltag und Gegenwart
- Die soziale Unterstützung der TeilnehmerInnen untereinander (vgl. Kaluza, 1996, S. 61 f.).

Das Problemlösetraining dient der Konfrontation und problembezogenen Auseinandersetzung mit den konkreten Belastungen der TeilnehmerInnen und zukünftigen Stresssituationen. Dabei soll die lösungsorientierte Beschäftigung mit konkreten Belastungen als kreativer und lustvoller Prozess erlebt werden.

Das Entspannungstraining dient der Förderung von Entspannungsfähigkeit. Die Fähigkeit, sich körperlich zu entspannen, geht einher mit Veränderungen im emotionalen und kognitiven Bereich. Grundlegend ist, überzogenes Leistungsstreben und Kontrollbedürfnis zu überwinden zugunsten einer eher rezeptiven Haltung des Geschehenlassens. Es geht darum, sich auf sich selbst zu konzentrieren, die eigenen körperlichen und emotionalen Signale wahrzunehmen und zu (be-)achten.

Grundlage des Genusstrainings ist die Tatsache, dass viele Menschen unter Stress Freizeitaktivitäten aufgeben, soziale Kontakte einschränken und Interessen verkümmern lassen. Kurzfristig können diese Verhaltenseinschränkungen stressvermindernd wirken, z. B. wenn vor einem Abgabetermin bis spät in der Nacht durchgearbeitet wird, statt um 18 Uhr zum regelmäßigen Sport mit Freunden zu gehen. Langfristig stellen diese Verhaltenseinschränkungen selbst Bedingungen für zukünftigen Stress dar (vgl. Kap. 4). Die Einschränkung der sozialen Kontakte zu Freunden und Familie vermindert wichtige Ressourcen, so dass es schwieriger wird, mit Stress umzugehen und dass früher herausfordernde Situation nun eventuell als stressend erlebt werden. Ein Teufelskreis beginnt. Das Genusstraining setzt an diesen Stresswirkungen an und zielt auf die Unterbrechung des Teufelskreises. Ein Repertoire an ausgleichenden und regenerativen Aktivitäten im Alltag soll verankert und die Erholungsfähigkeit gefördert werden.

Techniken. Das Problemlösetraining ist in Anlehnung an Grawe, Dzeiwas und Wedel (1980) und Kämmerer (1983) konzipiert. Das Entspannungstraining erfolgt nach der Methode der progressiven Muskelentspannung (Jacobson, 1996). Die Techniken beider Trainings werden bei den Einzelmethoden näher dargestellt.

Die Methoden des Genusstrainings nach Lutz (1993) umfassen den Austausch über angenehme Erlebnisse im Alltag und über «Gebote des Genießens», wie «Genieße bewusst» oder «Genieße auf Deine eigene Art». Praktische Übungen zu Sinneseindrücken, wie die Konzentration auf den angenehmen Geruch einer Orange, werden durchgeführt. Angenehme Erlebnisse und längerfristige sogenannte «Gesundheitsprojekte» werden mit sozialer Unterstützung aus der Trainingsgruppe geplant und realisiert.

Das Training hat den Anspruch, erlebnisorientiert vorzugehen.

Ablauf. Der Ablauf des Trainings sieht 12 Sitzungen a zwei Stunden vor.

Die erste Sitzung dient dem Ankommen und Kennenlernen sowie der Vermittlung von Informationen zu Stress. Bereits hier werden Erlebnisübungen eingebaut. Den Abschluss der ersten Sitzung bildet ein Gruppengespräch über den persönlichen Stress der einzelnen TeilnehmerInnen.

Ab der zweiten Sitzung wird mit dem Problemlösetraining und dem Entspannungstraining begonnen. Ab der fünften Sitzung beginnt auch das Genusstraining. Alle drei Bausteine ziehen sich bis zur letzten Sitzung durch, in der die selbstständige Anwendung der Problemlösestrategie durch die TeilnehmerInnen, Übungen zur Anwendung der Entspannung, differentielle Entspannung und Planen eines persönlichen Gesundheitsprojektes, das Programm beendet.

Literatur

Kaluza, G. (1996). *Gelassen und sicher im Stress.* Berlin: Springer.

6.2.3 Entspannungstrainings

Einführung

Überblicksstudien zu Stress- und Ressourcenmanagement in der Arbeitswelt zeigen, dass in den meisten individuumszentrierten Stress- und Ressourcenmanagementinterventionen auch Entspannungsmethoden vermittelt werden. Sehr häufig werden Entspannungsmethoden auch als eigenständige Trainings angeboten.

Entspannungsfähigkeit stellt eine grundlegende Fähigkeit zur Erregungsreduktion und damit eine wichtige Bewältigungsmöglichkeit in Stresssituationen dar. Die primäre Entspannungsreaktion ist bei allen Methoden körperlich. Regelmäßige Entspannung führt zum Abbau physiologischer Erregung und in der Folge zu einer Abnahme funktioneller Beschwerden. Die Fähigkeit, sich körperlich zu entspannen, geht da-

Illustration 10: Entspannungsfähigkeit ist grundlegend für Erregungsreduktion

rüber hinaus einher mit mentaler Entspannung und einem Gefühl der Gelassenheit und der Erholung. Des Weiteren werden Fertigkeiten gestärkt, wie die Konzentration auf sich selbst und darauf, die eigenen körperlichen, emotionalen und mentalen Signale zu achten und zu beachten. Entspannungsfähigkeit fördert Kontrollgefühl und Selbstsicherheit. Als kurzfristige Strategie eingesetzt, kann Entspannung die akute Erregung reduzieren, um eine anschließende problemorientierte Bewältigung zu ermöglichen.

Entspannungsmethoden werden danach unterschieden, inwieweit die Entspannungsinduktion auto- oder fremdsuggestiv und inwieweit die Person aktiv oder passiv an der Entspannungsinduktion beteiligt ist. Die populärsten Methoden im deutschsprachigen Raum sind die Progressive Muskelentspannung und das Autogene Training. Biofeedback und Meditation sind ebenfalls bekannt und es liegen Aussagen zu ihrer Wirksamkeit im Arbeitskontext vor. Auf weitere Methoden, wie Hypnose, Yoga-Atempraktiken usw. wird hier nicht eingegangen.

Einen ausführlichen Überblick über Entspannungsmethoden geben Vaitl und Petermann (2000) und Schenk (2000).

Autogenes Training

Grundlagen. Autogenes Training ist eine der beliebtesten Entspannungsmethoden im deutschsprachigen Raum. Die Technik wurde aus der Hypnose entwickelt und stellt eine Form der Autosuggestion dar, die in der Grundhaltung der passiven Selbstkonzentration durchgeführt wird. Die primär körperliche Entspannungsreaktion geht nach einiger Übung in mentale Entspannung über. Vater des Autogenen Trainings ist der Berliner Mediziner Johannes H. Schultz (1884-1970). Er selbst nannte die Methode «konzentrative Selbstentspannung». Intensive Vorstellungen führen in einen Versenkungszustand mit Ruhetönung, der sog. «Versenkungsruhe» und wirken direkt auf das vegetative Nervensystem (Schultz, 1991).

Techniken und Ablauf. Autogenes Training besteht im Wesentlichen aus der Unter- und Oberstufe. Die Unterstufe umfasst sieben Übungen mit festgelegten Standardformeln und ggf. weiteren, individuell zu entwickelnden, spezifischen Formeln. Bei der Unterstufe wird zwischen Grundübungen und Organübungen unterschieden. Die Oberstufe, auch autogene Meditation genannt, ist die Fortführung der Grundstufe und stellt den Einstieg in die imaginative Meditation dar. Sie wird sehr selten in Trainings gelehrt.

Der Ablauf der Unterstufe beginnt mit der

- Vorbereitung: Dieses erste Element sieht eine entspannte Sitzposition mit geschlossenen Augen vor, die sog. «Droschkenkutscherhaltung» nach Schultz, um zur Ruhe zu kommen. Es kann auch eine Liegeposition eingenommen werden.
- Grundübung: Empfindungen der Ruhe, Wärme und Schwere werden willentlich über inneres Sprechen und passive Konzentration herbeigeführt. Damit versetzt

sich die Person in den autogenen Zustand. Den kompletten autogenen Zustand nennt man Generalisierung.

- Organübungen: Vier standardisierte Übungen zur Herzregulierung, Atemregulierung, Regulation der Bauchorgane und Stirnkühleübung schließen die Grundstufe ab.
- Autogene Modifikation: Vor der Stirnkühleübung können individuell entwickelte Formeln eingeschoben werden. Diese können organspezifisch sein oder im Sinne der Vorsatzbildung Merksätze sein.
- Zurücknehmen: Kontrolliertes «Eintreten» in die Suggestion erfordert auch ein kontrolliertes «Austreten», damit die herbeigeführten vegetativen Veränderungen auch wieder zurückgenommen werden können. Zurücknehmen erfolgt über folgende Schritte: Arme spannen und beugen, tief durchatmen und Brust und Bauch deutlich bewegen und als letzten Schritt die Augen öffnen. Der Merksatz für das Zurücknehmen lautet daher auch: «Arme fest – tief atmen – Augen auf».

Die ersten beiden Elemente werden in der Praxis am häufigsten verwendet.

Progressive Muskelentspannung

Grundlagen. Die in der Verhaltenstherapie am häufigsten angewendete Entspannungsmethode ist die Progressive Muskelentspannung. Sie wurde von dem amerikanischen Physiologen Edmund Jacobson (1885-1976) zeitlich parallel zum Autogenen Training entwickelt. Muskuläre Verspannung ist eine Stressreaktion, die bei dieser Methode als Hinweisreiz für Stress genutzt wird. Progressive Muskelentspannung geht davon aus, dass muskuläre Entspannung und Stresserleben grundsätzlich unvereinbar sind, so dass eine Reduktion der muskulären Verspannungen auch die Aktivität im Nervensystem reguliert, d. h. die Aktivität des Sympathikus zugunsten der Aktivität des Parasympathikus reduziert. Ziel der Methode ist, selbst nur gering verspannte Muskeln wahrzunehmen und sie willentlich zu entspannen. Jacobson spricht von einer «Kultivierung des Muskelsinnes». Damit ist die Entspannungsreaktion zunächst körperlich. Sie führt zu einer mentalen Entspannung. Die Methode ist einfach und daher schnell zu erlernen. Die Entspannungsinduktion erfolgt aktiv durch die Person selbst, was vielen Personen leichter fällt als die Grundhaltung der passiven Selbstkonzentration beim Autogenen Training.

Techniken und Ablauf. Zu Beginn des Trainings wird die Wahrnehmung des Anspannungszustands einzelner Muskeln geübt, indem Muskelgruppen nacheinander bewusst angespannt werden bei gleichmäßiger Atmung, die Spannung gehalten wird und anschließend mit dem Ausatmen die Muskelgruppen bewusst entspannt werden. Das Training beginnt mit einer Langform, die aus 12 bis 16 Muskelgruppen besteht. Die ursprüngliche Methode von Jacobson umfasste Entspannungsübungen von 30 verschiedenen Muskelgruppen. Im weiteren Verlauf des Trainings werden einzelne

Muskeln zu Gruppen zusammengefasst und ohne vorherige Anspannungsphase direkt entspannt. Eine sinnvolle Erweiterung ist die hinweisgesteuerte Entspannung. Die bereits erlernte Entspannungsreaktion wird mit der Selbstinstruktion eines Begriffs assoziiert, so dass mit Hilfe dieses Wortes oder Bildes willentlich in alltäglichen Stresssituationen Entspannung herbeigeführt werden kann. Die TeilnehmerInnen lernen letztendlich, die Entspannung allein durch die Konzentration auf Entspannungsempfindungen in einzelnen Muskelgruppen zu induzieren. Dies wird «Entspannung durch Vergegenwärtigen» genannt. Auch bei dieser Methode treten Versenkungszustände mit Ruhetönung auf. Sie wird als unspezifische Reaktion des Organismus beschrieben.

Biofeedback

Grundlagen. Biofeedback ist eine bekannte Entspannungsmethode, bei der physiologische Prozesse, z. B. Blutdruckanstieg, registriert und sofort an die Person zurückgemeldet werden, mit dem Ziel diese physiologischen Prozesse wahrzunehmen und zu kontrollieren. Die Rückmeldung physiologischer Prozesse an die Person erfolgt beispielsweise in Form von optischen Signalen. Hintergrund der Methode ist, dass das vegetative Nervensystem unbewusst abläuft, weshalb es auch das autonome Nervensystem genannt wird. Ein rasendes Herz zu verlangsamen, ein hochrotes Gesicht oder Schweißausbrüche willentlich zu regulieren, ist ohne Übung schwierig. Viele Menschen fühlen sich diesen Reaktionen in stressvollen Situationen hilflos ausgesetzt, was zu Panik bzw. dem Gefühl von Kontrollverlust führen kann.

Techniken. Geeignete Biofeedbackgeräte sind z. B. Sportuhren, die die Herzratenvariabilität optisch zurückmelden. Die Herzratenvariabilität spiegelt den Zustand des autonomen Nervensystems zwischen der Auslenkung des auf Ruhe gerichteten Parasympathikus und des auf Aktivität und Anspannung gerichteten Sympathikus wider. Mit diesem Gerät kann die BenutzerIn sich vollständig auf ihr Körpererleben konzentrieren und zwischen dem Gefühl der Anspannung und Entspannung unterscheiden lernen, um das Gefühl der Entspannung willentlich herbeizuführen (vgl. Zeier, 1997).

Meditation

Grundlagen. Meditation ist eine nicht sehr verbreitete Entspannungsmethode, zumindest nicht in der deutschsprachigen Arbeitswelt. Von ihrer Wirksamkeit her ist dies unbegründet, weswegen sie hier auch dargestellt wird. Meditation umfasst sehr unterschiedliche Methoden mit weitreichenden spirituellen Grundlagen. Meditation stellt eine innere Versenkung, ein passives Sich-gehen-lassen dar, das durch Schweigen, Lauschen, Entspannung gekennzeichnet ist. Der Begriff der inneren Demut wird auch verwendet, um Meditation zu fassen.

Techniken. Der zentrale Wirkfaktor aller Meditationsmethoden ist die Konzentration auf einen sich wiederholenden Reiz, wie den Atem. Die am häufigsten praktizierte konzentrative Form der Meditation arbeitet mit dem Atem oder einem Mantra, d. h. einem Klang oder einer Silbe. Es wurde versucht, Meditationsmethoden, abgelöst von den philosophischen und religiösen Grundlagen, zu entwickeln, wie die «Clinical Standardized Method» von Carrington (1987).

Literatur

Vaitl, D. & Petermann, F. (Hrsg.) (2000). *Handbuch der Entspannungsverfahren. Grundlagen und Methoden.* (2. überarbeitete Auflage). Weinheim: PVU.

6.2.4 Trainings zu problemorientierten Bewältigungsstrategien

Einführung

Individuumszentrierte SMI umfassen oftmals auch einen Baustein zu problemorientierten Bewältigungsstrategien. Diese Bausteine werden auch als eigenständige Interventionen zu Stress- und Ressourcenmanagement angeboten. Problemlösetrainings und Zeit- und Selbstmanagementtrainings sind die Favoriten im betrieblichen Kontext. In Überblicksstudien zu individuumszentrierten SMI in verschiedenen Kontexten zeigen sich bei Programmen mit nur einem Baustein Trainings zu sozialer Kompetenz als besonders effektiv. Bei Programmen mit mehreren Bausteinen sind Trainings zu sozialer Unterstützung und systematisches Problemlösen sehr effektiv. Ein arbeitsbezogenes Interventionsprogramm, das soziale Unterstützung behandelt, wird in diesem Buch bei den integrativen Interventionsmethoden vorgestellt. Im Folgenden werden das Training sozialer Kompetenz, das Problemlösetraining und Zeit- und Selbstmanagementtraining beschrieben:

Training sozialer Kompetenz

Grundlagen. Soziale Kompetenz ist der Oberbegriff für Konzepte wie Durchsetzungsfähigkeit, Selbstsicherheit, soziale Fertigkeiten und Selbstbehauptung. Soziale Kompetenztrainings gehören zu den ältesten Methoden der Verhaltenstherapie. Sie befassen sich mit der Beseitigung störender Angstreaktionen, der individuellen Fähigkeit zu differenzierter Situationswahrnehmung, der bewussten Wahrnehmung von Verhaltenswirkungen und -rückwirkungen und der Fähigkeit vertrauenzeigendes, selbstoffenbarendes Verhalten zu zeigen und damit kooperative Handlungsbereitschaft zu wecken (vgl. Hinsch & Pfingsten, 2002).

Techniken und Ablauf. Zu den Techniken bzw. Trainingselementen zählen u. a. Erklärungsmodelle, um den TeilnehmerInnen das Zustandekommen unsicheren und kompetenten Verhaltens zu erklären, Ansatzpunkte für Änderungen zu finden und Ziele und Ablauf des Trainings zu verstehen. Verhaltensübungen sind der wichtigste Bestandteil sozialer Kompetenztrainings. Es werden Instruktionen zur Verhaltensänderung und Modellrollenspiele zur Veranschaulichung eingesetzt. Rollenspiele sind sehr wichtig, um konkrete Verhaltensweisen zu trainieren, günstigere, interne Regulationsprozesse, insbesondere Gedanken und Gefühle, zu üben und zu lernen, soziale Erfahrungen aktiv herbeizuführen. Zur Transfersicherung werden Hausaufgaben vergeben, bei denen sich die TeilnehmerInnen mit vorher festgelegten realen Situationen konfrontieren. Zudem werden die TeilnehmerInnen intensiv an der Entwicklung neuer Verhaltensweisen beteiligt, die für sie persönlich angemessen sind.

Literatur

Hinsch, R. & Pfingsten, U. (2002). *Gruppentraining sozialer Kompetenzen (GSK). Grundlagen, Durchführung, Anwendungsbeispiele.* Weinheim: PVU.

Problemlösetraining

Grundlagen. Problemlösetrainings fördern die Konfrontation und problembezogene Auseinandersetzung mit den konkreten Stresssituationen der TeilnehmerInnen. Ziele sind, die individuelle Fertigkeit zur Problemlösung zu verbessern und eine allgemeine, problemlösende Einstellung aufzubauen. Diese Einstellung ist für die individuellen Bewertungsprozesse zukünftiger Stresssituationen bedeutsam. Zu dieser Einstellung gehört u.a. die Einsicht, dass Stresssituationen zum Leben dazugehören und die Annahme, dass diese aktiv gemeistert werden können. Die Förderung der individuellen Fertigkeit zur Problemlösung ist für die zukünftigen Bewertungsprozesse der Bewältigungsmöglichkeiten relevant.

Techniken und Ablauf. Systematisches Problemlösen variiert vor allem hinsichtlich der Anzahl der Problemlöseschritte. Oftmals wird von sechs Schritten ausgegangen:

1. Schritt: Zunächst geht es um die systematische Selbstbeobachtung in Stresssituationen. Dazu gehört auch die bewusste Benennung und Beschreibung eines Problems und die Zieldefinition.
2. Schritt: Anschließend werden Möglichkeiten der Bewältigung möglichst wertungsfrei gesammelt.
3. Schritt: Unter Berücksichtigung der zu erwartenden Konsequenzen trifft die Person eine Auswahl und entscheidet sich für einen Lösungsweg.
4. Schritt: Nun geht es um die Planung der konkreten Schritte und Vorbereitung mittels Rollenspielen und Vorstellungsübungen.
5. Schritt: Die Bewältigungsstrategie wird im Alltag eingesetzt.

Illustration 11: Zeit- und Selbstmanagement mit Faust

6. Schritt: Zum Schluss wird die Bewältigungsstrategie bewertet und Gründe für den Erfolg bzw. Misserfolg werden geklärt.
(vgl. Kämmerer, 1983, Kaluza, 1996).

Diese Schrittabfolge wird je nach Problem variiert und ist nicht als starr linearer Ablauf zu verstehen. Sie dient lediglich der Strukturierungshilfe im Training.

Literatur

Kämmerer, A. (1983). *Die therapeutische Strategie «Problemlösen»*. Münster: Aschendorff.

Zeit- und Selbstmanagement

Grundlagen. Trainings in Zeitmanagement zielen in erster Linie auf eine Optimierung der Arbeits(zeit)organisation. Sie gehen aber auch oftmals darüber hinaus und zielen auf die Klärung persönlicher Ziele und Prioritäten und auf die Förderung von Selbstmanagement. Selbstmanagement beinhaltet das Setzen von Zielen, Selbstinstruktionen, um diese Ziele zu erreichen und die Selbstdurchführung von Konsequenzen und Plänen für eigene Verhaltensmuster.

Aus arbeitspsychologischer Perspektive ist es sinnvoll, im Training langfristig Ziele und das flexible Verfolgen dieser Ziele als ein Merkmal von Gesundheit zu thematisieren. Weiterhin wird im Rahmen von Zeitmanagementtrainings der Zusammenhang von Stress in der Frei- und Erwerbsarbeitszeit behandelt.

Techniken und Ablauf. Trainings zu Zeit- und Selbstmanagement beginnen meist mit einer Klärung der Werte, Ziele und Prioritäten in der individuellen Biographie der TeilnehmerInnen und thematisieren das flexible Verfolgen dieser Ziele. Techniken im Rahmen von Zeit- und Selbstmanagement sind selten theoretisch abgeleitet, sondern stellen eher populärwissenschaftliche Hilfsmittel dar, wie die «Zielscheibe», bei der Ziele, Akteure, Ressourcen und Restriktionen grafisch festgehalten werden, um die eigenen Ziele flexibel, je nach Situation, anzupassen und gleichzeitig nicht aus den Augen zu verlieren.

Eine Ist-Analyse der Arbeitszeit- und Freizeitorganisation gehört zu jedem Training.

Die Erstellung von Stärken-Schwächen-Analysen, schriftlicher Tages- und Wochenplanung, der Umgang mit Unterbrechungen, das Einplanen von Zeitpuffern und das Üben von Delegationsverhalten sind klassische Techniken. Neuere Techniken bzw. Hilfsmittel sind die Balanced Scorecard im Selbstmanagement, um Klarheit über die Effektivität und Effizienz im Selbstmanagement zu erhalten.

Literatur

Hansen, K. (2001). *Zeit- und Selbstmanagement.* Berlin: Cornelsen.
Storch, M. und Krause, F. (2003). *Selbstmanagement – ressourcenorientiert.* Grundlagen und Trainingsmanual für die Arbeit mit dem Zürcher Ressourcen Modell (ZRM). 2. Auflage. Bern: Huber.

6.2.5 Stressbezogenes Coaching für Führungskräfte

Grundlagen

Führungskräfte sind häufige Zielgruppe von individuumszentrierten SMI. Für sie bietet sich statt eines Gruppentraining stressbezogenes Coaching an. Bei Coaching handelt es sich um einen vertraulichen individuellen Beratungsprozess, der häufig für Führungskräfte angeboten wird. Coaching ist nach Rauen (2002) ein mentales Training, das es der Führungskraft ermöglicht, über das bisher Erreichte zu reflektieren, eigene Probleme zu erkennen und zu lösen sowie Einstellungen zu überprüfen und zu verändern. Bei stressbezogenem Coaching handelt es sich um eine Fokussierung auf die individuellen Stresssituationen, tätigkeitsbezogene Probleme und das eigene Bewältigungsverhalten.

Mögliche Anlässe für ein stressbezogenes Coaching können z. B. Probleme mit Vorgesetzten, KollegInnen bzw. MitarbeiterInnen oder eine eingeschränkte Wahrnehmung der eigenen Leistungsfähigkeit sein. In einem stressbezogenen Coaching geht es um die Reflexion von stressbezogenen Problemen in der Tätigkeit und die Entwicklung von Maßnahmen zur Problemlösung. Übergeordnete Ziele eines Coachings sind die Entwicklung der Persönlichkeit, Verbesserung der Selbstorganisation und Förderung von Flexibilität. Im Hinblick auf stressbezogenes Coaching ist die Förderung der Selbstorganisation, insbesondere Self-leadership, und Feedback zu Bewältigungsverhalten besonders bedeutsam (vgl. Kap. 4.7).

Techniken

Im Mittelpunkt der Coaching-Methode steht das vertrauliche Gespräch, mit dem Ziel der Persönlichkeitsentwicklung der KlientIn. Neben den allgemeinen Rahmenbedingungen für Coaching, wie ein festgesetzter Zeitrahmen, Vertraulichkeit und Freiwilligkeit zwischen Coach und KlientIn als auch die Unabhängigkeit des Coachs, existieren eine Vielzahl verschiedener Coaching-Konzepte. Diese werden ausführlich in Rauen (2002) dargestellt. Die Förderung der Self-leadership Kompetenz mittels Selbstbeobachtung und -belohnung hat besondere Bedeutung für stressbezogenes Coaching. In einem stressbezogenen Coaching können darüber hinaus die bereits beschriebenen individuumszentrierten Methoden, z. B. die Progressive Muskelentspannung, eingesetzt werden. In Gruppen-Coachings oder Workshops mit Führungskräften derselben Hierarchieebene können die individuelle Sicht erweitert werden und auch bedingungsbezogene Bewältigungsstrategien erarbeitet werden.

Ablauf

Stressbezogenes Coaching beginnt mit der Analyse der wesentlichen Stressoren und Ressourcen. Diese können in Führungskräfteinterviews mit der Methode der kritischen Ereignisse erhoben werden (vgl. Kap. 5.5). Am Anfang eines Coachings werden die Rahmenbedingungen und Ziele für die Maßnahme festgelegt. An diesen wird im weiteren Verlauf des Coachings gearbeitet. Während des gesamten Coachingprozesses wird flexibel mit den Anliegen der Führungskraft umgegangen. Gruppen-Coachings können eingesetzt werden. Der Transfer wird durch Zielsetzungen und die Erstellung von Handlungsplänen für die Maßnahme und die Zeit danach gesichert.

Literatur

Busch, C. & Steinmetz, B. (2002). Stressmanagement und Führungskräfte. *Gruppendynamik und Organisationsberatung, 4,* 385–402.

Steinmetz, B. C. V. Stressbezogenes Coaching-Programm für Führungskräfte. Universität Hamburg: Dissertation am Fachbereich Psychologie.

6.2.6 Wirksamkeit von individuumszentrierten Interventionen

Überblicksartikel zeigen mehr oder weniger einstimmig, dass nicht nur die häufigsten, aber auch die effektivsten individuumszentrierten SMI, Trainings auf der Grundlage der kognitiven Verhaltenstherapie sind. Sie umfassen kognitive Strategien, Entspannungsmethoden und problemorientierte Methoden. Diese Programme sind besonders wirksam hinsichtlich psychischer Stresssymptome, wie Angst, aber auch hinsichtlich arbeitsbezogenem Stressempfinden. Auch die individuellen Bewältigungsfertigkeiten und das Gefühl, zukünftige Stresssituationen meistern zu können, werden durch diese Programme maßgeblich beeinflusst.

Bei den ausschließlichen Entspannungstrainings überwiegen Trainings zur Progressiven Muskelentspannung. Die Beliebtheit von Progressiver Muskelentspannung kann darauf zurückzuführen sein, dass sie eine leicht verständliche und vor allem aktive Entspannungsmethode darstellt, die relativ einfach und schnell zu erlernen ist. Entspannungsmethoden wirken sehr gut auf psychophysiologische Maße, wie Adrenalinausstoß. Autogenes Trainings scheint ebenso effektiv wie Progressive Muskelrelaxation zu sein. Interessanterweise ist die Methode der Meditation überaus wirksam. Meditation wird leider im Arbeitskontext selten angeboten, wahrscheinlich weil sie in Zusammenhang mit fernöstlichen Werten gebracht wird, die nicht zur Kultur westlicher Unternehmen passen.

Welche Kombinationen von Interventionsmethoden effektiv sind und für welche Zielgruppe, ist noch nicht geklärt. Die neueste Metaanalyse zu betrieblichem Stressmanagement (Busch, Roscher & Bamberg, i. V.) zeigt, dass die Kombination von emotions- und problemorientierten Interventionsmethoden, z. B. die Kombination von kognitiven Methoden mit einem Problemlösetraining, effektiver ist als die Kombination von emotionsorientierten Methoden, z. B. die Kombination von kognitiven Methoden mit Progressiver Muskelentspannung.

Literatur

Bamberg, E. & Busch, C. (1996). Betriebliche Gesundheitsförderung durch Stressmanagementtraining. Eine Metaanalyse (quasi-)experimenteller Studien. *Zeitschrift für Arbeits- und Organisationspsychologie, 40,* (2), 127–137.

van der Klink, J., Blonk, R. W., Schene, A. H. & van Dijk, F. H. (2001). The benefits of interventions for work-related stress. *American Journal of Public Health, 91,* (2), 270–276.

6.3 Integrative Interventionen

6.3.1 Einführung

Aus arbeitspsychologischer Perspektive wird ein integratives Stress- und Ressourcenmanagement gefordert, dessen Ansatzpunkte und Ziele sowohl personen- als auch bedingungsbezogen sind.

Es gibt nur wenige Programme, die ein integratives Vorgehen verwirklichen und zudem ihre Wirksamkeit unter Beweis gestellt haben. Im Folgenden wird zunächst ein Ressourcenmanagementprogramm vorgestellt. Es thematisiert sowohl individuelle als auch Umweltressourcen. Es folgt die Darstellung eines integrativen Stress- und Ressourcenmanagementtrainings für Arbeitsgruppen und ein organisationsweites Survey-Feedback-Programm.

6.3.2 Ein ressourcenorientiertes Programm

Grundlagen

Als wichtigste Ressourcen im Arbeitskontext gelten soziale Unterstützung und Handlungsspielraum. Ressourcenorientierte Programme fördern zum einen, diese Ressourcen individuell wahrzunehmen. Sie fördern zum anderen die Fertigkeit, Ressourcen einzufordern und Ressourcen in den Arbeitsmerkmalen zu stärken.

Heaney, Price und Rafferty (1995) haben ein Programm entwickelt, das soziale Unterstützung und wahrgenommene Kontrolle in den Mittelpunkt stellt. Trainingsziele sind die Veränderung individueller Fertigkeiten und organisationaler Prozesse. Zwei Ziele liegen dem Training zugrunde:

1. Verbesserung von sozialer Unterstützung
2. Förderung des betrieblichen Klimas zu vermehrter Mitarbeiterbeteiligung an betrieblichen Entscheidungsprozessen

Das Programm ist ein «Train the Trainer» Training. Ein Manual des Trainings liegt vor.

Techniken

Die wichtigsten Techniken sind Gruppendiskussionen, Übungen zu sozialer Unterstützung und zu partizipativen Problemlöseansätzen.

Ablauf

Das Programm sieht sechs Sitzungen a vier bis fünf Stunden vor, wobei die ersten drei Sitzungen im wöchentlichen Abstand, die letzen drei im vierzehntägigen Abstand durchgeführt werden. Eine Trainingsgruppe umfasst ca. 20 MitarbeiterInnen, wobei jeweils eine Führungskraft und eine MitarbeiterIn aus einer Organisationseinheit zugegen sind.

Zur Erreichung des ersten Trainingsziels explorieren die MitarbeiterInnen, inwieweit ihnen soziale Unterstützung helfen kann, mit Stress besser umzugehen. Anschließend zeichnen sie ihre sozialen Netzwerke auf, diagnostizieren Stärken und Schwächen im sozialen Netzwerk und welche Person welche Form der Unterstützung im Netzwerk gibt. Zum Abschluss des Programms werden Übungen durchgeführt mit dem Ziel, die individuelle Fertigkeit, soziale Unterstützung einzufordern und auszutauschen, zu fördern.

Zur Erreichung des zweiten Trainingsziels werden Vor- und Nachteile von partizipativen Entscheidungsprozessen diskutiert. Ein Problemlöseansatz für Gruppen wird vermittelt und geübt. Die TeilnehmerInnen diskutieren, wie sie diesen Ansatz in den eigenen Teamsitzungen implementieren können.

Literatur

Heaney, C. A., Price, R. H. & Rafferty, J. (1995). Increasing coping resources at work. A field experiment to increase social support, improve work team functioning, and enhance employee mental health. *Journal of Organizational Behavior, 16,* 335–352.

6.3.3 Ein Stress- und Ressourcenmanagementtraining für Arbeitsgruppen

Grundlagen

Das Programm ist für selbstorganisierte Teams bzw. teilautonome Arbeitsgruppen auf der Grundlage des transaktionalen Stressmodells und arbeitspsychologischer Ansätze, insbesondere der Handlungsregulationstheorie, entwickelt worden (Busch, i. V.). Das Programm setzt eine Arbeitsanalyse mit dem ISTA (siehe Kap. 5.4) voraus, dessen Ergebnisse in die konkrete Ausgestaltung des Programms einfließen. Programmziel ist die Förderung von individuellen und kollektiven emotions- und problemorientierten

Bewältigungsstrategien mit Schwerpunkt auf letzteren. Das Programm ist ressourcenorientiert. Bisher wurde es im Call Center eines Dienstleistungsunternehmens eingesetzt und evaluiert. Ein Manual des Trainings liegt vor.

Techniken

Individuell-emotionsorientierte Bewältigungsstrategien werden mit Techniken der kognitiven Verhaltenstherapie, wie Selbstinstruktionen und der Entspannungsmethode der progressiven Muskelentspannung gefördert. Zur Förderung der individuell-problemorientierten Bewältigungsstrategien kommt ein Problemlösetraining und eine weitere problemorientierte Bewältigungsstrategie auf der Grundlage der Analyseergebnisse, z. B. Zeit- und Selbstmanagement, zum Einsatz.

Soziale Unterstützung in der Arbeitsgruppe wird mit einer Technik aus dem Psychodrama, dem sozialen Atom, bearbeitet (vgl. Leutz, 1986, Buer, 2001). Dabei stellen die TeilnehmerInnen ihr berufliches, soziales Netzwerk und ihre sozialen Unterstützungsbeziehungen mit Hilfe der anderen TeilnehmerInnen oder mit Gegenständen dar. Die Unterstützungsbeziehungen werden mit der TrainerIn analysiert und Veränderungsmöglichkeiten individuell und kollektiv mit den anderen TeilnehmerInnen erarbeitet.

Zur weiteren Entwicklung kollektiver Bewältigungsstrategien wird ein bewährtes arbeitspsychologisches Verfahren für Arbeitsgruppen, die Subjektive Tätigkeitsanalyse (vgl. Ulich, 1994, S. 354) herangezogen. Die Subjektive Tätigkeitsanalyse wurde ursprünglich entwickelt, um Handlungs- und Qualifizierungsbereitschaft durch und mit Veränderungsprozessen zu fördern. Sie ist aber auch für kollektives Stress- und Ressourcenmanagement geeignet, denn sie ermöglicht kollektive Stressbewertungen; ihre Untersuchungsmerkmale stellen situative Anforderungen und Ressourcen dar. Die Entwicklung kollektiver Bewältigungsstrategien wird mit verschiedenen Moderationsmethoden unterstützt, z. B. mit dem Problem-Analyse-Schema (vgl. Seifert, 1998).

Hausaufgaben werden zur Transfersicherung eingesetzt.

Ablauf

Das Training besteht aus fünf Bausteinen à vier Stunden im wöchentlichen Abstand.

Der **erste Baustein** behandelt den Stressprozess und betont dabei die Bedeutung von Ressourcen. Es erfolgt der Einstieg in die Progressive Muskelentspannung, die in allen Bausteinen wiederholt und erweitert wird.

Der **zweite Baustein** vermittelt und übt die o. g. individuell-emotionsorientierten Bewältigungsstrategien und dient als Einstieg in problemorientierte Bewältigungsstrategien mit einem Problemlösetraining.

Baustein drei behandelt weitere individuell-problemorientierte Bewältigungsstrategien auf der Grundlage der Analyseergebnisse, z. B. ein Zeit- und Selbstmanagementtraining.

Im **vierten Baustein** wird soziale Unterstützung in der Arbeitsgruppe individuell und kollektiv bearbeitet.

Baustein fünf umfasst die weitere Entwicklung kollektiver Bewältigungsstrategien.

Literatur

Busch, C. (i. V.). *Ein integratives Stress- und Ressourcenmanagementprogramm für Arbeitsgruppen im Call Center.* Universität Hamburg: Dissertation am Fachbereich Psychologie.

6.3.4 Ein organisationsweites Survey-Feedback Programm

Bisher sind wenige organisationsweite, integrative Programme zu Stress- und Ressourcenmanagement evaluiert worden. Eine organisationsweite Studie von Jones, Barge, Steffy, Fay, Kunz und Wuebker (1988) zeigt ein top-down Survey-Feedback-Programm mit fünf Stufen über ein Jahr in einem Krankenhaus. Die Ergebnisse des «Surveys» wurden zunächst dem Management zurückgemeldet, die Vorschläge zum Abbau von Stressoren entwickelten. Anschließend wurden diese Ergebnisse an die LeiterInnen der Abteilungen zurückgemeldet, die nach den Ergebnissen besonders unter Stress litten. Diese erarbeiteten bedingungsbezogene Maßnahmen unter Einbezug externer BeraterInnen. Im dritten Schritt diskutierten VertreterInnen des Managements mit allen MitarbeiterInnen die Ergebnisse in kleinen Problemlösegruppen. Anschließend erhielten alle MitarbeiterInnen ein Videotraining in individuumszentrierten Interventionsmethoden und im letzten Schritt wurde ein EAP (Employee Assistance Programme) aufgebaut. EAPs sind Programme der tertiären Prävention, z. B. kognitive Verhaltenstherapie im Einzelsetting.

Literatur

Jones, J., Barge, B., Steffy, B., Fay, L., Kunz, L. & Wuebker, L. (1988). Stress and medical malpractice. Organizational risk assessment and intervention. *Journal of Applied Psychology, 7*, 727–735.

6.3.5 Wirksamkeit integrativer Programme

Alle vorgestellten integrativen Programme haben ihre Wirksamkeit in ersten Studien gezeigt. Jedes Programm hat unterschiedliche Ziele. Das ressourcenorientierte Programm ist effektiv hinsichtlich sozialer Unterstützung, Vertrauen in Bewältigungsfertigkeiten und Klima der Arbeitsgruppe, allerdings nur für die TeilnehmerInnen des Trainings. Das «Train the Trainer» Konzept zeigt in der Evaluationsstudie keine Effekte. Das integrative Programm für Arbeitsgruppen ist effektiv hinsichtlich sozialen Stressoren, problemorientierten Bewältigungsstrategien und arbeitsbezogenem Stress und es ist effektiver im direkten Vergleich mit einem ausschließlich individuumszentrierten Interventionsprogramm. Das organisationsweite Survey-Feedback Programm zeigte sinkende Medikations- und Behandlungsfehler im Vergleich zu einem Krankenhaus, in dem keine Intervention durchgeführt wurde.

6.4 Bedingungsbezogene Interventionen

6.4.1 Gesundheitszirkel

Gesundheitszirkel sind zeitlich begrenzte betriebliche Problemlösegruppen, die dazu dienen, Belastungen und Ressourcen am Arbeitsplatz zu ermitteln, Ursachen zu analysieren und Lösungsvorschläge zu entwickeln. Mit Gesundheitszirkeln wird das Ziel verfolgt, Arbeitsbedingungen zu verbessern, insofern gehören sie zu den bedingungsbezogenen Interventionen. Da ein Teil der Zirkelarbeit darin besteht, Belastungen und Ressourcen zu analysieren, werden sie in der Literatur oftmals auch den beteiligungsorientierten Analysemethoden zugeordnet.

Indikation

Gesundheitszirkel sind überall dort universell einsetzbar, wo es hinreichend viele Beschäftigte für die Teilnahme gibt. Der Gesundheitszirkel ist für freiwillig Beschäftigte aus verschiedenen Gruppen (z. B. die Gruppe der Schichtarbeiter) oder auch Abteilungen indiziert. Welche Zirkelzusammensetzung gewählt wird, ist abhängig von der Ausgangslage und dem gewählten Zirkelmodell.

Grundlagen

Man unterscheidet heute zwei «klassische» Zirkelansätze: das ‹Düsseldorfer Modell› und das ‹Berliner Modell› (Westermayer & Bähr, 1994). Unterschiedlich sind in beiden Modellen die TeilnehmerInnenzusammensetzung und die organisationale Verankerung des Zirkels. Während sich im «expertenorientierten» Düsseldorfer Modell ein Zirkel aus drei bis fünf gewählten Beschäftigten, der BetriebsärztIn, dem Betriebsrat, der BetriebsleiterIn, einer Sicherheitsfachkraft oder einem Ergonomen und einer ModeratorIn zusammensetzt, bildet sich ein Gesundheitszirkel nach dem Berliner Modell aus acht bis 15 MitarbeiterInnen einer Hierarchieebene und einer externen ModeratorIn. Im Berliner Modell wird der Gesundheitszirkel durch ein Steuergremium, den sogenannten Arbeitskreis Gesundheit ergänzt, in dem eine VertreterIn der Unternehmensleitung, die BetriebsärztIn, eine VertreterIn der Personalabteilung, der

Arbeitssicherheit und des Betriebsrates vertreten sind. Die Teilnahme der Beschäftigten am Gesundheitszirkel sollte in beiden Modellen möglichst freiwillig sein. Seit Mitte der neunziger Jahre kommt es in der praktischen Durchführung immer mehr zu Mischformen der beiden Ansätze, die auf die jeweilige betriebliche Ausgangssituation zugeschnitten sind (Slesina, 1996).

Die meisten Gesundheitszirkel wurden bislang in der Industrie und hier vor allem in der Automobil- und Stahlindustrie durchgeführt (Slesina, 1996). Zunehmend werden aber Gesundheitszirkel im öffentlichen Sektor (Badura, Litsch & Vetter, 2002), hier vor allem im Gesundheitswesen (Pelikan, Demmer & Hurrelmann, 1993) als auch für spezielle Beschäftigungsformen wie z. B. Telearbeit angeboten (Konradt, Schmook, Wilm & Hertel, 2000).

Ablauf

Auch wenn der Ablauf im Einzelfall variiert und immer stark von der TeilnehmerInnenzusammensetzung und den Themen abhängt, wird in der Regel nach den herkömmlichen Problemlöseschemata vorgegangen: Zu Beginn werden wiederkehrende Probleme und Belastungen gesammelt, die die Teilnehmenden aus ihrem Arbeitsalltag kennen und/ oder die in vorangegangenen Befragungen genannt wurden. Die Problemsammlung sollte ergänzt werden durch eine Erarbeitung unterstützender Ressourcen, um zum einen diejenigen Arbeitsbedingungen zu benennen, die nicht verändert werden sollten und um andererseits zu prüfen, inwieweit die Ressourcen möglicherweise für einen besseren Umgang mit Belastungen genutzt werden können. Nach der Problemsammlung erfolgt eine ausführliche Problembeschreibung und Ursachenanalyse. Auf dieser Basis werden dann Lösungen entwickelt und es wird eine abschließende Bewertung der Lösungen vorgenommen. Für den Gesamtprozess und die Motivation der Teilnehmenden ist die Erarbeitung gestufter Lösungsvorschläge (nach zeitlicher Erreichbarkeit in kurz-, mittel-, langfristig, oder nach Komplexität und Kostengesichtspunkten von einfach bis schwierig realisierbar) sinnvoll. Bei der Entwicklung von Lösungsvorschlägen sollte unterschieden werden zwischen Lösungen, die die Teilnehmenden selbst umsetzen können und Lösungen, die durch das Unternehmen umgesetzt werden müssen.

Die Lösungen werden dann zur Umsetzung an entsprechende Verantwortliche weitergeleitet, außerdem werden die betroffenen Abteilungen über die Ergebnisse des Gesundheitszirkels informiert. In einer Veranstaltung einige Monate nach Abschluss des Gesundheitszirkels wird der Umsetzungsstand kontrolliert und ausgewertet. Die am häufigsten eingesetzte Arbeitstechnik in Gesundheitszirkeln ist die moderierte Gruppendiskussion.

Wirksamkeit

Gesundheitszirkel führen zu praxisnahen und konkreten Veränderungsvorschlägen. Slesina (2001) berichtet von durchschnittlich 50 Lösungsvorschlägen, die pro Zirkel

Illustration 12: Gesundheitszirkel werden universell eingesetzt

erarbeitet werden. Zur Wirksamkeit von Gesundheitszirkeln haben Aust und Ducki (i.V.) 11 europäische Studien ausgewertet, in denen die Ergebnisse von 81 Gesundheitszirkeln berichtet wurden. Das Review zeigt, dass die Struktur (z. B. TeilnehmerInnenzusammensetzung, Anzahl der Sitzungen) und der Prozess der Belastungsidentifizierung und Lösungssuche in allen Studien von den ZirkelteilnehmerInnen durchgängig positiv beurteilt werden. Hinsichtlich der Ergebnisziele sind in den meisten Fällen positive Veränderungen der Arbeitsbedingungen und teilweise auch der Gesundheit nachweisbar. Auch wenn differenziertere Wirkungsstudien weiterhin notwendig sind, weist der aktuelle Forschungstand dennoch Gesundheitszirkel als ein geeignetes Instrument zur gesundheitlichen Prävention am Arbeitsplatz aus.

Literatur

Westermayer, G. & Bähr, B. (1994). *Betriebliche Gesundheitszirkel.* Göttingen: Verlag für Angewandte Psychologie.

Slesina, W. (2001). Evaluation von Gesundheitszirkeln. In: B. Badura, M. Litsch & C. Vetter (Eds.), *Fehlzeiten-Report 2000. Zahlen, Daten, Analysen aus allen Branchen der Wirtschaft. Zukünftige Arbeitswelten: Gesundheitsschutz und Gesundheitsmanagement* (S. 199–230). Berlin: Springer.

6.4.2 Arbeitsgestaltung

Da es sich im betrieblichen Stressgeschehen meist um eine Mischung aus strukturellen und persönlichen Problemlagen handelt, ist eine Reduzierung auf ausschließlich individuumsbezogene Interventionen oftmals nicht ausreichend, um langfristige Verbesserungen herbeizuführen. Meistens zeigt sich auch in Gesundheitszirkeln oder anderen kollektiven Interventionsprogrammen, dass für nachhaltige Veränderungen bedingungsbezogene Interventionen erforderlich sind, die Stressoren und Belastungen in der Arbeitsumgebung, der Arbeitsaufgabe, der Arbeitsorganisation oder auch in der Gestaltung der sozialen Beziehungen reduzieren und Ressourcen wie Handlungs- und Zeitspielräume oder soziale Unterstützung verbessern (vgl. auch Kap. 8). Arbeitsgestalterische Maßnahmen sind also oft unverzichtbar.

Grundlagen

Arbeitsgestaltung im Kontext betrieblichen Stress- und Ressourcenmanagements richtet sich in erster Linie darauf, bedingungsbezogene Belastungen abzubauen und Anforderungen und Ressourcen zu erweitern. Dabei kommt der Erweiterung von Ressourcen wegen ihrer Doppelwirkung – einerseits als Puffer im Belastungsgeschehen und andererseits als Förderer von Wohlbefinden und Kompetenzen – eine besondere Bedeutung zu. So wird beispielsweise in der Literatur immer wieder darauf hingewiesen, dass durch eine Erweiterung des Handlungsspielraums nicht nur Kompetenzen erweitert und Wohlbefinden gesteigert werden kann, sondern auch Belastungen beseitigt werden können, die sich durch eine unsinnige Arbeitsorganisation ergeben. Dies gilt vor allem für aufgabenbezogene Belastungen wie Unterbrechungen oder Probleme mit dem Informationsfluss, aber auch monotone Arbeitsbedingungen und Zeitdruck lassen sich durch eine Erweiterung von Entscheidungsspielräumen abbauen (Ducki, Niedermeier, Pleiss, Lüders, Leitner, Greiner & Volpert, 1999). Insofern sollte der erste Blick im betrieblichen Stress- und Ressourcenmanagement auf die Möglichkeiten der Erweiterung von Ressourcen gerichtet sein.

Generell können korrektive, präventive und prospektive Gestaltungsstrategien unterschieden werden (Ulich, 1994). Korrektive Strategien sind solche, die erkannte Mängel an vorhandenen Arbeitssystemen korrigieren. Präventive Strategien nehmen gesundheitliche Schädigungen und psychosoziale Beeinträchtigungen in der Phase der Planung von Arbeitssystemen vorweg und versuchen, diese z. B. durch geeignete Gestaltung von Arbeitsabläufen gar nicht erst entstehen zu lassen. Prospektive Strategien schaffen, über die Vermeidung von gesundheitlichen Gefährdungen hinausgehend, Möglichkeiten der Persönlichkeitsentwicklung, z. B. durch die Schaffung von Tätigkeitsspielräumen, die durch die Beschäftigten in unterschiedlicher Weise genutzt werden können (Ulich, 1994, S. 146).

Ob eine Maßnahme als korrektiv, präventiv oder prospektiv bezeichnet werden kann, ist zunächst nur eine Frage der zeitlichen Relation von Beginn der Maßnahme und dem Auftreten von Schädigungen bei den Beschäftigten sowie eine Frage der Zielvorgabe seitens der Akteure. Im betrieblichen Stress- und Ressourcenmanagement werden in der Regel korrektive Strategien angewendet, um vorhandene Arbeitsstrukturen zu verbessern. Allerdings kann es durchaus vorkommen, dass im Verlauf korrektiver Maßnahmen prospektive Ziele entwickelt werden: z. B. können aus einer Rückenschule für Beschäftigte mit Rückenschmerzen (korrektive Ausrichtung) Ideen entstehen, wie durch geeignete Trage- oder Hebehilfen die Belastung reduziert werden kann (präventive Ausrichtung) und schließlich kann grundsätzlich überlegt werden, wie zukünftige Arbeitsplätze so gestaltet sein können, dass nicht nur Belastungen verringert werden, sondern auch Handlungsspielräume geschaffen werden (prospektive Ausrichtung).

Auch im betrieblichen Stress- und Ressourcenmanagement sollten Gestaltungsoptionen immer so konzipiert werden, dass Beschäftigte zwischen verschiedenen Arbeitsstrukturen wählen können, um damit ihren persönlichen Eigenheiten in der Aufgabenausführung Rechnung tragen zu können (differentielle Arbeitsgestaltung). Da sich Menschen im Umgang mit ihren Aufgaben verändern und weiterentwickeln können, sollten die Gestaltungsmaßnahmen darüber hinaus möglichst offen für zukünftige Veränderungen sein (dynamische Arbeitsgestaltung).

Wo Arbeitsgestaltung ansetzt, und welche Maßnahmen im konkreten Fall ergriffen werden, ist abhängig vom Resultat der vorangegangenen Diagnose. Gestaltungsbedarf kann sich auf den unterschiedlichsten Ebenen ergeben, zum Beispiel hinsichtlich der

- **Arbeitsumgebung**
  Hierzu zählen beispielsweise Fragen der richtigen Beleuchtung, Lärm, Raumklima, baulich-räumliche Gestaltungsaspekte, wie z. B. Pausen- und Erholungsräume, usw.

- **Arbeitsmittel**
  Hier kann es z. B. um Software-, Dialog- oder Maskengestaltung gehen, um Fragen der räumlichen Anordnung von Arbeitsmitteln, der Handhabung oder auch um Fragen der Arbeitssicherheit (Schutzhauben, Sichtbarkeit, oder Akustik von Warnsignalen etc).

- **Arbeitszeit**
  Gestaltungsbedarf kann hier bestehen hinsichtlich Dauer und Lage der täglichen Arbeitszeit, Schichtarbeit, flexiblen Arbeitszeitformen oder der Pausengestaltung.

- **Entlohnung**
  Stichworte sind hier Leistungs- vs. Zeitlohn, Prämien- und Zulagengestaltung oder auch Entgeldgestaltung bei der Einführung von Gruppenarbeit.

- **Soziale Beziehungen**
  Stichworte sind hier das soziale Klima in einer Arbeitsgruppe oder Abteilung, soziale Unterstützung, Führungsverhalten, Feedback. Aber auch übergeordnete Aspekte wie die Organisationskultur, die Informationspolitik des Unternehmens, Fragen der MitarbeiterInnenbeteiligung und der betrieblichen Fürsorge können Gegenstand der Gestaltung sein.

- **Arbeitsorganisation**
  Angesprochen ist hier die Gestaltung der Aufbau- oder Ablauforganisation, die Verteilung der Arbeitsaufgaben, Einführung von Gruppen- oder Teamarbeit, Belohnungssysteme usw.

- **Arbeitsaufgabe**
  Im betrieblichen Stressgeschehen ist die Arbeitsaufgabe von besonderer Wichtigkeit, denn zahlreiche Belastungen wie zum Beispiel Unterbrechungen, Informationsprobleme, Zeitdruck oder Monotonie sind durch die Aufgabe determiniert und auch die Ausprägung positiver Arbeitsanforderungen und Ressourcen wird durch die Aufgabe bestimmt. Darüber hinaus bietet die Arbeitsaufgabe als Schnittstelle zwischen Mensch, Organisation und Technik einen zentralen Ausgangspunkt für Gestaltungsoptionen, die darauf ausgerichtet ist, das Gesamtsystem ‹Mensch – Technik – Organisation› zu optimieren. Insofern greifen Aufgaben- und Organisationsgestaltung eng ineinander.

Empfehlungen, wie Arbeitsaufgaben gestaltet werden sollen, reichen bis in die zwanziger Jahre zurück (z. B. Lang & Hellpach, 1922) und haben auch heute noch Gültigkeit. Vollständige Aufgabenstrukturen, Anforderungsvielfalt, Möglichkeiten zur sozialen Interaktion, Autonomie, Lern- und Entwicklungsmöglichkeiten, Zeitspielräume, Transparenz und Möglichkeiten zur Sinnfindung und Behinderungsfreiheit (s. **Kasten 13**) zählen zu den wichtigsten Gestaltungsmerkmalen (Ulich, 1994; Volpert, 1990).

Kasten 13

Gestaltungsmerkmale

- *Vollständige Aufgabenstrukturen* beinhalten die Möglichkeit, eigene Ziele zu setzen, Wege bzw. das Vorgehen zu planen, Auswahl der Mittel, Ausführung der Arbeitshandlung und ein Feedback über das Erreichen des Ziels.
- *Anforderungsvielfalt* erfordert den Einsatz unterschiedlicher Fähigkeiten und Fertigkeiten und unterschiedlichen Wissens. Aufgaben sollten möglichst unterschiedliche Anforderungen an Körperfunktionen und Sinnesorgane stellen. Dadurch können einseitige Belastungen vermindert bzw. verhindert werden und gleichzeitig Anreize für individuelle Entwicklungsmöglichkeiten geschaffen werden (vgl. Volpert, 1990).
- *Möglichkeiten zur Interaktion* können sich zum einen durch die Kooperationsanforderungen der Arbeitsaufgabe ergeben (aufgabenbezogene Kommunikation), zum anderen bietet die soziale Situation an sich Interaktionsmöglichkeiten (aufgabenunspezifische soziale Kommunikation). Ein Spezialfall sozialer Interaktion ergibt sich in der personenbezogenen Arbeit, da hier die soziale Interaktion Bestandteil der Arbeitsaufgabe ist (z. B. Brucks, 1998).
- *Autonomie* wird über Aufgaben mit hohen Entscheidungsspielräumen bzw. hohen Freiheitsgraden bezüglich der inhaltlichen, zeitlichen und räumlichen Strukturierung von Arbeitstätigkeiten hergestellt. Autonomie ist die Voraussetzung für die Wahrnehmung und Ausübung von Kontrolle (objektive und kognitive Kontrolle nach Mohr & Udris, 1997) und ermöglicht Einfluss der Arbeitenden auf die Arbeitssituation. Autonomie fördert darüber hinaus die Bereitschaft zur Verantwortungsübernahme (z. B. Frese, Erbe-Heinbokel, Grefe, Rybowiak & Weike, 1994) und steigert das Selbstwertgefühl.
- *Lern- und Entwicklungsmöglichkeiten* einer Aufgabe sind dann gegeben, wenn Aufgaben so gestaltet sind, dass immer wieder neue Problemlösungen erforderlich sind und dafür vorhandene Qualifikationen eingesetzt, aber auch neue Qualifikationen erworben werden müssen. Hacker (1991) spricht von evolvierend-vollständigen Tätigkeiten.
- *Zeitspielräume* ermöglichen einen flexibleren Umgang mit Belastungen, stressfreies Nachdenken und selbstgewählte Interaktionen. Zeitspielräume sind verbunden mit hohem Entscheidungsspielraum, weil dieser sowohl inhaltliche als auch zeitliche Planungsaspekte beinhaltet.
- *Sinnhaftigkeit* einer Aufgabe ist dann gegeben, wenn das eigene Tun in einen Sinnzusammenhang mit übergeordneten Tätigkeitsvollzügen gebracht werden kann, wenn die gesellschaftliche Nützlichkeit der eigenen Aufgabe und des Gesamtprodukts erkennbar, nachvollziehbar und akzeptierbar ist. Bei einer als sinnvoll erlebten Tätigkeit kann über Arbeitszufriedenheit hinaus Arbeitsfreude und Arbeitsstolz entwickelt werden, was sich wiederum positiv auf das Selbstbild auswirkt.
- *Behinderungsfreiheit* meint, dass Aufgaben so gestaltet sein sollten, dass das Ziel erreicht werden kann, ohne dass zusätzlicher Regulationsaufwand geleistet oder risikoreich gehandelt werden muss. Behinderungen, die zusätzlichen Handlungsaufwand erfordern oder risikoreiches Handeln erzwingen, sind z. B. Unterbrechungen, informatorische oder motorische Erschwerungen.
- *Möglichkeiten zu körperlicher Aktivität und der Beanspruchung vielfältiger Sinnesqualitäten* sind dann gegeben, wenn die Aufgabe wechselnde Körperhaltungen und -positionen und die Anwendung unterschiedlicher Sinne erfordert.

Aufgaben, die diesen Anforderungen genügen, stellen Spielräume zur Verfügung, flexibel auf Stressoren zu reagieren, sie fördern die Weiterentwicklung von Kompetenzen und Fähigkeiten, und sie bilden die Voraussetzung für intrinsische Arbeitsmotivation.

Gestaltungsleitend sind weiterhin die Kriterien humaner Arbeitsgestaltung. Nach Hacker (1980) ist in jedem Fall zu prüfen, ob und in welchem Ausmaß Arbeitsaufgaben ausführbar, schädigungsfrei, beeinträchtigungsfrei und persönlichkeitsförderlich sind.

Da Arbeitsaufgaben in der betrieblichen Organisation vielfältig miteinander verknüpft sind, müssen bei jeder Veränderungsmaßnahme an einem einzelnen Arbeitsplatz mögliche Konsequenzen für andere Arbeitsplätze mit berücksichtigt werden. Dies gilt besonders dann, wenn Handlungsspielräume erweitert werden, denn jeder Zuständigkeits- und Entscheidungszugewinn an einem Arbeitsplatz bedeutet die Wegnahme dieser Entscheidungskompetenz an einem anderen Arbeitsplatz. In solchen Fällen neigen Gestaltungsprojekte häufig zu einer ringförmigen Ausdehnung ihrer Reichweite, was wiederum Konsequenzen haben kann für den Umfang, die Anzahl der Betroffenen und die Kosten der Intervention. Diese Ausdehnungstendenz mag neben der Tatsache, dass Arbeitsgestaltungsmaßnahmen oft Eingriffe in das innerbetriebliche Machtgefüge darstellen, ein Grund dafür sein, dass Betriebe auf Gestaltungsvorschläge, die eine Änderung von Aufgabenstrukturen implizieren, oftmals zurückhaltend reagieren.

Gestaltungsprojekte können somit sehr zeit- und kostenintensive Interventionen sein, die eine Organisation nachhaltig verändern können. Komplexe Gestaltungsprojekte, die mehrere Jahre dauern, bedürfen einer sorgfältigen Vorbereitung. Aufgrund der Komplexität ist eine Prozessgestaltung durch externe ArbeitsgestalterInnen bzw. ModeratorInnen empfehlenswert.

Bedeutende Effekte beim Belastungsabbau können aber auch mit Gestaltungsmaßnahmen mittlerem oder geringem Aufwands erzielt werden. Die Einrichtung eines Sozial- oder Ruheraums, der Abbau von Innenraumlärm durch das Aufstellen von Trennwänden, die Neuanschaffung von Büromöbeln oder einer verbesserten Software, die Einführung von Sprechzeiten, um Ruhearbeitsphasen zu ermöglichen, sind Beispiele für Gestaltungsmaßnahmen mit mittlerem oder geringem Aufwand. In jedem Gestaltungsprojekt empfiehlt es sich, Maßnahmen unterschiedlicher Reichweite zu kombinieren, um auch kurz- und mittelfristig Erfolge erkennbar werden zu lassen.

Techniken und Methoden

Die Techniken, die zur Anwendung kommen, richten sich in erster Linie nach dem Gegenstand der Gestaltung. Für partizipative Gestaltungsprozesse eignen sich alle gruppenbezogenen Aktivierungsmethoden wie Gruppendiskussion, Workshops, visualisierte Moderationen, der Wunscharbeitsplatz, Kartenwoche u. v. m. Einen Überblick über verschiedene Methoden geben Frei, Hugentobler, Alioth, Duell und Ruch (1993).

Illustration 13: Handlungsspielraum ist ein wesentliches Gestaltungsmerkmal

Ablauf und Strategien

Gestaltungsprojekte sind oftmals begleitet von Unsicherheit und Veränderungsängsten bei den Betroffenen. Der richtige Umgang mit diesen Unsicherheiten ist sehr wichtig, um Widerstände zu minimieren. Für die Veränderung von Arbeitsbedingungen wird daher meist ein stufenweises Vorgehen mit unterschiedlichen Etappenzielen gewählt, das seinen Ausgangspunkt in einer Arbeitsgruppe oder Pilotabteilung nimmt, und bei erfolgreicher Einführung und Umsetzung auf andere Teams oder Abteilungen ausgedehnt werden kann.

Der Ablauf einer Gestaltungsmaßnahme kann aufgrund der unterschiedlichen Gegenstände und Umfänge schwer verallgemeinert werden. Unabhängig vom Umfang des Projekts sollten bei der Prozessgestaltung jedoch unbedingt die Prinzipien der Organisationsentwicklung berücksichtigt werden. Zu ihnen gehören neben einer genauen Ziel- und Auftragsklärung und einer ausführlichen Diagnostik, die Partizipation der Beschäftigten, die Bildung einer Projektgruppe, ein prozessorientiertes, meist iteratives Vorgehen, kontinuierliche Information und Rückkoppelung an alle Betroffenen (Fatzer, 1993). Kötter und Volpert (1993) beschreiben den Gestaltungsprozess als ein Wendeltreppenmodell mit sich teilweise überlappenden Stufen, in dem Phasen der Analyse und Veränderung, erneuter Analyse und modifizierter Veränderung miteinander verschränkt erfolgen.

Auch die von Lewin beschriebenen Phasen von Veränderungsprozessen (Unfreezing, Changing, Refreezing) können als Ablaufsystematisierung sehr hilfreich sein. Sie machen u. a. deutlich, dass nachhaltige und stabile Veränderungen erst am Ende der letzten Phase nach einem erfolgreichen Refreezing zu erwarten sind.

Abschließend lassen sich folgende allgemeine Empfehlungen für Gestaltungsmaßnahmen formulieren (s. **Kasten 14**):

Kasten 14

Allgemeine Gestaltungsempfehlungen

- Zentrales Anliegen ist neben dem Belastungsabbau der Aufbau von Ressourcen.
- Die Arbeitsaufgabe in ihrer Verknüpfung mit anderen Arbeitsaufgaben sollte im Mittelpunkt der Betrachtung stehen.
- Gestaltungsleitend sind die Kriterien humaner Arbeit.
- Um Beschäftigte bei Gestaltungsmaßnahmen zu beteiligen, empfehlen sich vor allem aktivierende Methoden.
- Hinsichtlich der Prozessgestaltung sind die Prinzipien und Grundsätze der Organisationsentwicklung, und hier vor allem das Prinzip der Partizipation sowie ein schrittweises Vorgehen zu berücksichtigen.

Wirksamkeit

Dass Arbeitsgestaltung durchaus positive Effekte auf die Gesundheit der Beschäftigten haben kann, zeigen insbesondere arbeitspsychologische Untersuchungen, die dem Aktionsforschungsansatz folgen. So beschreiben Wall und Clegg (1981) wie in einer Süßwarenfabrik durch die Einführung teilautonomer Arbeitsgruppen Kündigungsraten gesenkt und die MitarbeiterInnenmotivation, Arbeitszufriedenheit, Wohlbefinden und Leistung gesteigert werden konnte.

Auch in anderen Tätigkeitsfeldern, zum Beispiel bei Verwaltungstätigkeiten mit kommunikativen Anteilen, können Stressreaktionen durch Arbeitsgestaltung positiv beeinflusst werden. So zeigen Golembiewski, Hilles und Daly (1987), wie durch eine veränderte Arbeitsorganisation in der Personalabteilung eines Großunternehmens das Burnoutrisiko der Beschäftigten gesenkt werden konnte.

Literatur

Ulich, E. (1994). *Arbeitspsychologie* (3. erweiterte und überarbeitete Aufl.). Stuttgart: Schäffer-Poeschel, Kapitel 4: Gestaltung von Arbeitstätigkeiten.

7 Idealtypischer Prozess eines Betrieblichen Stress- und Ressourcenmanagements

Die verschiedenen Analyse- und Evaluationsmethoden sowie Interventionsmethoden betrieblichen Stress- und Ressourcenmanagements sind in den letzten zwei Kapiteln behandelt worden. Damit ist aber das Thema noch nicht erschöpfend erfasst. Neben den Methoden ist der betriebliche Entscheidungs- bzw. Handlungsprozess von großer Bedeutung, auf den im Folgenden eingegangen wird.

Der Prozess betrieblichen Stress- und Ressourcenmanagements kann sehr unterschiedlich ausfallen. Im Folgenden (siehe **Tab. 3**) wird die Abfolge von einzelnen Phasen und Schritten im Handlungsprozess idealtypisch dargestellt. Diese Abfolge kann als Rahmenplan für den konkreten Einzelfall zu Grunde gelegt werden. Der Handlungsprozess wird linear dargestellt, dabei ist aber von zahlreichen Rückschleifen im konkreten Einzelfall auszugehen.

Tabelle 3: Prozess eines betrieblichen Stress- und Ressourcenmanagements

Orientierungsphase
Bestimmung des Gegenstandes
Geschichte des Gegenstandes vergegenwärtigen
Eingrenzen und Beschreiben eines Problembereichs
Situationsanalyse
Zielsetzung
Planungsphase (kollektiv)
Einbezug relevanter Akteure
Akteure für das Thema gewinnen
Bilden eines Steuerkreises
Analyseplanung

Durchführungsphase (kollektiv)
Analyse
Interventions- und Evaluationsplanung
Durchführung der Intervention
Durchführung der Evaluation
Auswertungsphase (kollektiv)
Auswertung der Evaluationsergebnisse
Rückblick

Dieser idealtypisch dargestellte Prozess betrieblichen Stress- und Ressourcenmanagements wird in Kapitel 8 um ein Szenario ergänzt. Anhand des Szenarios wollen wir den Ablauf verdeutlichen und dabei hervorheben, dass die konkrete Ausgestaltung je nach den Bedingungen in der jeweiligen Organisation, dem wahrgenommenen Ausgangsproblem und den Interessen der Organisationsmitglieder unterschiedlich ausfallen kann.

Jede Phase im Prozess eines betrieblichen Stress- und Ressourcenmanagements hat bestimmte Fragen, die eine Strukturierung erleichtern:

- Wozu dient die Phase?
- Was umfasst die Phase?

7.1 Orientierungsphase

Es hat sich gezeigt, dass eine gründliche Orientierungsphase für den Erfolg einer betrieblichen Intervention zu Stress- und Ressourcenmanagement sehr wichtig ist. Daher wird im Folgenden auf diese Phase besonders ausführlich eingegangen.

Wozu dient die Orientierungsphase?

Die Orientierungsphase dient den Akteuren, dazu den Gegenstand des Stress- und Ressourcenmanagements zu bestimmen. Sie dient dazu, gezielt Informationen für den innerbetrieblichen Entscheidungsprozess zu sammeln und individuelle wie organisationale Motive und Werte, die für oder gegen das Thema Stress- und Ressourcenmanagement sprechen, zu bedenken. «Last but not least» dient eine gründliche Orientierungsphase der Entwicklung von Zielen und Erfolgskriterien, um diese in die anschließenden Verhandlungen und Gespräche mit betroffenen Akteuren und Entscheidungsträgern in der Organisation einzubringen.

Illustration 14: Keine Intervention ohne Evaluation

Was umfasst die Orientierungsphase?

Idealtypisch wird eine Person, die eine Stressmanagementintervention initiieren möchte, sich zunächst den Gegenstand der Intervention vergegenwärtigen. Dabei kann die Geschichte des Gegenstandes verdeutlichen, wie es zu den vorfindbaren Bedingungen gekommen ist, die Stress verursachen und vor allem auch, dass diese Bedingungen veränderbar sind. Es ist dabei auch wichtig festzustellen, was *nicht* Gegenstand des Stress- und Ressourcenmanagements ist. Eine Eingrenzung auf einen konkreten Problembereich und dessen Beschreibung mit einer ausführlichen Situationsanalyse wird folgen. Für die Situationsanalyse sind erste Gespräche mit betroffenen Akteuren notwendig, um deren Perspektiven in die Analyse einzubeziehen. Weiterhin umfasst die Orientierungsphase die Sammlung von Informationen, wer den Entscheidungsprozess unterstützen kann, welche Mittel zur Verfügung stehen bzw. herangezogen werden könnten, wessen Interessen mit dem Thema betroffen werden, mit welchen Barrieren zu rechnen ist und welche Konflikte antizipiert werden können. Dabei spielen die Werte und Ziele der Organisation, der betroffenen Abteilung wie auch der eigenen Person eine große Rolle. Wer will sich mit der Intervention profilieren, warum und wie und gegen wen? An welche aktuellen und wichtigen strategischen Themen kann die Intervention angebunden werden? Ist ein Programm zum derzeitigen Zeitpunkt sinnvoll? So ist z. B. eine Intervention zu Stressmanagement während einer Reorganisation einer Abteilung mit eventuell einhergehender Arbeitsplatzunsicherheit kaum erfolgreich durchzuführen. Gibt es derzeit konkurrierende Themen in der Abteilung, z. B. Qualifizierungsprogramme? Ist ein Programm mit den persönlichen, beruflichen und privaten Zielen vereinbar oder überfordert es einen zum derzeitigen Zeitpunkt? Die die Orientierungsphase abschließende Zielsetzung umfasst auch die Entscheidung darüber, wie diese Ziele gemessen werden können. Eine bewusste Zielsetzung ist sinnvoll, um diese in den anschließenden Diskussionen und Verhandlungen der Planungsphase mit anderen betroffenen Akteuren im Auge zu behalten.

7.2 Planungsphase

Wozu dient die Planungsphase?

Die Planungsphase dient dazu, relevante Mitglieder der Organisation für das Thema Stress- und Ressourcenmanagement zu gewinnen und einen Steuerkreis zu bilden. Weiterhin dient sie der gemeinsamen Zielbildung und der Analyseplanung.

Was umfasst die Planungsphase?

In der Phase der Handlungsplanung geht es vor allem darum, betroffene Personen und potentiell starke «Promotoren», d. h. unterstützende Personen, wie VertreterInnen der Geschäftsführung, Führungskräfte auf verschiedenen Hierarchieebenen,

Illustration 15: Cäsar hatte mal wieder das «Einspannen aller Beteiligten» zu wörtlich genommen.

BetriebsärztIn und VertreterInnen des Betriebs- oder Personalrats, einzubeziehen. Der Betriebs-/Personalrat ist frühzeitig einzubinden. Im Betriebsverfassungsgesetz sind Überwachungs- und Informationsrechte sowie Mitbestimmungs- und Beratungsrechte festgelegt (§ 80, 87, 89, 90, 91). Der Betriebsrat hat z.B. bei Arbeitsgestaltungsmaßnahmen ein erzwingbares Mitbestimmungsrecht (Beschluss des Arbeitsgerichts (Aktenzeichen 1 ABR 47/95) entsprechend § 87 (1) Nr. 7 BVG).

In der Planungsphase wird versucht, die genannten Personen für das Thema Stressmanagement zu gewinnen und Koalitionen aufzubauen. Voraussetzung ist, sie für den Problembereich zu sensibilisieren und das Thema mit anderen, wichtigen Organisationszielen und ihren Interessen in konkrete Verbindung zu bringen. Die sofortige Notwendigkeit einer Intervention zu Stressmanagement wird deutlich gemacht werden müssen, damit das Thema nicht verschleppt wird und im betrieblichen Alltagsgeschäft in Vergessenheit gerät.

Die Phase der Handlungsplanung umfasst idealerweise die Bildung eines Steuerkreises, in dem die o.g. Personen vertreten sind. Der Steuerkreis trifft sich in regelmäßigen Abständen, z.B. 14-tägig. Ein Steuerkreis schafft Strukturen für den Entscheidungsprozess und verhindert ein «Versanden» des Themas im betrieblichen Alltag. Zudem stellt ein Steuerkreis ein Routineinstrument zur Bearbeitung von Interventionen dar, wie hier im Bereich von Stress- und Ressourcenmanagement. Ein solches Instrument fördert die Wiederholung von Interventionen in diesem Bereich.

Zu den Aufgaben des Steuerkreises gehören zunächst die Diskussion und Festlegung der gemeinsamen Ziele. Werden die Ziele nicht abgestimmt, sind Schwierigkeiten bei der Auswahl der Methoden für die Analyse, Intervention und Evaluation zu erwarten. Der Steuerkreis plant den Gesamtablauf und die Logistik des Programms.

Die Einrichtung eines Steuerkreises allein gewährleistet allerdings nicht den Erfolg des innerbetrieblichen Entscheidungsprozesses. Im Steuerkreis ist eine Atmosphäre aufzubauen, in der Interessen wie auch Meinungskonflikte als normal angesehen und offen ausgetragen werden können, v.a. wenn bewährte Prozesslösungen aus der Vergangenheit nicht bereitstehen. Es hat sich gezeigt, dass ein konstruktiver Austausch von Meinungen gefördert wird, wenn es gelingt, ausgewogene Machtstrukturen zwischen den Personen im Steuerkreis aufzubauen. Andernfalls werden Personen, deren Interessen stark von dem Thema betroffen sind, aber keine Chance haben, diese offen zu diskutieren, ihre Forderungen evtl. auf verdeckte Art und Weise durchzusetzen versuchen, indem sie z.B. das Thema auf «ihr» Thema umlenken oder versuchen, das Thema versanden zu lassen.

Parallel werden die MitarbeiterInnen (und Führungskräfte) über den Diskussionstand im Steuerkreis umfassend informiert. Fehlende oder nicht ausreichende Einbeziehung der MitarbeiterInnen und Führungskräfte, vor allem der unteren und mittleren Hierarchieebenen, führt erfahrungsgemäß zu Widerständen und Konflikten.

Die Analyseplanung entscheidet maßgeblich über die nachfolgende Intervention – und ihren Erfolg –, zumindest wenn die Entwicklung bzw. Entscheidung über eine Intervention analysegeleitet erfolgt. Wird die Arbeitsorganisation beispielsweise nicht analysiert, wird auch keine Intervention erfolgen, die sich auf die Arbeitsorganisation bezieht. Werden bestimmte Gruppen von Beschäftigten, z.B. die sogenannte Rand-

Illustration 16: Das Überspringen zentraler Schritte beim Idealtypischen Ablauf kann gravierende Folgen haben.

belegschaft und ihre Arbeitsbedingungen nicht analysiert, werden sie auch in der Intervention nicht berücksichtigt. Werden die MitarbeiterInnen bei der Analyse nicht angemessen einbezogen, kann die Bereitschaft für Veränderungsprozesse nicht gegeben sein. Deshalb ist die Analyseplanung ein gewichtiger Schritt in der Programmentwicklung. Auf Analyse- und Evaluationsmethoden und die Darstellung von Einzelmethoden und Instrumenten wurde in Kapitel 5 ausführlich eingegangen.

Die Planungsphase endet mit der konkreten Planung der Analyse und der Auswahl der Methoden und Instrumente im Steuerkreis. ExpertInnen werden zur Planung der Analyse als Impuls- und Know-how-geberInnen hinzugezogen. Es ist zu beachten, dass eine Analyse immer bereits eine Intervention, einen Eingriff in den betrieblichen Alltag, darstellt. Eine Analyse benötigt Zeit, bringt neue Themen und Konflikte mit sich. Sie verändert bereits die Arbeitssituation.

7.3 Durchführungsphase

Wozu dient die Durchführungsphase?

Die Durchführungsphase dient der stress- und ressourcenbezogenen Analyse. Sie dient weiterhin der Entwicklung und Durchführung einer analysegeleiteten Intervention, die idealerweise, wie die Analyse, sowohl bedingungsbezogen als auch personenbezogen ist. Die Durchführungsphase dient auch der Bewertung der Intervention.

Was umfasst die Durchführungsphase?

Die Durchführungsphase umfasst die Durchführung einer Analyse und Rückmeldung der Analyseergebnisse an die Beschäftigten sowie die anschließende Präsentation der Analyseergebnisse im Steuerkreis. Sie bildet die Grundlage für den Entscheidungsprozess hinsichtlich der nun folgenden Intervention. Eine Intervention, die sich sowohl auf die Beschäftigten wie auf die Arbeitsbedingungen bezieht, ist in fast allen Fällen indiziert. Die Durchführungsphase umfasst schließlich auch die Planung und Durchführung der Evaluation. Kriterien einer guten Evaluation, z. B. Kontrollgruppendesign, werden mit den praktischen Möglichkeiten, wie Urlaubsplanung der Beschäftigten sowie ethischen Anforderungen, an eine Evaluation abgeglichen (vgl. Kap. 5.1.10).

7.4 Auswertungsphase

Wozu dient die Auswertungsphase?

Die Auswertungsphase dient dazu, die Evaluation und deren Ergebnisse in Rückblick auf die Ausgangssituation zu diskutieren.

Was umfasst die Auswertungsphase?

Die Auswertungsphase umfasst zunächst die Auswertung, Präsentation und Diskussion der Evaluationsergebnisse an die Beschäftigten. Anschließend werden die Evaluationsergebnisse im Steuerkreis präsentiert und diskutiert. Die Ergebnisse zeigen eventuell weiteren Interventionsbedarf auf, dem effizient begegnet werden kann, dadurch, dass der Steuerkreis und damit ein Routineprogramm zur Bearbeitung von stress- bzw. allgemeinen, gesundheitsbezogenen Themen existiert.

8 Szenario eines Betrieblichen Stress- und Ressourcenmanagements

Das Szenario findet in einem Call Center statt. Es ist entlang der idealtypischen Phasen und Schritte des Handlungsprozesses, wie sie im letzten Kapitel ausgeführt wurden, aufgebaut.

8.1 Orientierungsphase

8.1.1 Bestimmung des Gegenstands

Stellen Sie sich vor, Sie sind TrainerIn in einem Call Center und betreuen u.a. ein Projekt mit ca. 80 Agents und 6 TeamleiterInnen, von denen zwei Teilzeit arbeiten sowie einer Projektleiterin. Die Agents telefonieren ausschließlich im Inbound, d.h. sie nehmen Kundenanrufe entgegen. Sie bedienen zwei Hotlines, eine Hotline eines Telekommunikationsanbieters und eine Hotline eines Versandhauses. Die Aufgabe der Agents für das Versandhaus ist die Bestellannahme. Die Aufgaben für den Telekommunikationsanbieter sind Beantwortung von KundInnenanfragen, An-, Um- und Abmeldungen, Informationsweitergabe zu verschiedenen Produkten mit hohen technischen Anforderungen und Reklamationen. Der Anteil von Anrufen für das Versandhaus und für den Telekommunikationsanbieter ändert sich ständig.

Die Agents und TeamleiterInnen sind zumeist junge Frauen mit insgesamt hoher Schulausbildung. Die Agents arbeiten im Schichtdienst im 24 Stunden Service, sieben Tage die Woche. Ein Gespräch der Agents für die Bestellannahme dauert im Durchschnitt 1 bis 3 Minuten, für den Telekommunikationsanbieter auch länger. Die Aufgaben der TeamleiterInnen sind Coaching der Agents, aktuelle Informationsweiterleitung und die Übernahme schwieriger Gespräche.

Sie als TrainerIn haben wiederholt und bereits über Wochen festgestellt, dass die Agents freundlich und kundenorientiert telefonieren, sobald ein Anruf für das Versandhaus hereinkommt. Kommt jedoch ein Anruf für den Telekommunikationsanbieter herein, zeigen die Agents ein unempathisches, kurz angebundenes, gereiztes Verhalten gegenüber den KundInnen. Trotz zahlreicher Produktschulungen und

Coaching am Telefon durch die TeamleiterInnen, konnten sie bisher keine Verbesserung im Verhalten der Agents gegenüber KundInnen des Telekommunikationsanbieters feststellen. Darüber hinaus sind die Fehlzeiten wegen Krankheit und die Fluktuation bei den Agents sehr hoch. Sie verstehen das Verhalten der Agents gegenüber den KundInnen des Telekommunikationsanbieters als Stressreaktion und möchten eine Intervention initiieren.

8.1.2 Geschichte des Gegenstands vergegenwärtigen

Das Projekt ist vor drei Jahren mit dem Versandhaus und ca. 20 Agents sowie zwei Teamleiterinnen gestartet. Der Auftrag des Telekommunikationsanbieters wurde vor zwei Jahren dem bis dahin kleinen Projekt angehängt. Es mussten sehr schnell neue Agents eingestellt werden. Dabei wurden u. a. auch zahlreiche Studierende eingestellt, von denen einige rasch zu TeamleiterInnen in Teilzeit befördert wurden. Der Telekommunikationsanbieter hatte bereits zu Beginn einen schlechten Ruf, es fehlten Informationen zu den zahlreichen Produkten, die technischen Anforderungen an die Agents waren immens, zusätzlich traten Pannen bei deren Experten-Hotlines wie auch deren Software-Programmen auf, so dass die Agents im Grunde lediglich die KundInnen des Telekommunikationsanbieters beruhigen und abwimmeln konnten. Ihrer Meinung nach war dies eine sehr belastende Situation, die sich aber inzwischen deutlich geändert hat.

Sie betreuen seit einem Jahr als TrainerIn das Projekt und konzipieren Produkt- und technische Schulungen, sind bei den Schulungen zugegen bzw. führen diese selbst durch und coachen die TeamleiterInnen, teilweise auch die Agents, bereiten die aktuellen Produktinformationen auf. Ihnen ist bewusst, dass der Telekommunikationsanbieter für Ihr Call Center ein besonders wichtiger Kunde ist.

8.1.3 Eingrenzen und Beschreiben des Problembereichs

Sie versuchen nun den Problembereich einzugrenzen und ihn detailliert zu beschreiben, auch um zu reflektieren, was nicht Gegenstand des Stress- und Ressourcenmanagements sein kann.

Die Bestellannahme für das Versandhaus ist hoch standardisiert und monoton. Die Informationsentgegennahme und -auskunft für den Telekommunikationsanbieter ist dagegen weniger standardisiert, die Agents können Ihrer Meinung nach viele Fragen selbst beantworten, da sie ständig Produkt- und technische Schulungen sowie täglich die aktuellen Produktinformationen von der TeamleiterIn erhalten. Die Agents können bzw. sollen auf die Homepage verweisen, um die KundInnen an die Selbstauskunft zu gewöhnen. Besonders schwierige Gespräche können die Agents im Notfall an die TeamleiterIn weiterleiten. Zudem gibt es eine «second level» Hotline beim Telekommunikationsanbieter, an die die Agents die KundInnen weiterleiten können, wenn sie gar nicht mehr weiter wissen. Eine Zielvereinbarung legt allerdings eine

Weiterleitungsquote fest, die nicht überschritten werden darf. Die Agents können den KundInnen zusätzlich je nach Problem Experten-Hotlines benennen. Diese Hotlines sind für die KundInnen allerdings wesentlich teurer. Die Agents arbeiten mit sechs verschiedenen Software Programmen für den Telekommunikationsanbieter. Die Mischung von Bestellannahme und Service für den Telekommunikationsanbieter ist Ihrer Meinung nach eine sehr abwechslungsreiche und anforderungsreiche Tätigkeit für die Agents.

8.1.4 Situationsanalyse

Sie nehmen nun eine Situationsanalyse vor. Sie dient einer ersten systematischen Analyse entlang des Stressprozesses. Eine Situationsanalyse besteht aus der subjektiven Beschreibung der Situation und der stressrelevanten Bedingungen sowie der Gedanken, Gefühle und Bewältigungsstrategien der Akteure. Für die Situationsanalyse sind erste Gespräche mit betroffenen Akteuren notwendig, um deren Perspektiven in die Analyse einzubeziehen: Welche Situationen sehen die Agents als stressend an? Welche Bewältigungsstrategien wählen sie? Wie nehmen die TeamleiterInnen die Stresssituation wahr und wie gehen sie damit um?

Kasten 15

Stressrelevante Bedingungen sind Ihrer Meinung nach sehr unterschiedliche, täglich sich verändernde Produkte des Telekommunikationsanbieters; hohe technische Anforderungen; Agents kennen die technische Ausstattung der anrufenden KundInnen nicht; ständige Produkt- und technische Schulungen, sechs verschiedene Software-Programme; für die KundInnen teure Experten-Hotlines; «second level»- Kundenservice- Hotline beim Telekommunikationsanbieter ist mit Weiterleitungsquote versehen; sich ständig verändernde Homepage; Studierende als TeamleiterInnen in Teilzeit,...

Sie befragen die Agents und die TeamleiterInnen nach Stresssituationen und ihren Gedanken und Gefühlen

Agents: «Die Information ändert sich ständig, wer weiß, ob das noch richtig ist, was ich hier erzähle», «Schon wieder eine Produktschulung, ich glaube, die spinnen», «Immer kriege ich die schwierigen Gespräche, das leite ich gleich an den Teamleiter weiter», «Wie ich von diesem Programm ohne Störungen in das andere wechsle, ist mir schleierhaft, am besten ich versuche die KundIn loszuwerden und verweise auf die Homepage und hoffe, da steht was dazu» usw.

TeamleiterInnen: «die Agents stellen jedes Gespräch, das auch nur etwas schwieriger ist, an mich durch, ich dreh gleich durch», «der Trainer muss mir die aktuellen Produktinfos besser aufbereiten, ich habe keine Zeit, dies zu tun», «Jetzt muss ich schon wieder Agent xy coachen, der tickt ja gleich aus», «wir haben die Weiterleitungsquote wie immer überschritten» usw.

Wie sehen die Bewältigungsstrategien der verschiedenen Akteure aus?

Agents: Versuchen, die Kunden des Telekommunikationsanbieters schnell los zu werden

TeamleiterInnen: Produktschulungen und Coachings

Welche Folgen hat die Situation bzw. könnte sie haben?

Hohe Fehlzeiten, Agents wechseln in ein anderes Projekt oder Call Center; Telekommunikationsanbieter wechselt zu einem anderen Call Center,...

8.1.5 Zielsetzung

Sie überlegen sich, welches Ziel die Intervention Ihrer Meinung nach haben soll und kann. Ihre Ziele sind, das offensichtliche Verhalten am Telefon gegenüber KundInnen des Telekommunikationsanbieters zu verbessern, die Fehlzeiten und die Fluktuation der Agents zu reduzieren.

8.1.6 Informationssammlung für den Entscheidungsprozess

Sie überlegen, wer Sie im Betrieb unterstützen könnte, wer eher Bedenken hat oder sich sogar gegen eine Intervention einsetzen würde. Ohne die Managerin und die Projektleiterin erhalten Sie keine finanziellen und zeitlichen Ressourcen für ein Programm. Der betriebsärztliche Dienst könnte Sie unterstützen, da die Betriebsärztin erst neu im Betrieb ist und sich mit der Intervention profilieren könnte, allerdings befürchten Sie, dass sie keinen großen Einfluss im Betrieb hat. Sie ahnen, der Betriebsrat ist nur bereit, sich für das Thema stark zu machen, wenn auch die Arbeitsbedingungen thematisiert werden. Konflikte zwischen Betriebsrat und Managerin sind wahrscheinlich, da diese selten einer Meinung sind. VertreterInnen des Telekommunikationsanbieters sollten Ihrer Meinung nach ebenfalls eingebunden werden, ebenso wie die TeamleiterInnen und die Agents.

8.1.7 Reflektion übergreifender Werte und Organisationsziele

Sie überlegen, ob ein Programm zur Kultur der Organisation passt. Bisher wurde das Thema Stress in Ihrem Call Center noch nicht thematisiert. Sie wissen, dass die Managerin derzeit die Strategie verfolgt, die TeamleiterInnen zu stärken und finanzielle Ressourcen in deren Fortbildung zu stecken. Sie möchte derzeit eigentlich keine zusätzlichen finanziellen Mittel in die Agents investieren. Die Betriebsärztin ist erst seit kurzem für die Firma zuständig, so dass Sie noch nicht einschätzen können, welche Werte und Ziele die Betriebsärztin verfolgt. Sie selbst sehen in dem Programm eine bedeutsame Intervention, da die Stresssituationen offensichtlich sind und alle Akteure darunter leiden. Zudem ist es eine interessante Herausforderung für Sie selbst, da Sie sich bei Ihren üblichen Tätigkeiten, wie Produktschulungen und Coachings am Telefon sowie Aufbereitung der Produktinformationen nicht mehr weiterentwickeln können.

8.2 Planungsphase

8.2.1 Einbezug betroffener Akteure

Sie sprechen nun alle betroffenen Akteure und potentiell starke «PromotorInnen», d. h. unterstützende Akteure, wie Geschäftsführung, Betriebsrat, Betriebsärztin, Projektleiterin, Managerin, Telekommunikationsanbieter einzeln auf das Thema an und versuchen sie für das Thema zu gewinnen.

Die Vertretung des Telekommunikationsanbieters sieht den Stress für die Agents nicht. Auch die Managerin ist zunächst skeptisch gegenüber diesem Thema, aber nicht in dem Maße wie Sie erwartet hatten. Der Betriebsrat ist sehr interessiert an einer Veränderung der Arbeitsbedingungen, die aus Sicht des Betriebsrates die Ursachen sind für die hohen Fehlzeiten, Fluktuation und unzufriedene KundInnen. Die Betriebsärztin ist ebenfalls sehr aufgeschlossen für das Thema und möchte vor allem die ergonomischen Bedingungen und die individuelle Stressbewältigung verbessern. Sie hat Kontakte zu diversen ExpertInnen in diesem Bereich und sieht eine Stressmanagementintervention als Herausforderung und potentielle Profilierung im Unternehmen.

Die möglichen Stressfolgen überzeugen nach einigen Diskussionen auch die Managerin zur Unterstützung des Projekts, allerdings nur unter der Bedingung, dass die TeamleiterInnen primär eingebunden werden. Der Telekommunikationsanbieter kann zur Teilnahme mehr oder weniger «überredet» werden. Die Projektleiterin und die TeamleiterInnen stehen hinter Ihnen, da sie wie die Agents unter Stress sehr leiden. Allerdings wollen die TeamleiterInnen eine besondere Beachtung im Programm finden.

8.2.2 Bilden eines Steuerkreises

Sie einigen sich auf die Gründung eines Steuerkreises. Der Steuerkreis soll sich alle 14 Tage treffen. Sie diskutieren in zwei Sitzungen sehr kontrovers und offen, vor allem über die Zielgruppe und den möglichen Einbezug von ExpertInnen. Die Managerin versucht teilweise vehement das Programm ausschließlich auf die TeamleiterInnen zu lenken. Doch auch die TeamleiterInnen wollen den Einbezug der Agents. Am Ende der zweiten Sitzungen haben Sie sich auf eine gemeinsame Zielsetzung geeinigt:

- Stressoren im Projekt abbauen, v. a. im Service für den Telekommunikationsanbieter
- Agents wie TeamleiterInnen für die Stressbewältigung stärken

Die Festlegung auf Erfolgskriterien ist ebenfalls nicht einfach. Vor allem psychische und körperliche Stresssymptome werden kontrovers diskutiert, der Arbeitsbezug von der Managerin bestritten. Sie können sich aber letztendlich auf folgende Erfolgskriterien einigen:

- Telefonverhalten der Agents
- Psychische und körperliche Stresssymptome
- Fehlzeiten
- Weiterleitungsquote und
- Fluktuation der Agents

Sie beschließen, eine ExpertIn von der Universität in das Programm einzubeziehen, um mit ihr die Analyse zu planen. Den Kontakt stellt die Betriebsärztin her.

8.2.3 Analyseplanung

In der dritten Sitzung des Steuerkreises ist die von der Betriebsärztin vermittelte Expertin zugegen. Ihr wird die Zielstellung dargestellt und sie wird gebeten, einen Vorschlag für die Analyse zu unterbreiten. Die Expertin gibt einen Überblick über die Einzelmethoden der Analyse und schlägt zunächst Experteninterviews und eine Begehung vor, um einen Gesamteindruck der Organisation und einen Einstieg in das Call Center Projekt, die Arbeitsabläufe und Arbeitsorganisation zu erhalten. Für eine stress- und ressourcenbezogene Analyse der Arbeitsbedingungen und der Beschäftigten sieht sie Mitarbeiterbefragungen (siehe Kap. 5.4) indiziert. Sie empfiehlt zur Analyse der Arbeitsbedingungen eine Kurzversion des ISTA mit Zusatzskalen z. B. zur Emotionsarbeit, da der ISTA sich mit diesen Zusatzskalen bereits für Call Center Tätigkeiten bewährt hat und Vergleichsdaten vorliegen. Die Analyse der Stressbewältigungsstrategien der Agents und TeamleiterInnen sieht sie als notwendig an und empfiehlt die Kurzversion des COPE (siehe Kap. 5.4), da dieses Instrument verschiedene funktionale und dysfunktionale Bewältigungsstrategien erfasst. Weiterhin empfiehlt die Expertin personale Ressourcen sowie das Befinden und die Gesundheit der Agents und TeamleiterInnen zu analysieren. Die Expertin schlägt bewährte Instrumente vor, die den Kohärenzsinn, arbeitsbezogene Irritationen und psychosomatische Beschwerden (siehe Kap. 5.4) erfassen. Sie empfiehlt, die Mitarbeiterbefragung anonymisiert während der Arbeitszeit in einem separaten Raum unter Anleitung durchführen zu lassen. Die Ergebnisse der Analyse sollen den MitarbeiterInnen rückgemeldet und von ihnen ergänzt werden. Anschließend sollen die Ergebnisse dem Steuerkreis für die Interventionsplanung präsentiert werden.

Die Präsentation und der Analysevorschlag rufen eine rege Diskussion hervor. Vor allem wird der Umfang und Ablauf der Analyse kontrovers diskutiert. Der Betriebsrat möchte keine Daten zu psychosomatischen Beschwerden, wie Schlafstörungen, erfasst haben. Er befürchtet mangelnde Anonymität der Daten und unzureichenden Schutz der Beschäftigten. Die Managerin möchte die Mitarbeiterbefragung so kurz als möglich halten und außerhalb der Arbeitszeit nach Schichtende durchführen, da die Arbeitsabläufe sonst nicht gesichert seien. Zudem möchte sie die ProjektleiterInnen-Ebene des Call Center Unternehmens in die Intervention einbezogen sehen, da diese ebenfalls unter erheblichem Stress leiden und die Fluktuation nur wegen der derzeit schlechten Arbeitsmarktlage gering ist.

Der Steuerkreis entscheidet letztendlich, den Vorschlägen der Expertin weitgehend zu folgen, allerdings psychosomatische Beschwerden bei den Mitarbeiterbefragungen nicht zu erheben sowie eine stressbezogene Analyse der Arbeitssituation der fünf ProjektleiterInnen mittels Führungskräfteinterviews (siehe Kap. 5.5) einzuplanen.

Die Durchführung der Mitarbeiterbefragung wird auf 45 Minuten begrenzt und an den Schichtanfang bzw. -ende während der Arbeitszeit gelegt, so dass jeweils die Hälfte des einen Teams am Telefon sitzt, die andere Hälfte an der Befragung teilnimmt. Die Befragung soll direkt am Arbeitsplatz statt finden. Eine Rückmeldung an die MitarbeiterInnen wird gewährleistet. Die Expertin soll die Instrumente zusammenstellen und sie dem Betriebsrat zur Sichtung und Genehmigung vorlegen. Es ist geplant, die Analyseinstrumente bei der nächsten Sitzung des Steuerkreises nochmals zu diskutieren und den Analysezeitraum festzulegen.

8.3 Durchführungsphase

8.3.1 Analysedurchführung

Mit Unterstützung von Ihnen und der Betriebsärztin führt die externe Expertin und deren MitarbeiterInnen die Analyse durch. Die Agents wollen teilweise den Fragebogen nicht am Arbeitsplatz und nicht am Ende ihrer Schicht ausfüllen. Sie sind nach der Schicht zu erschöpft, um sich noch auf Fragen zu Ihrer Tätigkeit zu konzentrieren und bitten Sie, ihn in Ruhe zu Hause ausfüllen zu dürfen. Sie entscheiden, es den MitarbeiterInnen zu überlassen, wo und wann sie den Fragebogen ausfüllen. Allerdings: von den MitarbeiterInnen, die den Fragebogen nicht am Arbeitsplatz ausfüllen, bringen nur 10 % ihn ausgefüllt zurück. Die Rücklaufquote liegt insgesamt bei nur 55 %. Für zukünftige Mitarbeiterbefragungen nehmen Sie sich vor, einen Raum zu organisieren und dort – während der Arbeitszeit und unter Anleitung – die Befragung anonymisiert durchzuführen, so wie die Expertin es bei der Analyseplanung empfohlen hat. Die Interviews mit den ProjektleiterInnen führt die externe Expertin alleine durch. Allerdings ist die Durchführung der Interviews mühsam, da sich ständig Terminverschiebungen ergeben oder Interviews unterbrochen werden wegen dringender anderer Termine.

8.3.2 Präsentation der Analyseergebnisse

Die Analyseergebnisse werden zunächst den MitarbeiterInnen zurückgemeldet. Dies erfolgt zeitlich versetzt während der Arbeitszeit in einem Raum in unmittelbarer Nähe des Großraumbüros. Die MitarbeiterInnen erläutern und ergänzen dabei die Ergebnisse.

Anschließend präsentierten Sie, die Betriebsärztin und die Expertin die Ergebnisse und Interventionsvorschläge dem Steuerkreis:

Zur Ergonomie der Arbeitsplätze haben Sie festgestellt, dass für die im Call Center üblichen 17 Zoll Monitore zu kleine und nicht höhenverstellbare Arbeitsflächen vorhanden sind, die keine Möglichkeiten bieten, stehend zu arbeiten. Zu kleine Arbeitsflächen führen bekanntermaßen zu Nacken- und Kopfschmerzen sowie Rückenschmerzen. Fehlende Bewegungsmöglichkeiten führen u. a. zu Verkrampfungen, Rückenschmerzen und Venenleiden.

Die Tische stehen zudem zu eng beieinander, was nicht nur zu einem hohen Geräuschpegel führt, sondern auch zu schlechter Luft, Sichtstörungen und fehlender Privatsphäre. Es gibt derzeit keine individuellen Gestaltungsmöglichkeiten der Arbeitsplätze.

Die Headsets und deren Akustik sind veraltet, z. B. fehlt eine Abschirmung der Kabel.

An Umgebungsbelastungen stellten Sie Lärm durch unzureichenden Schallschutz (schallreflektierende Flächen) fest und zu eng stehende Tische im Großraumbüro. Zudem leiden die MitarbeiterInnen unter verbrauchter, trockener Luft durch Zigarettenrauch und eine veraltete Klimaanlage. Das Rauchen ist zwar nur in einer Ecke des Großraumbüros erlaubt, beeinflusst aber das gesamte Großraumbüro.

Die Expertin stellt bezüglich der Anforderungen eine insgesamt mittlere Arbeitskomplexität und Variabilität in den Arbeitsaufgaben der Agents fest durch die Kombination von Bestellannahme und Kundenservice für den Telekommunikationsanbieter. Die Bestellannahme stellt eine monotone Tätigkeit dar, d. h. erfordert geringe fachliche Kenntnisse und geringe Kommunikationsfertigkeiten bei ständig hohen Konzentrationsanforderungen. Der Service für den Telekommunikationsanbieter dagegen erfordert sowohl hohe Fachkenntnisse wie hohe Kommunikationsfertigkeiten. Die Kombination dieser Aufgaben ist günstig.

Die Belastungs-Ressourcen Konstellation allerdings zeigt, dass die MitarbeiterInnen unter hohen Konzentrationsanforderungen bei hohem Zeitdruck leiden. Die Expertin vermutet, dass die ausschließlichen Inbound Gespräche und die Zeitvorgaben dafür verantwortlich sind.

Bei den Aufgaben für den Telekommunikationsanbieter sind hohe Unsicherheit und arbeitsorganisatorische Probleme festzustellen bei gleichzeitig geringem Handlungs- und Zeitspielraum. Die Emotionsarbeit ist hier besonders hoch durch die vielen Reklamationen, d. h. der Umgang mit schwierigen KundInnen und der Zwang immer freundlich zu sein.

Die Agents haben wenig Kontakt untereinander und leiden unter dieser Isolation.

Die arbeitsbezogenen Befindensbeeinträchtigungen sind hoch. Psychosomatische Beschwerden wurden im Fragebogen nicht erhoben, aber in den ExpertInneninterviews genannt und vor allem in der Rückmeldung von den MitarbeiterInnen ergänzt sowie während der Begehung von Agents immer wieder beklagt. Dies sind v. a. Kopfschmerzen, Schlafstörungen, Essstörungen, Nacken- und Rückenschmerzen.

8.3.3 Interventionsplanung

Die Expertin hat eine Präsentation zu möglichen stressbezogenen Interventionen vorbereitet, die sie mit Ihnen und der Betriebsärztin bereits vorher diskutiert hat.

Sie schlägt **ergonomische Veränderungen,** wie folgt, vor:

Inseln mit schallabsorbierenden Raumgliederungs-Flächen statt schallreflektierenden schaffen, dabei auch besseres Dämmmaterial verwenden; Textilfußboden verlegen; Steh-Sitzarbeitplatz ermöglichen durch höhenverstellbare Arbeitsflächen und schnurlose Headsets; bessere Akustik durch geschirmte Kabel; Fläche pro Arbeitsplatz vergrößern auf mind. 15 m^2; entweder Flachbildschirme oder größere Arbeitsflächen schaffen; Entspannungs- und Fitnessraum mit Saft- und Obstbar direkt im Großraumbüro anbieten; Raucherecke abschaffen bzw. einen Raucherraum mit zu öffnendem Fenster schaffen.

Sie schlägt für die **Verbesserung der o. g. Belastungs-Ressourcen-Konstellation** die Einrichtung eines Gesundheitszirkels vor, in dem die Analyseergebnisse mit freiwilligen Beschäftigten weiter ausgearbeitet und Interventionsvorschläge erarbeitet werden. Folgende Probleme mit dringendem Handlungsbedarf sollten im Gesundheitszirkel behandelt werden:

1. Zeitdruck
2. Unsicherheit bei Anrufen für Telekommunikationsanbieter
3. Arbeitsorganisatorische Probleme bei Anrufen für Telekommunikationsanbieter
4. Handlungs- und Zeitspielraum bei Anrufen für Telekommunikationsanbieter
5. Umgang mit schwierigen KundInnen bei Anrufen für Telekommunikationsanbieter
6. Isolation

Zudem sieht die Expertin einen Handlungsbedarf hinsichtlich

1. der **Arbeitsorganisation**: Die Einrichtung selbstorganisierter Teams könnte zahlreiche der o. g. Probleme reduzieren. Die Teams sollten die Zeitgestaltung, Disposition (Schichtplan, Pausen, Verteilung der Arbeitszeit) und Gesprächszuteilung selbst bestimmen; zusätzlich ist eine individuelle Entscheidungsmöglichkeit über die Annahme eines Anrufs für die Bestellannahme oder für den Telekommunikationsanbieter denkbar. Zu dieser Arbeitsorganisation gehört auch eine teamweise Leistungsbewertung und die Qualifizierung im Team.

2. der **Arbeitsaufgaben**: eine Veränderung in Kooperation mit dem Telekommunikationsanbieter ist notwendig, um Handlungs- und Zeitspielräume zu erhöhen, Zeitdruck, Unsicherheit und arbeitsorganisatorische Problemen abzubauen. Die Einbindung von Outbound Anrufen, z. B. Rückrufgespräche und die Begleitung und Nachbearbeitung von Fällen auch in schriftlicher Form ist ihrer Meinung nach denkbar. Weiterhin ist eine teamweise Zielvereinbarung über die Zeitspanne pro zu bearbeitenden Fall und die Weiterleitungsquote möglich. Die Expertin sieht Beteiligungsmöglichkeiten der Agents bei den Homepageinhalten (z. B. FAQs) und der Softwaregestaltung. Diese Vorschläge sollten allerdings von den Beschäftigten im Gesundheitszirkel überprüft werden.

Darüber hinaus sieht die Expertin **personenbezogene Interventionen** als notwendig an:

1. Stressmanagementtrainings zur Emotionsregulierung sowie die Vermittlung von Zeitmanagement- und Kommunikationsfertigkeiten für Agents und TeamleiterInnen
2. Stressbezogenes Coaching für ProjektleiterInnen

Der Steuerkreis diskutiert intensiv die Analyseergebnisse und die Interventionsvorschläge und entscheidet sich letztendlich für die Umsetzung aller ergonomischen Veränderungsvorschläge und die Einrichtung eines Gesundheitszirkels, in dem die o. g. Probleme bzgl. der Belastungs-Ressourcen-Konstellation ausgearbeitet werden sollen. Eine Veränderung der Arbeitsorganisation hin zu selbstorganisierten Teams wird von der Managerin zum derzeitigen Zeitpunkt abgelehnt. Der Betriebsrat will allerdings dieses Thema weiter vorantreiben. Eine Veränderung der Arbeitsaufgaben in Kooperation mit dem Telekommunikationsanbieter, wie von der Expertin vorgeschlagen, wird vom Steuerkreis angestrebt. Überraschenderweise ist der Vertreter des Telekommunikationsanbieters sehr interessiert an diesem Vorschlag. Die Stressmanagementtrainings für die Agents und die TeamleiterInnen sowie das Coaching der ProjektleiterInnen soll von externen TrainerInnen durchgeführt werden. Die Rekrutierung der externen TrainerInnen übernimmt die Betriebsärztin, da sie gute Kontakte hat. Sie, die TrainerIn, übernehmen die Organisation des Gesundheitszirkels, da Sie gute Kontakte zur Verwaltungs-Berufsgenossenschaft haben und mit deren Unterstützung rechnen.

8.3.4 Evaluationsplanung

In der folgenden Sitzung des Steuerkreises wird die Evaluationsplanung thematisiert. Die Intervention umfasst einen Gesundheitszirkel, Stressmanagementtrainings und Coachings, die parallel durchgeführt werden. Somit wirken die Einzelinterventionen gemeinsam und beziehen sich aufeinander. Sie können nicht vollständig getrennt evaluiert werden. Es soll jedoch versucht werden, die Einzelinterventionen auch getrennt zu bewerten.

Der Gesundheitszirkel wird evaluiert, indem die Belastungs-Ressourcen-Konstellation mittels ISTA einige Zeit nach Beendigung der Gesundheitszirkelarbeit wiederholt erfasst wird.

Die Stressmanagementtrainings laufen über sechs Wochen, jeweils a 90 Minuten. Sie werden zeitlich gestaffelt angeboten, so dass ein Wartekontrollgruppendesign möglich ist. Das heisst zwei der sechs Teams werden sofort trainiert, zwei Teams werden erst nach Beendigung der Trainings für die ersten zwei Teams trainiert und die letzten zwei Teams werden wiederum anschließend trainiert. Am Ende der Trainings werden in den trainierten und untrainierten Teams Bewältigungsstrategien, personale Ressourcen und kurzfristige Stressreaktionen (siehe Kap. 5.4) erhoben. Damit können trainingsspezifische Wirkungen und trainingsunspezifische Wirkungen getrennt erfasst werden. Auch sollen die kurz- und mittelfristigen Wirkungen getrennt erhoben und der Einfluss der Testung kontrolliert werden. Auch die Coachings werden mit diesen Instrumenten evaluiert, die mit den ProjektleiterInnen in Interviews vor und nach Beendigung der Coachings ausgefüllt werden.

8.3.5 Durchführung der Intervention und Evaluation

Nachdem der Arbeitskreis sich für einen Gesundheitszirkel entschieden hat, haben Sie Kontakt aufgenommen mit der Verwaltungs-Berufsgenossenschaft und der Krankenkasse und Sie hatten Erfolg. Die Berufsgenossenschaft hat die schwierigen Arbeitsbedingungen im Call Center schon längst als ein großes Problem erkannt und hierzu eine umfangreiche Untersuchung durchgeführt und ein Interventionspaket bereitgestellt. Ein Maßnahmenbestandteil sind Gesundheitszirkel. Erfreulicherweise erklärt sich nach weiteren Gesprächen die Berufsgenossenschaft bereit, eine Moderatorin kostenfrei zur Verfügung zu stellen.

In einem ausführlichen Vorbereitungsgespräch informieren Sie die Moderatorin über die bisherigen Aktivitäten und Entscheidungen. Sie stellen ihr die Ergebnisse der Begehung, der Experteninterviews und der Befragungen zur Verfügung und berichten ihr, auf welche Themen sich der Steuerkreis für den Gesundheitszirkel geeinigt hat. Angesichts der zu behandelnden Themen vereinbaren Sie, dass der Gesundheitszirkel nach dem Düsseldorfer Modell durchgeführt werden soll (vgl. Kap. 6.4.1). Er soll nach den Sommerferien beginnen und während der Arbeitszeit stattfinden. Pro Sitzung werden zwei Zeitstunden veranschlagt, die Sitzungen sollen 14-tägig jeden Dienstag in einem Zeitraum stattfinden, in dem sowohl beim Telekommunikationsanbieter als auch bei der Bestellannahme nicht viel los ist. Insgesamt werden zunächst acht Sitzungen vereinbart. Die Betriebsärztin und der Betriebsrat haben ihre Teilnahme zugesagt, außerdem werden neben Ihnen eine Teamleiterin und die Projektleiterin teilnehmen. Auf Ihren Aufruf im Intranet zur Teilnahme an dem Gesundheitszirkel haben sich zahlreiche Agents zur Teilnahme gemeldet. Insgesamt sind es nun mit der Moderatorin 8 Personen, die am Zirkel teilnehmen. Ihr Zirkel ist komplett.

Gesundheitszirkel

Die **erste Sitzung** dient dem gegenseitigen Kennenlernen und der Einführung in die zu bearbeitenden Themen. Die Moderatorin weist auf ihre Rolle hin, und dass es ihre Aufgabe sein wird, allen Perspektiven auf die zu behandelnden Probleme den nötigen Raum zu geben. Sie verweist außerdem darauf, dass es in dieser Runde kein Richtig und Falsch geben wird und dass nur, wenn alle ihre Sichtweise einbringen, tragfähige Lösungen entstehen können. Danach werden Regeln der Zusammenarbeit im Gesundheitszirkel vereinbart, die z. B. genau das enthalten: Es gibt kein Richtig und kein Falsch; Jeder kann ausreden; Störungen haben Vorrang, usw.

Danach gibt die Moderatorin eine kurze Einführung zum Thema ‹Stress am Call Center Arbeitsplatz›. Sie berichtet Ergebnisse der umfangreichen Studie, die gerade von der Verwaltungs-Berufsgenossenschaft abgeschlossen wurde. Sie erkennen, dass ihre Probleme offensichtlich nicht so hausgemacht sind, wie angenommen. Vieles, wie z. B. der hohe Zeitdruck durch die knappen Zeitvorgaben für Gespräche und die geringen Handlungsspielräume, sind auch aus anderen Call Centern bekannt. Und die Untersuchung hat auch bestätigt, dass Belastungen, wie der permanent hohe Zeitdruck und ein geringer Handlungsspielraum, mit erhöhten psychosomatischen Beschwerden der Agents einhergehen.

Nach Klärung einiger Nachfragen zu der Untersuchung wendet sich der Zirkel den eigenen Problemen zu. Die Moderatorin stellt die Themen dar, die laut Steuerkreis im Zirkel bearbeitet werden sollen, und fragt die Teilnehmenden, ob sie darüber hinaus noch Probleme sehen, bei denen ein dringender Handlungsbedarf besteht. Dies ist zunächst nicht der Fall. Man einigt sich auf folgende Rangreihe nach Dringlichkeit der Probleme:

1. Zeitdruck
2. Isolation
3. Erweiterung Handlungsspielraum
4. Arbeitsorganisatorische Probleme beim Telekommunikationsanbieter
5. Unsicherheit
6. Umgang mit schwierigen Kunden bei der Reklamationsbearbeitung

Am Ende der Sitzung erstellt die Gruppe noch eine Wandzeitung mit «Dingen, die bei uns gut laufen und deren Erhalt uns wichtig ist». Hier werden von den Agents folgende Aspekte der Arbeit genannt:

- Gutes Arbeitsklima
- Verständnisvolle TeamleiterInnen
- Gute Produktschulungen
- Angenehmes räumliches Ambiente

Ein kurzes Abschlussblitzlicht ergibt, dass für alle die erste Sitzung kurzweilig, informativ und interessant war.

In den dann **folgenden Sitzungen** arbeitet die Gruppe mit einigen Hochs und Tiefs intensiv an den Themen. Pro Sitzung wird meist ein Problem bearbeitet, wobei auch manchmal erkennbar wird, dass einige Probleme zusammenhängen. So wirken sich beispielsweise Informationsdefizite beim Telekommunikationsanbieter unter Zeitdruck besonders stark aus. Dies beides zusammen führt oft zu einer schlechten Kommunikation mit der KundIn, die KundIn regt sich auf, die Spannung steigt, das Gespräch dauert länger als geplant – damit wiederum steigt der Zeitdruck. Ein Teufelskreis beginnt. Die Moderatorin erarbeitet mit den TeilnehmerInnen solche Teufelskreise und fragt zu jedem Problem, was genau das Problem ist, wer betroffen und wer beteiligt ist, an welchen Stellen, in welchen Momenten es auftritt usw. Dann folgt ein Brainstorming zu möglichen Ursachen und darauf aufbauend werden Lösungsideen zunächst gesammelt und dann bewertet.

In der **zweiten und dritten Sitzung** geht es um den Zeitdruck und das Thema Isolation.

Zum Thema Isolation herrscht recht schnell Einigkeit darüber, was die besten Lösungen sind. So hat der Zirkel beispielsweise den Entspannungs- und Fitnessraum mit Obst- und Saftbar als Idee aufgegriffen und konkretisiert. Der Raum könne durch Umbau eines Magazins neben dem Großraumbüro geschaffen werde. In diesem Raum sollen mehrere Ruhesessel aufgestellt werden mit Kopfhörern, über die man eine Entspannungsinstruktion hören kann. Außerdem sollen die Ruhesessel mit einer Rückenmassagefunktion ausgestattet werden. Es soll ausdrücklich gestattet sein, zu zweit oder auch zu dritt in die Entspannungspause zu gehen, um sich auszutauschen oder sich nach schwierigen Gesprächen abzureagieren.

Obwohl die Projektleiterin sich zunächst den Spruch «Sind wir hier ein Wellness Hotel oder ein Dienstleistungsunternehmen?» nicht verkneifen konnte, konnte sie trotzdem von der Nützlichkeit eines solchen Angebots überzeugt werden. Wäre es doch eine deutliche Geste, mit der das Unternehmen demonstriert, das ihm tatsächlich etwas am Wohlergehen der Beschäftigten liegt. Und schließlich kommt der Raum allen zugute, den Agents, den Teamleiterinnen, der Projektleiterin.

Zum Thema Zeitdruck werden zunächst die anwesenden Agents gebeten, solche Situationen möglichst genau zu schildern, in denen besonders großer Zeitdruck entsteht. Diese werden abgeglichen mit den statistischen Auswertungen über das tägliche und wöchentliche Anrufaufkommen in der Bestellannahme und beim Telekommunikationsanbieter. Es zeigt sich schnell, dass es Phasen gibt, in denen der Zeitdruck extrem stark ist, Phasen, in denen der Zeitdruck mittelstark ausgeprägt ist und Phasen, in denen kein Zeitdruck besteht. Starker Zeitdruck besteht zum Beispiel bei der Bestellannahme nach Postwurf-Werbeaktionen, nach Fernsehspots, und wenn das Versandhaus einen neuen Katalog auf den Markt gebracht hat. Beim Telekommunikationsanbieter herrscht ein extremes AnruferInnenaufkommen ebenfalls, wenn neue Produkte beworben wurden oder wenn es zu Serverabstürzen gekommen ist. Mittlerer Zeitdruck ist das übliche und wird durch die engen Zeitvorgaben pro Gespräch und dadurch bestimmt, dass ohne Kurzpausen durchgearbeitet wird. Nur Nachts liegt kein Zeitdruck vor, da hier auch die Vorgabezeiten pro Gespräch überschritten werden können. Eine Diskussion der einzelnen Anlässe führt zu folgenden Lösungsvorschlägen:

1. Zur Reduzierung des mittleren Zeitdrucks wird eine fünfminütige zusätzliche bezahlte Kurzpause pro Stunde gewährt.
2. Für vorhersehbare Phasen sehr starken Zeitdrucks (nach Werbesendungen aller Art) soll ein neues Personalmengengerüst entwickelt und der Personalbestand aufgestockt werden.

Bei einigen Punkten gibt es – wie zu erwarten war – tiefgreifende unterschiedliche Ansichten über Ursachen und Lösungsmöglichkeiten. Da hat die Moderatorin manchmal gut zu tun, die Stimmung nicht zu stark eskalieren zu lassen und die Gruppe arbeitsfähig zu halten. So zum Beispiel beim zweiten Lösungsvorschlag zur Reduzierung des Zeitdrucks: Die Projektleiterin konnte der Personalaufstockung zunächst überhaupt nicht zustimmen. Erst nach längerem Hin und Her über die Modalitäten konnte eine geringfügige Aufstockung für die Extrem-Phasen vereinbart werden, die durch die Analyse des Anruferaufkommens identifiziert wurden.

Auch die Vorschläge zur Erweiterung des Handlungsspielraums in der **vierten und fünften Sitzung** wurden kontrovers diskutiert: Das ‹skill-based rooting›-System soll stärker genutzt werden. Individuelle Vorlieben und Fähigkeiten sollten stärker beachtet werden bei der Gesprächszuteilung. Wenn ein Agent einen schlechten Tag hat oder sich krank fühlt und lediglich Bestellungen annehmen möchte, dann soll dies – natürlich in Grenzen – möglich sein.

Nach diesem Vorschlag brach erst mal eine Welle der Entrüstung los: Das würde überhaupt nicht gehen, weil es dann bestimmt einige gäbe (man wüsste ja wer), die sich mit einem Telekommunikationsanruf am Tag begnügen würden und die anderen dürfen sich dann nur noch damit herumschlagen. Auch die Projektleiterin war gar nicht überzeugt und sorgte sich sofort darum, dass sich die Wartezeiten für die KundInnen des Telekommunikationsanbieters verlängern würden. Wichtig sei zumindest, dass man in einer wöchentlichen Planung sicherstellt, dass beide Hotlines ausreichend bedient werden. Die Teamleiterin fand es zumindest überlegenswert, der Betriebsrat fand es eine gute Idee, allerdings müsse unbedingt sichergestellt werden, dass es keine Nachteile für die individuelle Leistungsbewertung mit sich brächte. Nach Klärung der offenen Fragen und einigem weiteren Hin und Her in der Folgesitzung einigte man sich schließlich dank des Vorschlages der Betriebsärztin auf eine einmonatige Probephase. Die genaue Konkretisierung sollte vor Ort erfolgen und mit den Agents und den anderen TeamleiterInnen abgesprochen werden.

In der **sechsten Sitzung** ging es zusätzlich um das Thema Unsicherheit und arbeitsorganisatorische Probleme mit dem Telekommunikationsanbieter.

Der Vorschlag der Expertin wird diskutiert, Begleitung und Nachbearbeitung von Fällen in schriftlicher Form zu ermöglichen und damit einen Aufgabenwechsel und Medienwechsel zu ermöglichen. Sie könnten in das Projekt integriert werden. Auch dieser Vorschlag wurde sehr kontrovers diskutiert. Die Agents und die Teamleiterin machen sich stark für die Integration dieser Aufgaben und Medien. Manche Agents möchten allerdings keinen schriftlichen Verkehr führen. Das muss bei der Gestaltung beachtet werden. Der Projektleiter schlägt letztendlich vor, dass eine VertreterIn des Telekommunikationsanbieters in den Gesundheitszirkel eingeladen wird.

Ein Agent erinnert auch an den Vorschlag der Expertin, bei schwierigen Fragen von KundInnen des Telekommunikationsanbieters oder bei schwierigen KundInnen Rückrufe zu ermöglichen. Die Agents erhalten dadurch mehr Zeit- und Handlungsspielraum. Auch die Unsicherheit und der Umgang mit schwierigen KundInnen wird dadurch erleichtert. Dieser Vorschlag wird von allen Beteiligten begrüßt, muss allerdings mit der Managerin und dem Telekommunikationsanbieter abgestimmt werden. Er bringt zahlreiche technische Veränderungen mit sich. Eine Teamleiterin findet die Idee sehr gut und will das Thema mit der Projektleiterin verfolgen.

Ein weiterer Lösungsvorschlag betrifft das Intranet. Im Intranet soll ein Seite aufgebaut werden, die tägliche Neuigkeiten zu Server- und Leitungsproblemen des Telekommunikationsanbieters und zu neuen Produktinformationen enthält. Die ersten 15 Minuten der täglichen Arbeitszeit sollen von allen Agents dafür verwendet werden, die Neuigkeiten auf dieser Seite zur Kenntnis zu nehmen. Zwei Agents erklärten sich bereit, bei der Gestaltung dieser Intranetseite mitzuwirken.

In dieser und ähnlicher Weise arbeitet sich der Zirkel Sitzung für Sitzung durch seine Problemliste. **Nach acht Sitzungen** hat der Gesundheitszirkel eine beachtliche Liste von Lösungsvorschlägen entwickelt. Unter anderem sind die folgenden aufgeführt:

Isolation:

1. Umbau des Magazins neben dem Großraumbüro zum Ruhe- und Entspannungsraum mit Obst- und Saftbar, Massagesessel, akustische Anleitung zur Entspannung und Entspannungsmusik über Kopfhörer
2. Gemeinsame Pausen

Zeitdruck:

1. Bezahlte fünfminütige Kurzpause pro Stunde
2. Personalaufstockung bei extremen Anrufaufkommen
3. Integration von Rückrufgesprächen und die Begleitung und Nachbearbeitung von Fällen in schriftlicher Form

Handlungsspielraum:

1. stärkere Nutzung des «skill-based rooting» Systems zur individuellen Passung
2. Integration von Rückrufgesprächen und die Begleitung und Nachbearbeitung von Fällen in schriftlicher Form

Unsicherheit/ arbeitsorganisatorische Probleme:

1. Aufbau einer Intranet-Informationsseite, die täglich über Neuerungen und Veränderungen beim Telekommunikationsanbieter informiert
2. 15 Minuten zu Arbeitsbeginn bezahlte Arbeitszeit, um sich die Informationen anzueignen
3. Integration von Rückrufgesprächen und die Begleitung und Nachbearbeitung von Fällen in schriftlicher Form

In der letzten Sitzung werden genaue Zeiträume vereinbart, wer was bis wann tun kann, um die Lösungsvorschläge umzusetzen. Man einigt sich darauf, sich in einem halben Jahr zu einer Abschlusssitzung zusammenzufinden, um die bis dahin erfolgte Umsetzung zu überprüfen und zu bewerten.

Individuumszentrierte Trainings für Agents und TeamleiterInnen

Die Stress- und Ressourcenmanagementtrainings finden parallel zum Gesundheitszirkel statt. Die Teilnahme ist für Agents wie auch für die TeamleiterInnen freiwillig und zählt zur Hälfte zur Arbeitszeit. Die Trainings sollen im Haus stattfinden. Erfahrene TrainerInnen stellen sich vorab im Intranet mit einem kurzen Film den Beschäftigten vor, erläutern die Trainingsinhalte und werben für die Trainings. Es nehmen fast 95 % der MitarbeiterInnen an den Trainings teil! Da teamweise trainiert wird, ist sicherlich der soziale Druck zur Teilnahme groß. Davon abgesehen existiert aber auch ein großer Bedarf an Stressmanagementfähigkeiten.

Es sind Trainings mit jeweils sechs Sitzungen a 90 Minuten, die auf der Grundlage der kognitiven Verhaltenstherapie konzipiert sind (vgl. Kap. 6.2.2). Als Entspannungsmethoden werden die Progressive Muskelentspannung und Meditation angeboten (vgl. Kap. 6.2.3). Die Trainings beinhalten jeweils eine Sitzung zu Kommunikationsfertigkeiten und zu Zeit- und Selbstmanagement (vgl. Kap. 6.2.4).

Nur wenige der MitarbeiterInnen steigen während des Trainings aus, was für die Zufriedenheit mit den Trainingsinhalten, den TrainerInnen und der Trainingsform spricht. Die Progressive Muskelentspannung wird sehr positiv aufgenommen. Auch für die Meditation können sich die TeilnehmerInnen nach zunächst skeptischen Einstellungen gegenüber dieser Methode begeistern. Der Zusammenhalt im Team wird durch die Trainings nach Aussage der Agents gestärkt. Die TeilnehmerInnen zeigen sich sehr engagiert, auch wenn sie stöhnen, wie schwierig es ist, die gewohnten Wahrnehmungsmuster und Verhaltensweisen zu erkennen und zu ändern sowie Entspannungsmethoden zu erlernen und vor allem regelmäßig anzuwenden. Der neu gestaltete Ruhe- und Entspannungsraum wird zur Übung und regelmäßigen Anwendung der Entspannungsmethoden begeistert aufgenommen.

Stressbezogenes Coaching für ProjektleiterInnen

Die ProjektleiterInnen reflektieren im Coaching (vgl. Kap. 6.2.5) ihre Stresssituationen, Einstellungen und Bewältigungsstrategien. Sie arbeiten mit dem Coach sehr individuell und je nach Bedarf unterschiedlich oft und lange. Ein Projektleiter beispielsweise überprüft im Coaching seine leistungsbezogene Anspruchshaltung an sich und seine Umwelt. Er stellt fest, dass sich bei ihm viele Stresssituationen durch eine unrealistisch hohe Anspruchshaltung ergeben. Zudem erkennt er, dass er zur Stressbewältigung fast ausschließlich konfrontierende, problemorientierte Verhaltensweisen wählt. Mit Hilfe des Coach arbeitet er an der Fertigkeit zu entspannen und sich zu erholen. Die Gestaltung der Freizeit spielt dabei eine große Rolle. Der Projektleiter spielt in seiner Freizeit Tennis, ist dabei in der Rangliste seines Vereins unter den ersten fünf Spielern und ständig auf Wettkämpfen, so dass diese Freizeitbeschäftigung weniger Erholung als eine weitere Herausforderung darstellt. Der Coach thematisiert darüber hinaus die individuelle Selbstorganisation, v. a. die Reflexion persönlicher Ziele und die Fertigkeit, Prioritäten zu setzen. Die ProjektleiterInnen sind alle mit diesem sehr individuellen und vertrauensvollen Beratungsprozess sehr zufrieden.

8.4 Auswertungsphase

8.4.1 Auswertung der Evaluation

Die Evaluationsdaten der Gesundheitszirkel, der Stressmanagementtrainings und der Coachings werden von der Expertin aufeinander bezogen ausgewertet und für die Präsentation im Steuerkreis aufbereitet.

Die Stressmanagementtrainings wie auch die Coachings waren überwiegend effektiv auf den erhobenen Variablen, sowohl kurz- als auch mittelfristig. Die individuellen Ressourcen wurden gestärkt und die hohen arbeitsbezogenen Befindensbeeinträchtigungen haben sich mittelfristig deutlich reduziert, was sicherlich auch durch die Umsetzung der bedingungsbezogenen Lösungsvorschläge des Gesundheitszirkels bedingt ist.

Die Belastungs-Ressourcen-Konstellation hat sich durch die Gesundheitszirkelarbeit hinsichtlich Isolation, Unsicherheit und arbeitsorganisatorischen Problemen deutlich verbessert. Der Zeit- und Handlungsspielraum hat sich gering verbessert; die Konzentrationsanforderungen und der Zeitdruck sind weiterhin hoch. Die Einbindung von Rückrufmöglichkeiten sowie die Begleitung und Nachbearbeitung von Fällen in schriftlicher Form ist trotz vieler Bedenken positiv aufgenommen worden und hat nach Meinung der Expertin wesentlich zur Verbesserung der Belastungs-Ressourcen-Konstellation beigetragen. Der Entspannungsraum ist sehr beliebt und wird sehr häufig genutzt. Auch die neuen Zeitpuffer und die Möglichkeit, aktuelle Informationen durch das Intranet zu erhalten wurden positiv aufgenommen.

Der Krankheitsstand, die Fluktuation und die Weiterleitungsquote als entscheidende Erfolgskriterien haben deutlich abgenommen.

8.4.2 Diskussion der Ergebnisse und Rückblick

Die Ergebnisse der Evaluation wurden im Steuerkreis diskutiert. Die Managerin ist positiv überrascht von den zahlreichen inzwischen weitgehend umgesetzten Lösungsvorschlägen, die der Gesundheitszirkel erarbeitet hat. Die Projektleiterin berichtet von der ausgesprochen erfolgreichen Nutzung des «skill based routing» Systems zur verbesserten individuellen Passung. Sie als TrainerIn berichten, dass sich das Telefonverhalten der Agents bei Anrufen für den Telekommunikationsanbieter merklich verbessert hat.

Die Einführung selbstorganisierter Teams wird weiterhin vom Betriebsrat forciert, um den Zeit- und Handlungsspielraum zu erhöhen, gegenseitige Qualifizierung und soziale Unterstützung zu forcieren und das Thema Leistungsbewertung auf Teamebene zu lösen.

Die Managerin möchte aber zunächst die weitere Entwicklung abwarten und die zahlreichen erworbenen Fertigkeiten und Verhaltensänderungen sowie die Veränderungen durch die Gesundheitszirkelarbeit vollständig umsetzen. Der Steuerkreis beschließt, sich weiterhin regelmäßig zu treffen, um die Umsetzungen zu begleiten und eventuell weitere Interventionen zu planen.

9 Resümee

Einen großen Teil seines Lebens verbringt der Mensch mit Arbeit. Stress und Ressourcen in und bei der Arbeit sind daher für das Wohlbefinden der/des Einzelnen von besonderer Bedeutung. Ein Patentrezept für Stress- und Ressourcenmanagement in und bei der Arbeit gibt es leider nicht, denn die Handlungsmöglichkeiten und Bedingungen sind interindividuell sehr unterschiedlich. Auch befindet sich die Arbeitsgesellschaft in ständiger Veränderung. Mit der Entwicklung der Informations- und Kommunikationstechnologie entstehen neue Branchen und Tätigkeiten. Flache Hierarchien, just-in-time-Produktion, Konzentration auf die Kernaufgaben, ständige Qualitätsentwicklung und Kundenorientierung sind kennzeichnend für aktuelle Arbeitsorganisationen. Für die Beschäftigten bedeutet dies eine Zunahme von Flexibilisierung und Individualisierung. Sie können der/dem Einzelnen Chancen durch vielfältige Entwicklungsmöglichkeiten bieten, sind aber auch mit Gefahren, wie Überforderung, Instabilität und Arbeitsplatzunsicherheit verbunden.

Um aktuellen und zukünftigen Anforderungen gerecht zu werden, ist Selbstorganisation auf verschiedenen Ebenen erforderlich. Stress- und Ressourcenmanagement gehört dazu. Betriebliches Stress- und Ressourcenmanagement geht durch die Berücksichtigung der konkreten Arbeitsbedingungen und der kollektiven Aspekte der Selbstregulation über die individuelle Selbstorganisation hinaus. Es gibt zwar kein Patentrezept, dennoch sind eine Reihe bewährter Strategien und Methoden verfügbar, die den Prozess und die Inhalte betrieblichen Stress- und Ressourcenmanagements strukturieren.

Der betriebliche Entscheidungsprozess ist für den Erfolg einer Intervention wesentlich. Dies zu betonen ist umso wichtiger, als dass der Prozess betrieblichen Stress- und Ressourcenmanagements gegenüber den Inhalten oftmals vernachlässigt wird:

Eine ausführliche Orientierungsphase zur Bestimmung des Gegenstandes und zur Eingrenzung auf einen Problembereich geht einer Planungsphase voraus; hier werden relevante Akteure einbezogen, ein Steuerkreis gebildet und Ziele abgestimmt sowie die Analyse geplant. In der Durchführungsphase werden die Maßnahmen realisiert, und eine Auswertungsphase schließt den Prozess ab. Stressrelevante Arbeitsmerkmale sind die inhaltlichen Ansatzpunkte, die im Vordergrund betrieblichen Stress- und

Ressourcenmanagements stehen. Daneben spielen die individuellen Fähigkeiten und Reaktionen eine Rolle. Betriebliches Stress- und Ressourcenmanagement setzt daher eine Analyse von Anforderungen, Belastungen und Ressourcen in und bei der Arbeit, aber auch von individuellen Fähigkeiten und Reaktionen voraus. Experteninterviews, Begehung, Mitarbeiterbefragungen und Beobachtungsinterviews stellen den Methodenkanon dar. Integrative und zielgruppenorientierte Interventionsmethoden sind indiziert: Arbeitsgestaltung wird ergänzt um individuumszentrierte Interventionsmethoden wie Coaching und Gruppentrainings.

Betriebliches Stress- und Ressourcenmanagement sollte immer unter der aktiven Beteiligung der Betroffenen geplant und durchgeführt werden: von den Beschäftigten selbst erarbeitete Problemlösungen, wie in Gesundheitszirkeln, sind nicht nur praxisnah und konkret, ihre Umsetzung wird von den Beschäftigten engagiert verfolgt. Ziel betrieblichen Stress- und Ressourcenmanagements ist, die individuelle Selbstbestimmung über die eigene Gesundheit zu fördern. Betriebliches Stress- und Ressourcenmanagement stellt die Voraussetzungen dafür bereit.

Überblicksartikel, Metaanalysen, aber auch Erfahrungen aus der Praxis zeigen, dass Stress- und Ressourcenmanagement vor allem dann erfolgreich ist, wenn es sorgfältig konzipiert und in eine langfristige Strategie betrieblicher Gesundheitsförderung eingebettet ist. Nicht nur personenbezogene, sondern auch bedingungsbezogene Belastungen und Ressourcen sind dabei zu berücksichtigen. Aber auch einmalige, kurzfristige Maßnahmen können im Sinne einer Initialwirkung durchaus nützlich sein. Von daher bleibt zu hoffen, dass das vorliegende Buch nützliches Wissen bereitstellt, um Belastungen bei der Arbeit zu reduzieren und um Ressourcen zu stärken.

10 Literaturverzeichnis

Antonovsky, A. (1987). *Unraveling the mystery of health.* San Francisco: Jossey-Bass.

Aust, B. & Ducki, A. (i. V.). *Comprehensive Health Promotion Interventions at the Workplace. Experiences with Health Circles in Germany.* Journal of Occupational Health Psychology.

Badura, B., Litsch, M. & Vetter, V. (Hrsg.) (2002). *Fehlzeiten-Report 2001. Gesundheitsmanagement im öffentlichen Sektor.* Berlin: Springer.

Bamberg, E. & Busch, C. (1996). Betriebliche Gesundheitsförderung durch Stressmanagementtraining. Eine Metaanalyse (quasi-)experimenteller Studien. *Zeitschrift für Arbeits- und Organisationspsychologie, 40,* (2), 127–137.

Bamberg, E., Busch, C. & Mohr, G. (1999). Gesundheitsförderung in der Arbeitswelt durch Stressmanagement. Möglichkeiten und Grenzen eines populären Konzeptes. In B. Röhrle & G. Sommer (Hrsg.), *Prävention und Gesundheitsförderung.* (S. 251–272). Tübingen: dgvt.

Bamberg, E. & Greif, S. (1982). Stress: Bedrohung der Gesundheit oder subjektiver Begriff? *Psychosozial,* (1), 8–27.

Bamberg, E. & Schmidt, J. (i. V.) *Ein Messinstrument zur Erfassung von Self-leadership.*

Battmann, W. & Schönpflug, W. (1999). Bewältigung von Stress in Organisationen. In K. Sonntag (Hrsg.), *Personalentwicklung in Organisationen.* (S. 245–260). Göttingen: Hogrefe.

Beck, U. (1986). *Risikogesellschaft. Auf dem Weg in eine andere Moderne.* Frankfurt/Main: Suhrkamp.

Becker, P. (1992). Seelische Gesundheit als protektive Persönlichkeitseigenschaft. *Zeitschrift für Klinische Psychologie, 21,* (1), 64–75.

Bengel, J., Strittmatter, R. & Willmann, H. (2000). *Was erhält den Menschen gesund? – Antonovskys Modell der Salutogenese. Diskussionsstand und Stellenwert.* (5. Auflage). Köln: Bundeszentrale für gesundheitliche Aufklärung (BzgA).

Biener, K. (1988). *Stress-Test-Fragebogen nach Miller & Smith.* Bern: Huber.

Boekaerts, M., Pintrich, P. R. & Zeidner, M. (2000). *Handbook of self-regulation.* San Diego: Academic Press.

Borg, I. (1995). *Mitarbeiterbefragungen. Strategisches Auftau- und Einbindungsmanagement.* Göttingen: Verlag für Angewandte Psychologie.

Brengelmann, J. C. (1993). *Erfolg und Stress.* Weinheim: PVU.

Brucks, U. (1998). *Arbeitspsychologie personenbezogener Dienstleistung.* Bern: Huber.

Buer, F. (2001). Methoden in der Supervision – psychodramatisch angereichert. In F. Buer (Hrsg.), *Praxis der psychodramatischen Supervision* (S. 103–128). Opladen: Leske + Budrich.

Bunce, D. (1997). What factors are associated with the outcome of individual-focused worksite stress management interventions. *Journal of Occupational and Organizational Psychology, 70,* (1), 1–17.

Bunce, D. & West, M. A. (1996). Stress management and innovation interventions at work. *Human Relations, 49,* (2) 209–232.

Burke, R. J. (1993). Organizational-level interventions to reduce occupational stressors. *Work and Stress, 7,* 77–87.

Busch, C. (1998). Stressmanagement und betriebliche Gesundheitsförderung. In E. Bamberg, A. Ducki & A. M. Metz (Hrsg.), *Handbuch Betriebliche Gesundheitsförderung.* (S. 97–110). Göttingen: Verlag für Angewandte Psychologie.

Busch, C. (i. V.). *Ein integratives Stress- und Ressourcenmanagementprogramm für Arbeitsgruppen im Call Center.* Universität Hamburg: Dissertation am Fachbereich Psychologie.

Busch, C. & Bamberg, E. (1997). Streßreduktion durch Trainingsprogramme? In H. Mandl, (Hrsg.), *Kongressband des 40. Kongress der Deutschen Gesellschaft für Psychologie, 1996 in München.* Göttingen: Hogrefe.

Busch, C. & Bamberg, E. Roscher, S. (i. V.). *Meta-analysis of occupational stress management programs.*

Busch, C. & Steinmetz, B. (2002). Stressmanagement und Führungskräfte. *Gruppendynamik und Organisationsberatung, 4,* 385–402.

Carrington, P. (1987). *Das große Buch der Meditation.* München: Heyne.

Carver, C. S. (1997). You want to measure coping but your protocol's too long. Consider the Brief COPE. *International Journal of Behavioral Medicine, 4,* 92–100.

Carver, C. S., Scheier, M. F. & Weintraub, J. K. (1989). Assessing coping strategies. A Theoretically Based Approach. *Journal of Personality and Social Psychology, 56,* 267–283.

Cohen, S. G., Chang, L. & Ledford, G. E. (1997). A hierarchical construct of self-management leadership and its relationship to quality of work life and perceived work group effectiveness. *Personnel Psychology, 50,* 275–308.

Cooper, C. L. (1981). *Stressbewältigung: Person, Familie, Beruf.* München: Urban & Schwarz.

DeLongis, A. D., Folkman, S. & Lazarus, R. S. (1988). The impact of daily stress on health and mood: Psychological and social resources as mediators. *Journal of Personality and Social Psychology, 54 (3),* 486–495.

Dewe, P., Leiter, M. & Cox, T. (Hrsg.) (2000). *Coping, health and organizations.* London: Taylor and Francis.

Dormann, C., & Zapf, D. (2001). Job satisfaction - A meta-analysis of stabilities. *Journal of Organizational Behavior, 22,* 1–22.

Dormann, C., Zapf, D. & Isic, A. (2002). Emotionale Arbeitsanforderungen und ihre Konsequenzen bei Call Center-Arbeitsplätzen. *Zeitschrift für Arbeits- und Organisationspsychologie, 46,* 201–215.

Dörner, D., Kreuzig, H.W., Reither, F. & Stäudel, T. (Hrsg.) (1983). *Lohausen. Vom Umgang mit Unbestimmtheit und Komplexität.* Bern: Huber.

Ducki, A. (2000). *Diagnose gesundheitsförderliche Arbeit. Eine Gesamtstrategie zur betrieblichen Gesundheitsanalyse.* Zürich: vdf Hochschulverlag.

Ducki, A., Niedermeier, R., Pleiss, C., Lüders, E., Leitner, K., Greiner, B. & Volpert, W. (1999). *Büroalltag unter der Lupe – Schwachstellen von Arbeitsbedingungen erkennen und beheben.* Göttingen: Hogrefe.

Dunckel, H. (1996). *Psychologisch orientierte Systemanalyse im Büro.* Göttingen: Verlag Hans Huber.

Dunckel, H. (Hrsg.) (1999). *Handbuch psychologischer Arbeitsanalyseverfahren.* Zürich: vdf Hochschulverlag.

Eberle, T. S. (1994). Zeitmanagement-Experten. In R. Hitzler, A. Honer & C. Maeder (Hrsg.), *Expertenwissen.* (S. 124 ff.). Opladen: Westdeutscher Verlag.

Eberspächer, H. (1998). *Ressource Ich.* München: Hanser Verlag.

Endler, N. S. & Parker, J. D. A. (1990). Multidimensional assessment of coping: A critical evaluation. *Journal of Personality and Social Psychology, 58,* 844–854.

European Foundation for the Improvement of Living and Working Conditions (1996). *Stress prevention in the workplace. Assessing the costs and benefits to organizations.* Luxembourg: Office for Official Publications of the European Communities.

Fatzer, G. (Hrsg.) (1993). *Organisationsentwicklung für die Zukunft.* Köln: Ed. Humanistische Psychologie.

Fay, D. & Sonnentag, S.(2002). Rethinking the effects of stressors. A longitudinal study on personal initiative. *Journal of Occupational Health Psychology, 7,* 221–234.

Fichtbauer, S. (1995). Anforderungen an den Operateur. In K. Steininger, S. Fichtbauer & K.-M. Goeters (Hrsg.), *Personalentwicklung für komplexe Mensch-Maschine-Systeme: Anforderungen, Auswahl, Training (S. 103-197).* Weinheim: Beltz.

Flanagan, J. C.(1954). The critical incident technique. *Psychological Bulletin, 51,* 327–358.

Fontana, D. (1991). *Mit dem Stress leben.* Stuttgart: Huber.

Franke, G. H. (2000). BSI. Brief Symptom Invertoy – deutsche Version. Manual. Göttingen: Beltz Test GmbH.

Frei, F., Hugentobler, M., Alioth, A., Duell, W. & Ruch, L. (1993). *Die kompetente Organisation.* Stuttgart: Schäffer-Poeschel.

Frese, M. (1989). Gütekriterien zur Operationalisierung von sozialer Unterstützung am Arbeitsplatz. *Zeitschrift für Arbeitswissenschaft, 43,* 112–121.

Frese, M. (1992). *Die Führung der eigenen Person. Stress-Management.* Institut für Mensch und Arbeit, München: Robert Pfützner GmbH.

Frese, M., Erbe-Heinbokel, M., Grefe, J., Rybowiak, V. & Weike, A. (1994). «Mir ist es lieber, wenn ich genau gesagt bekomme, was ich tun muß». Probleme der Akzeptanz von Verantwortung und Handlungsspielraum in Ost und West. *Zeitschrift für Arbeits- und Organisationspsychologie, 38,* 22–38.

Frese, M. & Zapf, D. (1987). Eine Skala zur Erfassung von sozialen Stressoren am Arbeitsplatz. *Zeitschrift für Arbeitswissenschaft, 41,* 134–141.

Friedrichs, J. (Hrsg.) (1998). *Die Individualisierungsthese.* Opladen: Leske & Budrich.

Gardell, B. (1978). Arbeitsgestaltung, intrinsische Arbeitszufriedenheit und Gesundheit. In M. Frese, S. Greif & N. K. Semmer (Hrsg.), *Industrielle Psychopathologie.* (S. 52–111). Bern: Hans Huber.

Giarini, O. & Liedtke, P. M. (1998). *Wie wir arbeiten werden. Der neue Bericht an den Club of Rome.* (2. Auflage). Hamburg: Hoffmann und Campe.

Golembiewski, R. T., Hilles, R. & Daly, R.(1987). Some effects of multiple OD interventions on burnout and worksite features. *Journal of Applied Behavioral Science, 23,* 295–314.

Grawe, K., Dziewas, H. & Wedel, S. (1980). Interaktionelle Problemlösungsgruppen – ein verhaltenstherapeutisches Gruppenkonzept. In K. Grawe (Hrsg.), *Verhaltenstherapie in Gruppen.* (S. 266–306). München: Urban & Schwarzenberg.

Greif, S. (1991). Stress – Einführung und Grundbegriffe. In S. Greif, E. Bamberg & N. K. Semmer (Hrsg.), *Psychischer Stress am Arbeitsplatz.* (S. 1–28). Göttingen: Hogrefe.

Gröben, F. & Böse, K. (1999). *Praxis betrieblicher Gesundheitsförderung.* Berlin: Edition Sigma.

Hacker, W. (1980). *Psychologische Bewertung von Arbeitsgestaltungsmaßnahmen – Ziele und Bewertungsmaßstäbe.* Berlin: Deutscher Verlag der Wissenschaften.

Hacker, W. (1991). Aspekte einer gesundheitsstabilisierenden und -fördernden Arbeitsgestaltung. *Zeitschrift für Arbeits- und Organisationspsychologie, 35,* (2), 48–58.

Hacker, W. (1998). Arbeitspsychologie. Bern: Huber.

Hacker, W., Fritsche, B., Richter, P. & Iwanowa, A. (1994). *Tätigkeitsbewertungssystem (TBS). Verfahren zur Analywse, Bewertung und Gestaltung von Arbeitstätigkeiten* (Schriftenreihe MTO, Bd. 7, Hrsg. E. Ulich). Zürich: Verlag der Fachvereine.

Hacker, W. & Loebmann, P. (1990). Lohnen Hilfen für Zielsetzungs- und Zielverfolgungsvorgänge bei komplexen Aufgaben? Eine Interventionsstudie. In K. Grawe, R. Hänni, N. K. Semmer & F. Tschan (Hrsg.), *Über die richtige Art, Psychologie zu betreiben.* (S. 299–314). Göttingen: Hogrefe.

Hackman, J. R. (1986). *Psychology and work: productivity change, and employment.* Washington: APA.

Hansen, K. (2001). *Zeit- und Selbstmanagment.* Berlin: Cornelsen.

Harrison, R. V. (1978). Person-environment fit and job stress. In C. L. Cooper & R. Payne (Hrsg.), *Stress at work.* (p. 175–205). New York: John Wiley & Sons.

Hartmann, S. & Traue, H. C. (1996). *Gesundheitsförderung und Krankheitsprävention im betrieblichen Umfeld.* Ulm: Universitätsverlag.

Heaney, C. A., Price, R. H. & Rafferty, J. (1995). Increasing coping resources at work. A field experiment to increase social support, improve work team functioning, and enhance employee mental health. *Journal of Organizational Behavior, 16*, 335–352.

Heckhausen, H. (1989). *Zweck und Tätigkeit. Motivationsforschung.* Göttingen: Hogrefe.

Heisig, B. (1996). *Planen und Selbstregulation.* Frankfurt/Main: Peter Lang.

Hinsch, R. & Pfingsten, U. (2002). *Gruppentraining sozialer Kompetenzen (GSK). Grundlagen, Durchführung, Anwendungsbeispiele.* (4. Auflage). Weinheim: PVU.

Hochschild, A. R. (1990). *Das gekaufte Herz. Zur Kommerzialisierung der Gefühle.* Frankfurt/Main: Campus.

Hoffmann, B. (1997). *Handbuch autogenes Training. Grundlagen, Technik, Anwendung.* München: Dt. Taschenbuchverlag.

Houghton, J. D. & Neck, C. P. (2002). The Revised Self-Leadership Questionnaire. Testing a hierarchical factor structure for self-leadership. *Journal of Managerial Psychology, 17 (8)*, 672–691.

Huinink, J. & Wagner, M. (1998). Individualisierung und Pluralisierung der Lebensform. In J. Friedrichs (Hrsg.), *Die Individualisierungsthese.* (S. 85–106). Opladen: Leske & Budrich.

Jacobson, E. (1996). *Entspannung als Therapie. Progressive Relaxation in Theorie und Praxis.* (3. Auflage). München: Pfeiffer.

Jagodzinski, W. & Klein, M. (1998). Individualisierungskonzepte aus individualistischer Perspektive. Ein erster Versuch, in das Dickicht der Individualisierungskonzepte einzudringen. In J. Friedrichs, J. (Hrsg.), *Die Individualisierungsthese.* (S. 13–31). Opladen: Leske & Budrich.

Janke, W., Erdmann, G., Kallus, F. W. & Boucsein (1997). *Stressverarbeitungsbogen.* Göttingen: Hogrefe.

Jones, J., Barge, B., Steffy, B., Fay, L., Kunz, L. & Wuebker, L. (1988). Stress and medical malpractice. Organizational risk assessment and intervention. *Journal of Applied Psychology, 7*, 727–735.

Juli, D. & Schulz, A. (1998). *Stressverhalten ändern lernen.* Reinbek: Rowohlt.

Kälin, U. (1994). *COPE.* Dt. Übersetzung des «COPE» von C. S. Carver, M. F. Scheier & J. K. Weintraub (unveröffentlichter Fragebogen). Universität Bern: Arbeits- und Organisationspsychologie.

Kälin, U. (1995). *Drei Coping-Fragebögen im Vergleich.* Universität Bern: Unveröffentlichte Diplomarbeit am Arbeitsbereich Arbeits- und Organisationspsychologie.

Kallus, K. W. (1995). *Erholungs-Belastungs-Fragebogen.* Frankfurt/Main: Swets.

Kallus, K. W. & Uhlig, T. (2001). Erholungsforschung. Neue Perspektiven zum Verständnis von Stress. In K. Silbereisen & M. Reitzle (Hrsg.), *Psychologie 2000 – Bericht über den 42. Kongress der Deutschen Gesellschaft für Psychologie.* (S. 364–379). Berlin: Pabst.

Kaluza, G. (1996). *Gelassen und sicher im Stress.* (2. Auflage). Berlin: Springer.

Kämmerer, A. (1983). *Die therapeutische Strategie «Problemlösen».* Münster: Aschendorff.

Karasek, R. (1979). Job demands, job decision latitude, and mental strain: implications for job redesign. *Administrative Science Quarterly, 24*, 285–311.

Karasek, R. (1992). Stress prevention through work reorganization. A summary of 19 international case studies. In International Labour Office (Hrsg.), *Conditions of Work Digest, (Nr. 2: Preventing Stress at Work, Band 11)*, 23–42. Geneva: International Labour Organization.

Karasek, R. & Theorell, T. (1990). *Healthy work.* N. Y.: Basic Books.

Kessler, A. (1985). *Der erfolgreiche Umgang mit täglichen Belastungen – Stressbewältigungsprogramm A.* München: Röttger.

Kleindienst, C. (1996). *Analyse von gesundheitsrelevanten Faktoren in der industriellen Arbeitswelt.* Entwicklung eines Screening-Schemas zur Identifikation von gesundheitsschädigenden und -fördernden Faktoren am Arbeitsplatz. Technische Universität Berlin: Unveröffentlichte Magisterarbeit im Fach Public Health / Gesundheitswissenschaften. E-mail: cornelia.kleindienst@tu-berlin.de

Kobasa, S. C. (1982). The hardy personality: toward a social psychology of stress and health. In G. S. Sanders & J. Suls (Hrsg.), *Social Psychology of Health and Illness* (S. 3–32). Hillsdale, N. Y.: Erlbaum.

Kompier, M., Geurts, S., Gründemann, R., Vink, P. & Smulders, P. (1998). Cases in stress prevention: The success of participative and stepwise approach. *Stress Medicine, 14*, 155–168.

Konradt, U., Schmook, R., Wilm, A. & Hertel, G. (2000). Health circles for teleworkers. Selective results on stress, strain and coping styles. *Health Education Research, 15,* (3), 327–338.

Kornhauser, A. (1965). *Mental health of the industrial worker.* New York: Wiley.

Kötter, W. & Volpert, W. (1993). Arbeitsgestaltung als Arbeitsaufgabe – Ein arbeitspsychologischer Beitrag zu einer Theorie der Gestaltung von Technik und Arbeit. *Zeitschrift für Arbeitswissenschaft, 47,* 129–140.

Lang, R. & Hellpach, W. (1922). *Gruppenfabrikationen.* Berlin: Springer.

Lazarus, R. S. (1984). Puzzles in the study of daily hassles. *Journal of Behavioral Medicine, 7,* 375–389.

Lazarus, R. S. & Folkman, S. (1984). *Stress, appraisal and coping.* N. Y.: Springer.

Lazarus, R. S. & Launier, R. (1981). Stressbezogene Transaktionen zwischen Person und Umwelt. In J. R. Nitsch (Hrsg.), *Stress – Theorien, Untersuchungen, Maßnahmen.* (S. 213–259). Bern: Huber.

Leitner, K., Lüders, E., Greiner, B., Ducki, A., Niedermeier, R. & Volpert, W. (1993). *Analyse psychischer Anforderungen und Belastungen in der Büroarbeit – Das RHIA/VERA-Büroverfahren.* Göttingen: Hogrefe. [Handbuch und Manual].

Leitner, K., Volpert, W., Greiner, B., Weber, W. G. & Hennes, K. (1987). *Analyse psychischer Belastung in der Arbeit. Das RHIA-Verfahren.* Köln: TÜV Rheinland.

Leutz, G. (1986). *Psychodrama. Theorie und Praxis.* Berlin: Springer.

Leymann, H. (2000). *Mobbing. Psychoterror am Arbeitsplatz und wie man sich dagegen wehren kann.* Reinbek: Rowohlt.

Linnenkohl, K. (1998). Die Virtualisierung der Arbeitsbeziehungen. In A. Brill & M. DeVries (Hrsg.), *Virtuelle Wirtschaft. virtuelle Unternehmen, virtuell Produkte, virtuelles Geld und virtuelle Kommunikation.* (S. 146–156). Opladen: Westdeutscher Verlag.

Linneweh, K. (1996). *Stressmanagement. Der erfolgreiche Umgang mit sich selbst (3. Aufl.).* Stuttgart: Deutscher Sparkassenverlag.

Litzcke, S. & Schuh, H. (1999). *Stress am Arbeitsplatz.* Köln: Deutscher Instituts Verlag.

Luttwak, E. (1999). Wenige Gewinner, viele Verlierer. *Die Zeit, 50,* S. 25.

Lutz, R. (1993). Genusstraining. In M. Linden & M. Hautzinger (Hrsg.), *Verhaltenstherapie. Techniken und Einzelverfahren.* (S. 112–125). Berlin: Springer.

Macan, T. H. (1994). Time Management. Test of Proecss Model. *Journal of Applied Psychology, 79,* (3), 381–391.

Manz, C. C. (1986). Self-leadership: toward an expanded theory of self-influence processes in organizations. *Academy of Management Review, 11,* (3), 585–600.

Markham, S. E. & Markham, I. S. (1995). Self-management and self-leadership reexamined: a levels-of-analysis perspective. *Leadership quarterly, 6,* (3), 343–359.

Mayer, O. (2002). *Interview und schriftliche Befragung. Entwicklung, Durchführung und Auswertung.* Muenchen: Oldenbourg.

Meichenbaum, D. (2003). *Intervention bei Stress. Anwendung und Wirkung des Stressimpfungstrainings (2. Auflage).* Bern: Huber.

Metz, A. M. & Rothe, J. (1999). Erfassung und Bewertung psychischer Belastungen – Screening pathogener Arbeitsbelastungen. *Ergo Med Zeitschrift für arbeitsmedizinische und arbeitshygienische Praxis, 23,* (2), 122–126.

Metz, A. & Rothe, H. J. (2001). *Die SPA- Online-Version.* http://www.uni-potsdam.de:82/db/psycho/. http://www.uni-potsdam.de:82/db/psycho/.

Metz, A., Rothe, H. J. & Degener, M. (2001). Belastungsprofile von Beschäftigten in Call Centers. *Zeitschrift für Arbeits- und Organisationspsychologie, 45,* (19), 124–135.

Meuser, M. & Nagel, U. (1991). Experteninterviews – vielfach erprobt, wenig bedacht. Ein Beitrag zur qualitativen Methodendiskussion. In D. Garz & K. Kraimer (Hrsg.), *Qualitativ-empirische Sozialforschung. Konzepte, Methoden, Analysen.* (S. 441–471). Opladen: Westdeutscher Verlag.

Mohr, G. (1986). *Die Erfassung psychologischer Befindensbeeinträchtigungen bei Arbeitern.* Frankfurt/Main: Peter Lang.

Mohr, G. (1991). Fünf Subkonstrukte psychischer Befindensbeeinträchtigungen bei Industriearbeitern. Auswahl und Entwicklung. In S. Greif, E. Bamberg & N. K. Semmer (Hrsg.), *Psychischer Stress am Arbeitsplatz.* (S. 91–119). Göttingen: Hogrefe.

Mohr, G. (1993). Frauenerwerbslosigkeit. Spekulationen und Befunde. In G. Mohr (Hrsg.), *Ausgezählt. Theoretische und empirische Beiträge zur Psychologie der Frauenerwerbslosigkeit.* (6, S. 17–48). Weinheim: Deutscher Studien Verlag.

Mohr, G. (1997). *Erwerbslosigkeit, Arbeitsplatzunsicherheit und psychische Befindlichkeit.* Bern: Lang.

Mohr, G. (20.07.2001). *Erfassung psychischer Befindensbeeinträchtigungen: Irritation (Gereiztheit).* Verfügbar unter: http://www.uni-leipzig.de/~apsycho/irritation.html [11.11.2002]

Mohr, G. & Semmer, N. K. (2002). Arbeit und Gesundheit: Kontroversen zu Person und Situation. *Psychologische Rundschau, 53,* 77–84.

Mohr, G. & Udris, I. (1997). Gesundheit und Gesundheitsförderung in der Arbeitswelt. In R. Schwarzer, (Hrsg.), *Gesundheitspsychologie.* (S. 553–574). Göttingen: Hogrefe.

Moldaschl, M. (1994). Die werden zur Hyäne. Erfahrungen und Belastungen in neuen Arbeitsformen. In M. Moldaschl & R. Schulz-Wild (Hrsg.), *Arbeitsorientierte Rationalisierung. Fertigungsinseln und Gruppenarbeit im Maschinenbau.* (S. 104–149). Frankfurt/Main: Campus.

Müller, B. & Basler, H. D. (1993). *Kurzfragebogen zur aktuellen Beanspruchung.* Weinheim: Beltz.

Murphy, L. R.(1996). Stress management in work settings: a critical review of the health effects. *American Journal of Health Promotion, 11,* (2), 112–135.

Noack, H. (1987). Concepts of health and health promotion. In T. Tabelin, Z. J. Brzezinski & V. D. L. Carstairs (Hrsg.), *Measurement in health promotion and protection.* (S. 5–28). Copenhagen: World Health Organization, Regional Office for Europe.

Oesterreich, R. (1981). *Handlungsregulation und Kontrolle.* München: Urban & Schwarzenberg.

Oesterreich, R., Leitner, K. & Resch, M. (2000). *Analyse psychischer Anforderungen und Belastungen in der Produktionsarbeit. Verfahren RHIA/VERA-Produktion. Handbuch, Manual und Antwortblätter.* Göttingen: Hogrefe.

Oesterreich, R. & Volpert, W. (1991). *VERA Version 2.* Arbeitsanalyseverfahren zur Ermittlung von Planungs- und Denkanforderungen im Rahmen der RHIA-Anwendung. Forschungen zum Handeln in Arbeit und Alltag. Berlin: Technische Universität, Institut für Humanwissenschaft in Arbeit und Ausbildung. [Handbuch & Manual (Forschungen zum Handeln in Arbeit und Alltag)].

Pelikan, J. M., Demmer, H. & Hurrelmann, K. (1993). *Gesundheitsförderung durch Organisationsentwicklung. Konzepte, Strategien und Projekte für Betriebe, Krankenhäuser und Schulen.* Weinheim: Juventa.

Pohlandt, A., Richter, P., Jordan, P. & Schulze, F. (1999). Rechnergestütztes Dialogverfahren zur psychologischen Bewertung von Arbeitsinhalten (REBA). In H. Dunckel (Hrsg.), *Handbuch psychologischer Arbeitsanalyseverfahren.* Zürich: vdf Hochschulverlag.

Prümper, J., Hartmannsgruber, K. & Frese, M. (1995). KFZA. Kurz-Fragebogen zur Arbeitsanalyse. *Zeitschrift für Arbeits- und Organisationspsychologie, 39 (N. F. 13),* (3), 125–132.

Quick, J. C., Quick, J. D., Nelson, D. L. & Hurrel, J. J. (1997). *Preventive stress management in organizations.* Washington, D. C.: American Psychological Association.

Rauen, C. (Hrsg.). (2002). *Handbuch Coaching.* (2. überarbeitete und erweiterte Auflage) Göttingen: Hogrefe.

Resch, M. (2003). Analyse psychischer Belastung. Verfahren und ihre Anwendungen im Arbeits- und Gesundheitsschutz. In E. Bamberg (Hrsg.), *Praxis der Arbeits- und Organisationspsychologie.* Bern: Huber.

Rimann, M. & Udris, I. (1993). *Belastungen und Gesundheitsressourcen im Berufs- und Privatbereich.* Eine quantitative Studie. Forschungsprojekt SALUTE – Personale und organisationale Ressourcen der Salutogenese. (Bericht Nr. 3). Eidgenössische Technische Hochschule Zürich: Institut für Arbeitspsychologie.

Rohmert, W. & Rutenfranz, J. (1975). *Arbeitswissenschaftliche Beurteilung der Belastung und Beanspruchung an unterschiedlichen industriellen Arbeitsplätzen.* Bonn: Der Bundesminister für Arbeit und Sozialordnung.

Sachverständigenrat Bildung, H-b-S. (Hrsg.) (2001). *Diskussionspapiere. Wege zur Bildungsreform.* Düsseldorf: Sachverständigenrat Bildung, Hans-Böckler-Stiftung. **www.boeckler.de**.

Schaubroeck, J., Jones, J. R. & Xie, J. L. (2001). Individual differences in utilizing control to cope with job demands. Effects on susceptibility to infectious disease. *Journal of Applied Psychology, 86,* (2), 265–278.

Schelp, T. Gravemeier, R. & Maluck, D. (1997). Rational-emotive Therapie als Gruppentraingegestress 2. überarb. Aufl. Bern: Huber.

Schenk, C. (2000). *Loslassen – Stress bewältigen. Wege zu entspanntem Bewusstsein und besserem Schlaf. Ein Wegweiser durch das Labyrinth unseres Gehirns und der Entspannungstechniken.* Frankfurt: Fischer.

Schmidt, J. (2000). *Entwicklung eines Meßinstrumentes zur Erfassung von Self-Leadership.* Universität Hamburg: unveröffentlichte Diplomarbeit am Fachbereich Psychologie.

Schönpflug, W. (1987). Beanspruchung und Belastung bei der Arbeit – Konzepte und Theorien. In U. Kleinbeck & J. Rutenfranz (Hrsg.), *Arbeitspsychologie.* (S. 131–184). Göttingen: Hogrefe.

Schönpflug, W. & Battmann, W. (1988). The costs and benefits of coping. In S. Fisher & J. Reason (Hrsg.), *Handbook of life stress, cognition and health.* (p. 699–713). Chichester: Wiley.

Schultz, J. H. (1991). *Das autogene Training.* Stuttgart: Thieme.

Schulz, K. H. & Gold, S. (1999). Zur Bedeutung der Psychoneuroimmunologie für die Psycho-Onkologie. *psychomed, 11,* (4), 198–206.

Schwarzer, R. (1992 a). *Psychologie des Gesundheitsverhaltens.* Göttingen: Hogrefe.

Schwarzer, R. (Hrsg.). (1992 b). *Self-efficacy. Thought control of action.* Washington, D. C: Hemisphere.

Schwarzer, R. (1994). Optimistische Kompetenzerwartung. Zur Erfassung einer personalen Bewältigungsressource. *Diagnostica, 40,* (2), 105–123.

Scott, M. (2001). *Zeitgewinn durch Selbstmanagement.* Frankfurt/Main: Campus.

Seifert, J. W. (1998). *Visualisieren. Präsentieren. Moderieren.* Offenbach: GABAL.

Seiwert, L. J. (1992). *Das 1 X 1 des Zeitmanagement.* München: mvg.

Selye, H. (1981). Geschichte und Grundzüge des Stresskonzepts. In J. R. Nitsch, *Stress – Theorien, Untersuchungen, Maßnahmen,* (S. 163–187). Bern: Huber.

Semmer, N. K. (1984). *Streßbezogene Tätigkeitsanalyse. Psychologische Untersuchungen zur Analyse von Stress am Arbeitsplatz.* Weinheim: Beltz.

Semmer N. K. (1992). Streß. In R. Asanger & G. Wenninger (Hrsg.), *Handwörterbuch Psychologie.* (S. 744–752). Weinheim: Psychologische Verlags Union.

Semmer, N. (2003). Individual Differences, Work Stress and Health. In M. J. Schabracq, J. A. M. Winnubst & C. L. Cooper (Edts.), *The Handbook of Work and Health Psychology.* (pp. 83–120). John Wiley & Sons, LTD.

Semmer, N. K. & Dunckel, H. (1991). Streßbezogene Arbeitsanalyse. In S. Greif, E. Bamberg & N. K. Semmer (Hrsg.), *Psychischer Stress am Arbeitsplatz.* (S. 57–90). Göttingen: Hogrefe.

Semmer, N. K., Grebner, S. & Kälin (1997). *ISTA-Kurzversion.* Universität Bern: Arbeits- und Organisationspsychologie.

Semmer, N. K. & Mohr, G. (2001). Arbeit und Gesundheit: Konzepte und Ergebnisse der arbeitspsychologischen Stressforschung. *Psychologische Rundschau, 52,* 150–158.

Semmer, N. K., Schade, V. & Tschan, F. (1991). *Umgang mit Stress. Dt. Übersetzung des «Coping Inventory for Stressful Situations» (CISS)* [unveröffentlichter Fragebogen]. Universität Bern: Arbeits- und Organisationspsychologie.

Semmer, N. K., Zapf, D. & Dunckel, H. (1999). Instrument zur Stressbezogenen Arbeitsanalyse (ISTA). In H. Dunckel (Hrsg.), *Handbuch psychologischer Arbeitsanalyseverfahren.* (S. 179–204). Zürich: vdf Hochschulverlag.

Siegrist, J. (1996). *Soziale Krise und Gesundheit.* Göttingen: Hogrefe.

Slesina, W. (1996). Betriebliche Gesundheitszirkel – Eine Zwischenbilanz. In U. Brandenburg, C. Verkoyen, K. Kuhn & B. Marschall (Hrsg.), *Gesundheitsförderung im Betrieb.* (S. 362–374). Dortmund: Bundesanstalt für Arbeitsschutz.

Slesina, W. (2001). Evaluation von Gesundheitszirkeln. In B. Badura, M. Litsch, & C. Vetter (Hrsg.), *Fehlzeiten-Report 2000 – Zukünftige Arbeitswelten. Gesundheitsschutz und Gesundheitsmanagement.* (S. 199–212). Berlin: Springer.

Sonnentag, S. & Frese, M. (2003). Stress in organizations. In W. C. Bormann, D. R. Ilgen & R. J. Klimoski (Hrsg.), *Comprehensive Handbook of Psychology. Industrial and Organizational Psychology.* Chichester: Wiley.

Steinmetz, B. (i. V.). *Stressbezogenes Coaching-Programm für Führungskräfte.* Universität Hamburg: Dissertation am Fachbereich Psychologie.

Stollreiter, M., Völgyfy, J. & Jencius, T. (2000). *Stress-Management – Das WAAGE-Programm. Mehr Erfolg weniger Stress.* Weinheim: Beltz.

Storch, M. & Krause, F. (2003). Selbstmanagement – ressourcenorientiert. 2. Aufl. Bern: Huber.

Sutherland, V. J. & Cooper, C. L. (1990). Exercise and stress management. Fit employees – healthy organizations? *International Journal of Sport Psychology, 21,* 202–217.

Tausch, R. (2000). *Hilfen bei Stress und Belastung.* Reinbek: Rowohlt.

Traue, H. C., Hrabal, V. & Kosarz, P. (2000). AlltagsBelastungsFragebogen (ABF): Zur inneren Konsistenz, Validierung und Stressdiagnostik mit dem deutschsprachigen Daily Stress Inventory. *Verhaltenstherapie und Verhaltensmedizin, 21(1),* 15–38

Tripoli, A. M. (1998). Planning and allocating. Strategies for managing priorities in complex jobs. *European Journal of Work and Organizational Psychology, 7,* (4), 455–476.

Udris, I. & Frese, M. (1999). Belastung und Beanspruchung. In C. Hoyos & D. Frey (Hrsg.), *Arbeits- und Organisationspsychologie.* (S. 429–445). Weinheim: Beltz.

Udris, I., Kraft, U., Mussmann, C. & Rimann, M. (1992). Arbeiten, gesund sein und gesund bleiben. Theoretische Überlegungen zu einem Ressourcenkonzept. *Psychosozial, 52,* (4), 9–22.

Ulich, E. (2001). *Arbeitspsychologie.* (5. Auflage) Zürich: vdf.

Ulich, E. (1994). *Arbeitspsychologie.* (3. Auflage). Zürich: vdf.

Vaitl, D. & Petermann, F. (Hrsg.) (2000). *Handbuch der Entspannungsverfahren. Grundlagen und Methoden. (2. überarbeitete Auflage).* Weinheim: PVU.

Van der Heck, H. & Plomp, H. N.(1997). Occupational stress management programmes: a practical overview of published effect studies. *Occupational Medicine, 47,* (3), 133–141.

Van der Klink, J., Blonk, R. W., Schene, A. H. & Dijk, F. H. (2001). The benefits of interventions for work-related stress. *American Journal of Public Health, 91,* (2), 270–276.

VandeWalle, D., Brown S. P., Cron, W. L., & Slocum, J. W. (1999). The influence of goal orientation and self-regulation tactics on sales performance: A longitudinal field test. *Journal of Applied Psychology, 84,* (2), 249–259.

Vollrath, M. (1997). Streßbewältigung und Persönlichkeit. *Swiss Journal of Psychology, 56,* (1), 3–19.

Volpert, W. (1990). Welche Arbeit ist gut für den Menschen? Notizen zum Thema Menschenbild und Arbeitsgestaltung. In F. Frei & E. Ulich (Hrsg.), *Das Bild der Arbeit.* (S. 23–40). Bern: Huber.

Volpert, W. (1999). *Wie wir handeln – was wir können. Ein Disput als Einführung in die Handlungspsychologie.* Sottrum: Artefact-Verlag.

Wagner-Link, A. (1993). *Der Streß – Broschüre aus der TK-Schriftenreihe zur gesundheitsbewussten Lebensführung.* Hamburg: Techniker Krankenkasse.

Wagner-Link, A. (1999). *Verhaltenstraining zur Stressbewältigung.* Stuttgart: Pfeiffer bei Klett-Cotta.

Wall, T. D. & Clegg, C. W. (1981). A longitudinal field study of group work redesign. *Journal of Occupational Behaviour, 2,* 31–49.

Weber, H. (1992). Belastungsverarbeitung. *Zeitschrift für Klinische Psychologie, 21,* 17–27.

Westermayer, G. & Bähr, B. (1994). *Betriebliche Gesundheitszirkel.* Göttingen: Verlag für Angewandte Psychologie.

Westhoff, G. (1993). *Handbuch psychosozialer Messinstrumente. Ein Kompendium für epidemiologische und klinische Forschung zu chronischer Krankheit.* Göttingen: Hogrefe.

Weyer, G. & Hodopp., V. (1975). Fragebogenskalen zur Erfassung der subjektiven Belastung. *Archiv für Psychologie, 127,* 161–188.

Womack, J. P., Jones, D. T. & Roos, D. (1991). *Die Zweite Revolution in der Autoindustrie.* München: Heyne.

Zapf, D. (1999). Mobbing in Organisationen – Überblick zum Stand der Forschung. *Zeitschrift für Arbeits- und Organisationspsychologie, 43,* 1–25.

Zapf, D., Bechtholdt, M. & Dormann, C. (2000). *Instrumente der Arbeits- und Organisationspsychologie. Instrument zur stressbezogenen Arbeitsanalyse (ISTA): Fragebogenversion 6.0.*

Zapf, D., Mertini, H., Seifert, C., Vogt, C. & Isic, A. (2000). *FEWS – Frankfurt Emotion Work Scales.* Version 4.0. Universität Frankfurt/Main: Arbeits- und Organisationspsychologie.

Zapf, D., Vogt, C., Seifert, C., Mertini, H. & Isic, A. (1999). Emotion work as a source of stress. The concept and development of an instrument. *European Journal of Work and Organizational Psychology,* (8), 371–400.

Zeier, H. (1997). Biofeedback. 2. vollst. überarb. Auflage. Bern: Huber.

Zimmerman, B. J. & Greenberg, D. (1994). Self-regulating academic study time. A strategy approach. In D. H. Schunk & B. J. Zimmermann (Hrsg.), *Self-regulation of learning and performance. Issues and educational application.* Hillsdale, New Jersey: Erlbaum.

Zuckerman, M. (1991). *Psychobiology of personality.* Cambridge: University Press.

Zukunftskommission Gesellschaft 2000 (Hrsg.). (1999). *Solidarität und Selbstverantwortung. Von der Risikogesellschaft zur Chancengesellschaft.* Baden-Württemberg: Staatsministerium.

Anhang

Im Folgenden wird eine umfassende Zusammenstellung von wissenschaftlicher Literatur, Analyse- und Evaluationsinstrumenten, Trainingsmanualen, Ratgebern, Adressen und AnsprechpartnerInnen zum Thema betriebliches Stress- und Ressourcenmanagement gegeben. Die Zusammenstellung soll helfen, durch den Dschungel der Stressmanagementliteratur zu finden. Betriebliche PraktikerInnen haben oftmals keine Zeit, sich auf eine ausgiebige Literaturrecherche zu begeben und «die Spreu vom Weizen zu trennen». Diese Zusammenstellung soll die LeserIn diese Aufgabe zumindest zum Teil abnehmen. Bei den AnsprechpartnerInnen und Adressen ist zu berücksichtigen, dass diese im Jahr 2002 erstellt wurden und sich schnell ändern können.

Zunächst wird in Anhang A ausgewählte Literatur vorgestellt, die in der betrieblichen Arbeit zu Stress- und Ressourcenmanagement hilfreich sein kann. Der Literatur zur Einführung in das Thema Stress folgt Einstiegsliteratur in das Thema Ressourcen. Anschließend wird Überblicksliteratur zu betrieblichem Stress- und Ressourcenmanagement und Literatur zur Wirksamkeit von Interventionen vorgestellt. Die Inhalte der Bücher und Zeitschriften werden jeweils kurz beschrieben und bewertet. Des Weiteren folgen Trainingsmanuale und Ratgeber, die ebenfalls einzeln beschrieben bzw. einer Bewertung unterzogen werden.

Eine Übersichtstabelle rundet den Anhang A ab, indem die genannte und darüber hinausgehende Literatur nach verschiedenen Kriterien aufgelistet und die zentralen Themen und Stil genannt werden.

In Anhang B werden konkrete Instrumente zu Analyse- und Evaluationsmethoden, die in Kap. 5 behandelt wurden, in Tabellenform dargestellt.

In Anhang C werden Kurzverfahren und Checklisten für stress- und ressourcenbezogene Inhalte in Tabellenform nach verschiedenen Kriterien dargestellt.

In Anhang D werden aktuelle (Internet-)Adressen und AnsprechpartnerInnen aufgeführt.

Anhang A
Literatur

1. Einstiegsliteratur zum Thema Stress

Greif, S. (1991) Stress – Einführung und Grundbegriffe. In: S. Greif, E. Bamberg & N. K. Semmer (Hrsg.) *Psychischer Stress am Arbeitsplatz.* Göttingen: Hogrefe. S. 1–28.

Greif erläutert differenziert den Stressbegriff und diskutiert verschiedene Stressmodelle. Er erörtert weiterhin Hypothesen über die Auswirkungen von Stress.

Lazarus, R. S.; Launier, R. (1981) Stressbezogene Transaktionen zwischen Person und Umwelt. In: J. Nitsch (Hrsg.) *Stress – Theorien, Untersuchungen, Maßnahmen.* Bern: Huber. S. 213–259.

Die Begründer des transaktionalen Stresskonzepts, die Grundlage eines betrieblichen Stress- und Ressourcenmanagements, erörtern ihre Theorie ausführlich und verständlich.

Semmer, N. K. (1992) Stress. In: R. Asanger & G. Wenninger (Hrsg.) *Handwörterbuch Psychologie.* Weinheim: Psychologische Verlags Union. S. 744 752.

Die Autoren geben in aller Kürze eine Zusammenfassung der wichtigsten Aspekte zum Thema Stress. Dabei wird auf den Stressbegriff, den Stressprozess, Stressoren, Stressreaktionen und -folgen ebenso eingegangen wie auf Stressreduktion und -bewältigung. Der Stressbegriff wird grundlegend erläutert.

Wagner-Link, A. (1993, 2. Aufl.) *Der Stress – Broschüre aus der TK-Schriftenreihe zur gesundheitsbewussten Lebensführung.* Hamburg: Techniker Krankenkasse.

Wagner-Link erläutert anschaulich das Thema Stress. Im Kapitel Stressanalyse wird auf den Stressprozess, Stressoren und Stressreaktionen eingegangen. Das zweite Kapitel beschäftigt sich mit Stressmanagement. Es werden verschiedene Bewältigungstechniken vorgestellt, ein Schwerpunkt sind Entspannungsverfahren. Die Broschüre eignet sich gut als Informations- oder Begleitmaterial für TeilnehmerInnen eines Stressmanagementtrainings auf Grund der anschaulichen und mit vielen Beispielen versehenen Darstellung.

2. Einstiegsliteratur zum Thema Ressourcen

Bengel, J.; Strittmatter, R.; Willmann, H. (2000) (5. Aufl.) *Was erhält den Menschen gesund? – Antonovskys Modell der Salutogenese: Diskussionsstand und Stellenwert.* Köln: Bundeszentrale für gesundheitliche Aufklärung (BzgA).

Die Autoren erläutern die Ergebnisse einer Expertise, die das Ziel hatte, den Nutzen des Modells der Salutogenese von Aaron Antonovsky für das Handlungsfeld der Gesundheitsförderung zu ergründen.

Das Modell der Salutogenese und sein Entstehungshintergrund, der Stand der empirischen Überprüfung des Modells sowie die vorliegenden Ergebnisse werden erläutert. Es findet ein Vergleich des Konzepts der Salutogenese mit weiteren Konzepten statt. Abschließend geht es um den Stellenwert und Nutzen des Konzeptes hinsichtlich verschiedener Anwendungsfelder innerhalb der Gesundheitswissenschaften.

Hacker, W. (1991) Aspekte einer gesundheitsstabilisierenden und -fördernden Arbeitsgestaltung. In: *Zeitschrift für Arbeits- und Organisationspsychologie,* 35 (2), S. 48–58.

Beginnend mit einem statement zu psychologischen Beiträgen innerhalb des Arbeits- und Gesundheitsschutzes leitet der Autor zu einer Kritik des herkömmlichen Belastungs-Beanspruchungs-Konzeptes über und schildert die Bedeutung der Tätigkeitsanforderungen und der gesundheitsfördernden Aspekte der Arbeitstätigkeit für die allgemeine Gesundheitsförderung. Damit wird die bedingungsbezogene Perspektive des Autors deutlich. Die Arbeitsgestaltung wird als Instrument zur Gesundheitsförderung angesehen, wenn den Beschäftigten vollständige Aufgaben mit Lernangeboten zur Verfügung stehen. Wohlbefinden sowie Gesundheitsbeeinträchtigung der Beschäftigten sind hiernach v. a. in der Arbeitsgestaltung sowie den Tätigkeitsanforderungen begründet.

Kallus, K.W.; Uhlig, T. (2001) Erholungsforschung: Neue Perspektiven zum Verständnis von Stress. In: K. Silbereisen & M. Reitzle (Hrsg.) *Psychologie 2000 – Bericht über den 42. Kongress der Deutschen Gesellschaft für Psychologie in Jena 2000.* Berlin: Pabst Science. S. 364–379.

Die Erholungsforschung wird hier als ein die Stressforschung ergänzender Bereich vorgestellt. Die Autoren kennzeichnen dabei die Begriffe Stress und Erholung und diskutieren die Zusammenhänge zwischen beiden Faktoren. Weiterhin stellen sie ein von ihnen entwickeltes Instrument zur Erholungs-Belastungs-Messung und einige der mit diesem Instrument ermittelten Ergebnisse vor. Die Perspektive der Erholungsforschung stellt eine wertvolle und interessante Erweiterung zu der Perspektive der Stress- und Ressourcenforschung dar.

Schwarzer, R. (1992) *Psychologie des Gesundheitsverhaltens.* Göttingen: Hogrefe.

Es werden in den ersten zwei Kapiteln verschiedene theoretische Konzepte, die Bezug zum Gesundheitsverhalten aufweisen, und Zusammenhänge zwischen spezifischen Verhaltensweisen und Krankheitsrisiko dargestellt. Der Autor beschäftigt sich in den anschließenden zwei Kapiteln mit Stress, Stressmanagement und sozialer Unterstützung sowie speziellen Gesundheits- und Risikoverhaltensweisen.

Udris, I.; Kraft, U.; Mussmann, C.; Rimann, M. (1992) Arbeiten, gesund sein und gesund bleiben: Theoretische Überlegungen zu einem Ressourcenkonzept. In: *Psychosozial,* 52 (4), S. 9–22.

Die Autoren zeichnen zunächst den Weg von der Belastungsforschung zur Ressourcenforschung nach, um anschließend Definitionen von Gesundheit aufzuzeigen, auf Grund derer sie verschiedene Kriterien zur Beschreibung von Gesundheit festlegen. Daraus ergeben sich drei Gesundheits-Dimensionen sowie ein Gesundheitsmodell. Im Anschluss wird die Bedeutung von Ressourcen für die Gesundheit erläutert und eine Klassifikation von Ressourcen vorgenommen. Abschließend präsentieren die Autoren noch die wichtigsten Ergebnisse eines ihrer Forschungsprojekte, dem eine salutogene Fragestellung zugrunde lag.

3. Einstiegsliteratur zu Stress- und Ressourcenmanagement

Bamberg, E.; Busch, C.; Mohr, G. (1999) Gesundheitsförderung in der Arbeitswelt durch Stressmanagement: Möglichkeiten und Grenzen eines populären Konzeptes. In: B. Röhrle & G. Sommer (Hrsg.) *Prävention und Gesundheitsförderung.* Tübingen: dgvt. S. 251–272.

In diesem Artikel werden die Grundlagen der Gesundheitsförderung in der Arbeitswelt vorgestellt. Die Autorinnen erörtern das Idealkonzept der Betrieblichen Gesundheitsförderung, um es anschließend mit der Realität abzugleichen – dabei liegt der Schwerpunkt auf Gesundheitsförderung durch Stressmanagementinterventionen und deren Effektivität. Im Resümee weisen die Autorinnen auf Möglichkeiten zur Verbesserung der Divergenz zwischen Anspruch und Realität hin.

Battmann, W.; Schönpflug, W. (1999) Bewältigung von Stress in Organisationen. In: K. Sonntag Personalentwicklung. *Personalentwicklung in Organisationen.* Göttingen: Hogrefe. S. 245–260.

Im Mittelpunkt des Artikels stehen die Erläuterung des Stressbegriffs, das Aufzeigen von Stressursachen sowie die Diskussion von sowohl individuellen als auch organisationalen Stressmanagementmöglichkeiten. Darüber hinaus werden Probleme aufgezeigt, die bei Stressmanagement auftreten können. Abschließend wird der Stressbegriff vor dem Hintergrund kultureller Entwicklungen betrachtet.

Busch, C. (1998) Stressmanagement und betriebliche Gesundheitsförderung. In: E. Bamberg; A. Ducki; A.-M. Metz (Hrsg.) Handbuch Betriebliche Gesundheitsförderung. Göttingen: Verlag für Angewandte Psychologie. S. 97–110.

Sowohl die theoretischen Grundlagen betrieblichen Stressmanagements, Interventionsmöglichkeiten als auch die Effektivität von arbeitsbezogenen Stressmanagementinterventionen werden in diesem Artikel behandelt. Er eignet sich sowohl als Überblicksartikel als auch als Einstieg ins Thema.

Busch, C. & Steinmetz, B (2002) Stressmanagement und Führungskräfte. *Gruppendynamik und Organisationsberatung, 4,* 385–401.

Der Artikel bietet zunächst einen aktuellen Überblick über Stressmanagementinterventionen in der Arbeitswelt und ihre Effektivität. Aktuelle Anforderungen, Stressoren und Ressourcen von Führungskräften werden dargestellt und Ableitungen für eine Stressmanagementintervention formuliert. Ein Coaching-Programm für Führungskräfte wird vorgestellt, das die Förderung von Self-leadership Kompetenz und Transferplänen in den Mittelpunkt stellt (vgl. Kap. 6.2.5).

Dewe, P.; Leiter, M.; Cox, T. (Eds.) (2000) *Coping, Health and Organizations.* London: Taylor and Francis.

Das Interesse der LeserInnen wird insbesondere durch den dritten Teil des Buches geweckt, das sich der organisationalen Interventionen widmet. Organisationale Gesundheit, organisationale Stressmanagementinterventionen, neue sich wandelnde Organisationsformen und deren Implikationen für die Beschäftigten werden hier ausgeführt.

European Foundation for the Improvement of Living and Working Conditions (1996) *Stress Prevention in the Workplace: Assessing the Costs and Benefits to Organizations.* Luxembourg: Office for Official Publications of the European Communities.

Das Buch setzt sich aus fünf Kapiteln zusammen. Im ersten Kapitel werden die Probleme und Folgen von Stress am Arbeitsplatz erläutert. Daran anschließend berichten die Autoren von spezifischen Problemstellungen, Ergebnissen und Erfahrungen dreier europäischer Betriebe, die ein Stressmanagementtraining durchgeführt haben. Im dritten Kapitel werden die Kosten von Stressinterventionen unter Berücksichtigung verschiedener Perspektiven diskutiert. Kapitel 4 widmet sich der Diskussion und dem Vergleich verschiedener Ansätze organisationaler Stressinterventionen. Abschließend wird die Bedeutung einer gesunden Arbeitsumwelt herausgestellt und die Wichtigkeit weiterer Programme zur Gesundheitsförderung in der Zukunft unterstrichen. Das Buch hat einen hohen Praxisbezug und empfiehlt sich daher besonders für PraktikerInnen.

Quick, J. C.; Quick, J. D.; Nelson, D. L.; Hurrel, J. J. (1997) *Preventive Stress Management in Organizations.* Washington, D. C.: American Psychological Association.

Die Autoren leiten mit einem Überblick über den Stressprozess ein, unter Berücksichtigung historischer Ansätze. Sie zeigen Stressoren und Stressfolgen (auch aus organisationaler Sicht) auf, stellen verschiedene Instrumente und Methoden zur individuellen wie organisationalen Analyse vor und gehen auf verschiedene Möglichkeiten zur präventiven Stressreduktion ein. Darüber hinaus kann das Buch als Orientierungshilfe für die Ausarbeitung eines präventionsorientierten Stressmanagementtrainings gesehen werden.

Sutherland, V. J.; Cooper, C. L. (1990) Exercise and Stress Management: Fit employees – healthy Organizations? In: International Journal of Sport Psychology, 21, pp. 202–217.

Der Artikel gibt einen Überblick über verschiedene Ergebnisse von Untersuchungen zu körperlicher Fitness. Die Zusammenhänge zwischen körperlicher Fitness und Faktoren wie Abwesenheit, Stressmanagement oder organisationales Commitment werden dargestellt.

4. Wirksamkeit von betrieblichem Stress- und Ressourcenmanagement

Bamberg, E.; Busch, C. (1996) Betriebliche Gesundheitsförderung durch Stressmanagementtraining: Eine Metaanalyse (quasi-)experimenteller Studien. In: *Zeitschrift für Arbeits- und Organisationspsychologie,* 40 (2), S. 127–137.

Eine Metaanalyse integriert quantitativ die Ergebnisse gleicher Studien. Der Artikel beschreibt die Ergebnisse einer Metaanalyse, die Evaluationsstudien von Stressmanagementtrainings bis 1993 integriert. Die Ergebnisse zeigen, dass in der Arbeitswelt hauptsächlich individuumszentriertes Stressmanagement durchgeführt wird, das auf individuellen Erfolgskriterien sehr effektiv ist. Hinsichtlich arbeitsbezogenem Stress sind jedoch nur die Trainingsprogramme auf der Grundlage der kognitiven Verhaltenstherapie effektiv, nicht die Entspannungstrainings (vgl. Kap. 6.2.6).

Bunce, D. (1997) What Factors are associated with the Outcome of Individual-focused Worksite Stress Management Interventions. In: *Journal of Occupational and Organizational Psychology,* 70 (1), pp. 1–17.

Bunce diskutiert die Erfolgsfaktoren von Stressmanagementtrainings, formuliert methodische Anforderungen an deren Evaluationen und geht auf unterschiedliche Trainingsansätze ein.

Bunce, D.; West, M. A. (1996) Stress Management and Innovation Interventions at Work. In: *Human Relations,* 49 (2), pp. 209–232.

Das Innovationsförderungsprogramm wird vorgestellt und mit einem individuumszentrierten Stress- und Ressourcenmanagementtraining der kognitiven Verhaltenstherapie vergleichend evaluiert. Die Studie zeichnet sich durch die zusätzliche Erhebung von Prozessvariablen aus. Die Ergebnisse zeigen, dass das Innovationsförderungsprogramm dem individuumszentrierten Training überlegen ist.

Burke, R. J. (1993) Organizational-level interventions to reduce occupational stressors. Work and Stress, 7, 77–87

Burke beschreibt zehn Evaluationsstudien zu bedingungsbezogenem Stress- und Ressourcenmanagement und gibt damit einen sehr guten Überblick über die Vielfalt der Interventionsmöglichkeiten.

Busch, C.; Roscher, S.; Bamberg E. (i. V.). Meta-Analysis of Occupational Stress Management Programs.

Die Meta-Analyse von Bamberg und Busch wird hier mit Studien bis zum Jahre 2002 fortgeführt. Es zeigen sich u.a. mehr integrative Programme sowie die Überlegenheit von Programmen, die emotions- und problemorientierte Interventionsmethoden integrieren gegenüber Programmen mit ausschließlich emotionsorientierten Interventionsmethoden.

Heaney, C. A.; Price, R. H.; Rafferty, J. (1995) Increasing Coping Resources at Work: A Field Experiment to increase Social Support, improve Work Team Functioning, and enhance Employee Mental Health. In: Journal of Organizational Behavior, 16, pp. 335–352.

Der Artikel behandelt die Evaluation eines ressourcenorientierten Programms (vgl. Kap. 6.3.2). Dabei wird dessen Wirksamkeit hinsichtlich sozialer Unterstützung und wahrgenommener Kontrolle aufgezeigt. Die Studie zeichnet sich durch eine theoretisch begründete «train the trainer» Programmkonzeption und eine Evaluation auf methodisch hohem Niveau aus.

Karasek, R. A. (1992) Preventing Stress at Work. In: *Conditions of Work Digest,* 11 (2).

19 Fallstudien zu überwiegend bedingungsbezogenem Stress- und Ressourcenmanagement aus neun verschiedenen Ländern werden vorgestellt. Der Bericht gibt einen sehr guten Überblick zu internationalem Stress- und Ressourcenmanagement.

Van der Klink, J.; Blonk, R.; Schene, R.W.; van Dijk, F.H. (2001) The benefits of interventions for work-related stress. *American Journal of Public Health, 91 (2),* 270–276.

Die Metaanalyse integriert Evaluationsstudien bis 1996 und analysiert sie nach ihren kurzfristigen Erfolgen, v. a. hinsichtlich individueller Erfolgsvariablen. Danach sind die häufigsten Programme Trainings der kognitiven Verhaltenstherapie sowie Entspannungstrainings. Trainingsprogramme der kognitiven Verhaltenstherapie (vgl. Kap. 6.2.2) seien die kurzfristig erfolgreichsten Programme (vgl. 6.2.6).

Slesina, W. (2001) Evaluation von Gesundheitszirkeln. In: B. Badura; M. Litsch; C. Vetter (Hrsg.) *Fehlzeiten-Report 2000 – Zukünftige Arbeitswelten: Gesundheitsschutz und Gesundheitsmanagement.* Berlin: Springer. S. 199–212.

Der Autor erläutert das Konzept der Gesundheitszirkel und ihre Evaluation. Daran schließt sich die Darstellung der Effekte von Gesundheitszirkeln an. Er kommt zu dem Schluss, dass Gesundheitszirkel in der Lage sind, Belastungen abzubauen und arbeitsbedingte Ressourcen durch Veränderung der Arbeitsbedingungen zu fördern. Positive Effekte im Bereich des Befindens und psychischer sowie körperlicher Beschwerden wurden mehrfach nachgewiesen, allerdings bedarf es hinsichtlich der gesundheitlichen Effekte weiterer vertiefender und differenzierender Forschung (vgl. Kap. 6.4.1).

5. Trainingsmanuale

Kaluza, G. (1996, 2. Auflage) *Gelassen und sicher im Stress.* Berlin: Springer.

Kaluza stellt ein gesundheitspsychologisch orientiertes Gruppentraining zum Stressmanagement vor. Im Theorieteil werden die gesundheitspsychologischen Grundlagen vermittelt. Im praktischen Teil, dem eigentlichen Manual, gibt der Autor detaillierte Anweisungen zur Durchführung des Trainings. Es setzt sich zusammen aus den Einheiten: Einstieg ins Thema, Problemlösetraining, Entspannungstraining und Genusstraining und behandelt somit nur individuelle Stressmanagementtechniken. Kaluza macht deutlich, wie theoretische Inhalte praktisch umgesetzt werden können und führt das Genusstraining als neuen Trainingsbaustein ein (vgl. Kap. 6.2.2).

Kessler, A. (1985) *Der erfolgreiche Umgang mit täglichen Belastungen. Stressbewältigungsprogramm A* (Materialien für den Kursleiter). München: Röttger Verlag.

Das Stressmanagementtraining gliedert sich in drei Abschnitte, in denen individuenbezogene Techniken vermittelt werden. Der erste Teil führt in die Thematik ein und erläutert das Entspannungsverfahren. Im zweiten Teil des Kurses werden kognitiv-behaviorale Techniken vermittelt, die auf ein kurzfristiges Stressmanagement abzielen, um abschließend, im dritten Teil, Techniken zum langfristigen Stressmanagement zu erläutern. Neben geläufigen Techniken wird u. a. auch auf die Bedeutung befriedigender Freizeitaktivitäten eingegangen. Das Manual zeichnet sich durch sehr konkrete und detaillierte Anleitungen für die/den TrainerIn aus.

Wagner-Link, A. (1999, 2. Aufl.) *Verhaltenstraining zur Stressbewältigung.* Stuttgart: Pfeiffer bei Klett-Cotta.

Wagner-Link beginnt mit den organisatorischen Voraussetzungen, die bei einem Stressmanagementtraining gegeben sein müssen und fährt mit der Darstellung der verschiedenen Bausteine eines Stressbewältigungstrainings in den einzelnen Kapiteln fort, in denen sie Hintergrundinformationen, Lernziele für die TeilnehmerInnen und den Ablauf in einer Trainingssitzung hinsichtlich des behandelten Bausteins erläutert. Es werden überwiegend kognitiv-emotionale und körperliche Techniken zur Stressbewältigung vermittelt, allerdings wird auch auf den Bereich der sozialen Unterstützung eingegangen. Der Umgang mit schwierigen Trainingssituationen wird zum Thema. Darüber hinaus gibt die Autorin Beispiele für den inhaltlichen Aufbau zeitlich differierender Stressbewältigungstrainings und stellt abschließend die Evaluationsergebnisse eines Trainings vor. Das Manual zeichnet sich dadurch aus, dass es viele Bereiche anspricht, die in anderen Manualen vernachlässigt werden, wie Beispiele zum Aufbau eines Trainings oder die Trainingsevaluation.

6. Ratgeber

Ratgeber wenden sich direkt an Betroffene. Sie können aber auch für betriebliche PraktikerInnen von Interesse sein, um einen Einstieg in das Thema zu finden oder beispielsweise zur Indikation von Stress- und Ressourcenmanagement. Außerdem verfügen einige der Ratgeber über Arbeitsmaterialien, auf die bei der Erstellung eines Trainingskonzepts zurückgegriffen werden kann.

Eberspächer, H. (1998) *Ressource Ich.* München: Hanser Verlag.

Dieses Buch betont die Bedeutung individueller Ressourcen bei der Bewältigung von Stress. Der Autor geht auf die geistigen, sozialen und körperlichen Aspekte des Menschen, die einen wichtigen Anteil am Stressprozess haben, ein. Er stellt sieben «Module» vor, die als Ressourcen zum Stressmanagement dienen können. Darüber hinaus werden die Themen Motivation, Fitnesstraining und Regeneration vertieft. Das Buch bietet eine sportpsychologische Perspektive auf den Stressprozess, in dessen Mittelpunkt die menschlichen Ressourcen und der Ressourcenaufbau stehen.

Fontana, D. (1991) *Mit dem Stress leben.* Stuttgart: Verlag Hans Huber.

Fontana widmet sich nach einer allgemeinen Erläuterung des Phänomens Stress sehr anschaulich den Ursachen, dem Erleben und der Bewältigung von Stress. Dazu greift er auf zahlreiche Fallbeispiele zurück, die dem Leser den Zugang zum eigenen Stresserleben erleichtern, und anhand derer Bewältigungsmöglichkeiten aufgezeigt werden.

Frese, M. (1992) *Die Führung der eigenen Person: Stress-Management.* Institut für Mensch und Arbeit, München: Robert Pfützner GmbH.

Zielgruppe des Buches sind Personen, die autodidaktisch ihren Stress managen wollen. So werden genaue Anweisungen, Checklisten und Materialien zum Einüben neuer Verhaltensweisen angeboten. Nach einer Einführung ins Thema wird auf vier grundlegende Strategien zur Verhaltensänderung eingegangen und verschiedene Stressmanagementtechniken werden erläutert. Die behandelten individuenbezogenen Techniken sind kognitiv (z. B. irrationale Glaubenssätze aufbrechen), körperlich (z. B. Entspannungstraining) und verhaltensorientiert (z. B. Zeitmanagementtraining). Das Buch ist didaktisch und inhaltlich gut aufbereitet und durch die vielen Materialien insbesondere für die Verwendung im Training interessant.

Juli, D. & Schulz, A. (1998) *Stressverhalten ändern lernen.* Reinbek: Rowohlt.

Die Autoren richten sich an Personen, die eine Verhaltensänderung anstreben. Nach einer kurzen Einführung in die Stressthematik veranschaulichen die Autoren anhand von Fallbeispielen verschiedene Stresstypen und zeigen spezifische Bewältigungsansätze auf. In einem weiteren Kapitel werden die einzelnen Bewältigungstechniken nochmals detailliert dargestellt. Der Fokus liegt wiederum auf individuellen Maßnahmen.

Linneweh, K. (1996, 3. Aufl.) *Stressmanagement: Der erfolgreiche Umgang mit sich selbst.* Stuttgart: Deutscher Sparkassenverlag.

Beruflicher Stress ist Thema dieses Buches. Nach einer allgemeinen Einführung erläutert der Autor ausführlich die körperlichen und die psychischen Stressreaktionen, zeigt verschiedene Möglichkeiten zum Stressmanagement auf und skizziert zahlreiche individuelle Interventionsmöglichkeiten. Ein abschließender Übungsteil soll dem Leser das Einüben neuer Verhaltensweisen erleichtern.

Litzcke, S.; Schuh, H. (1999) *Stress am Arbeitsplatz.* Köln: Deutscher Instituts Verlag.

Das Buch ist klar strukturiert und fasst -bezogen auf individuumszentriertes Stressmanagement- in vier Kapiteln das Wesentliche zu Stressentstehung, Stressreaktion, zu langfristigen Stressfolgen und Stressmanagementtechniken zusammen. Ein ausführlicher Anhang bietet Material zur Analyse sowie Arbeits- und Übungsblätter zum Einüben neuer Verhaltensweisen.

Stollreiter, M.; Völgyfy, J.; Jencius, T. (2000) *Stress-Management – Das WAAGE-Programm: Mehr Erfolg weniger Stress.* Weinheim: Beltz.

Die Autoren haben ein aus fünf Bausteinen bestehendes Selbstlernprogramm entwickelt, das die Themen Wahrnehmung von Stress und Stressreaktionen, Annehmen von Stresserleben, das «Abkühlen» und die Aktivierung von Ressourcen, neue Gewohnheiten aufbauen und neue Einstellungen aneignen behandelt. Die vermittelten Techniken kommen aus dem kognitiv-emotionalen, körperlichen und Verhaltensbereich und sind auf individuelles Stressmanagement ausgelegt. Das Buch bietet interessante Übungen an, die sich in eine Trainingskonzeption einarbeiten lassen.

Tausch, R. (2000, 9. Aufl.) *Hilfen bei Stress und Belastung.* Reinbek: Rowohlt.

Tausch gliedert das Buch in vier Kapitel, in denen er den Stressprozess und Stressreaktionen erläutert, verhaltensbezogene Bewältigungsstrategien beschreibt, kognitive Techniken behandelt und die Bedeutung von Entspannungsverfahren, Ernährung und Aggressionen erläutert. Insgesamt zeichnet sich das Buch durch die anschauliche und leicht nachvollziehbare Beschreibung psychologischer Prozesse und Techniken aus.

7. Übersichtstabelle zur Literatur

Die bereits dargestellte und darüber hinaus gehende Literatur zu betrieblichem Stress- und Ressourcenmanagement wird im Folgenden tabellenartig anhand verschiedener Kriterien bewertet, welche nachfolgend kurz erläutert werden.

Autor/ Jahr/ laufende Nr.: Hier wird der Name der/des AutorIn (bzw. der AutorInnen), das Erscheinungsjahr des Buches/Artikels.

Buchtyp: An dieser Stelle wird angegeben, zu welchem Unterabschnitt der nachfolgenden ausführlichen Darstellung sich Buch/Artikel zuordnen lassen.

W = wissenschaftliche Literatur
R = Infoliteratur/Ratgeber
T = Trainingsmanuale

Sprache: Hier wird angegeben, ob die Literatur in deutsch (**d**) oder englisch (**e**) verfasst ist.

Schwerpunkt: Dieses Kriterium erläutert, welchen thematischen Schwerpunkt Buch oder Artikel behandeln. Es können bestimmte Inhalte vermittelt werden, der Schwerpunkt kann im Bereich der Forschungsmethoden liegen oder sein Hauptziel besteht darin, Handlungsanweisungen zur Verfügung zu stellen.

I = inhaltlicher Schwerpunkt
M = methodischer Schwerpunkt
H = Handlungsanleitung

Arbeitsmaterial vorhanden: Unter dieser Kategorie wird angegeben, ob in dem Buch/Artikel Arbeitsmaterial vorhanden ist, das weiterführend (z. B. im Trainingskontext) genutzt werden kann.

Zentrale Themen und Stil: An dieser Stelle erfolgt eine stichpunktartige Inhaltsangabe der zitierten Literatur. Neben den im Buch/Artikel behandelten **Themen** wird zusätzlich auf den **Stil** des Buchs/Artikels eingegangen, insbesondere auf die Verständlichkeit des Textes. Literatur, die als wissenschaftlich gekennzeichnet ist, weist darauf hin, dass Erfahrungen mit wissenschaftlicher Literatur das Textverständnis erleichtern.

Autor/ Jahr	Buchtyp			Sprache		Schwer-punkt			Arbeits-material vor-handen?		Zentrale Themen und Stil
	W	R	T	d	e	I	M	H	ja	nein	
Aust & Ducki (i.V.)	X				X	X				X	**Themen:** Überblick über Gesundheitszirkel in Deutschland und deren Effekte **Stil:** wissenschaftlich
Bamberg & Busch (1996)	X			X			X			X	**Themen:** Metaanalyse zum Stand der Forschung betrieblicher Stressmangementtrainings und deren Effekte bis 1993 **Stil:** wissenschaftlich
Bamberg, Busch & Mohr (1999)	X			X		X	X			X	**Themen:** Theoretische und empirische Ausführungen zum Stand der Betrieblichen Gesundheitsförderung durch Stressmanagement **Stil:** gut verständlich

Autor/ Jahr	Buchtyp			Sprache		Schwer-punkt			Arbeits-material vor-handen?		Zentrale Themen und Stil
	W	R	T	d	e	I	M	H	ja	nein	
Battmann & Schön-pflug (1999)	X			X		X				X	**Themen:** Zentrale Aspekte von Stressmanagement in Organisationen **Stil:** gut verständlich
Bengel, Stritt-matter & Willmann (2000)	X			X		X				X	**Themen:** Das Modell der Salutogenese und dessen Stellenwert für die Praxis **Stil:** sehr gut verständlich
Burke (1993)	X				X	X				X	**Themen:** Darstellung bedingungsbezogener, betrieblicher Stressmanagementprogramme **Stil:** wissenschaftlich
Busch (i. V.)	X			X		X	X	X	X		**Themen:** Ein integratives Programm für Arbeits-gruppen (vgl. Kap. 6.3.3) und dessen Effekte **Stil:** wissenschaftlich
Busch (1998)	X			X		X				X	**Themen:** Überblick über den Stressprozess und Stressmanagement in der Arbeitswelt **Stil:** gut verständlich
Busch; Roscher & Bamberg (i. V.)	X				X		X			X	**Themen:** Aktuellste Metaanalyse zum Stand der Forschung betrieblicher Stressmanagement-programme und deren Effekte bis 2002 **Stil:** wissenschaftlich
Busch & Steinmetz (2002)	X			X		X				X	**Themen:** Stressbezogenes Coachingprogramm für Führungskräfte **Stil:** gut verständlich
Dewe, Leiter & Cox (2000)	X				X	X				X	**Themen:** Bedingungsbezogene Stressmanagement-programme **Stil:** gut verständlich

Autor/ Jahr	Buchtyp			Sprache		Schwer-punkt			Arbeits-material vor-handen?		Zentrale Themen und Stil
	W	R	T	d	e	I	M	H	ja	nein	
Eber-spächer (1998)		X		X		X			X		**Themen:** Stressmanagement aus sportpsychologischer Perspektive **Stil:** sehr anschaulich
European Foundation for the Improvement of Living and Working Conditions (1996)	X				X	X				X	**Themen:** Überblick und Fallbeispiele verschiedener betrieblicher Stressmanagementprogramme **Stil:** gut verständlich
Fontana (1991)		X		X		X			X		**Themen:** Stress – Ursachen, Erleben, Bewältigung, auch arbeitsbezogener Stress und Fallbeispiele **Stil:** sehr anschaulich
Frese (1992)		X		X		X			X		**Themen:** Stress und Techniken der Verhaltensänderung zum Stressmanagement **Stil:** sehr gut verständlich
Greif (1991)	X			X		X				X	**Themen:** Stress – Einführung, Begriffsklärung, Modelle, Auswirkungen **Stil:** wissenschaftlich
Hacker (1991)	X			X		X				X	**Themen:** Bedeutung der Tätigkeitsanforderungen und Arbeitsgestaltung für die Gesundheitsförderung **Stil:** wissenschaftlich
Heaney, Price & Rafferty (1995)	X				X	X	X			X	**Themen:** Ressourcenorientiertes, betriebliches Stressmanagementprogramm (vgl. Kap. 6.3.2) **Stil:** wissenschaftlich

Autor/ Jahr	Buchtyp			Sprache		Schwer- punkt			Arbeits- material vor- handen?		Zentrale Themen und Stil
	W	R	T	d	e	I	M	H	ja	nein	
Juli & Schulz (1998)		X		X		X				X	**Themen:** Stress, Stresstypen und Bewältigungsansätze **Stil:** gut verständlich
Kallus & Uhlig (2001)	X			X		X				X	**Themen:** Stress und Erholung in Theorie und Praxis **Stil:** gut verständlich
Kaluza (1996)			X	X				X	X		**Themen:** Manual zu einem Stressmangementtraining, mit theoretischer Einführung (vgl. Kap. 6.2.2) **Stil:** sehr anschaulich
van der Klink, Blonk, Schene und van Dijk (2001)	X				X	X				X	**Themen:** Metaanalyse zu kurzfristigen, personenbezogenen Effekten betrieblichen Stressmanagements bis 1996 **Stil:** wissenschaftlich
Kompier, Geurts, Gründemann, Vink & Smulders (1998)	X				X	X				X	**Themen:** Erfolgreiche integrative Stress- und Ressourcenmanagementprogramme in den Niederlanden **Stil:** wissenschaftlich
Lazarus & Launier (1981)	X			X		X				X	**Themen:** Erklärung des Stressgeschehens mittels des transaktionalen Stressmodells (ein Klassiker) **Stil:** gut verständlich, aber etwas langatmig
Karasek (1992)	X				X	X	X			X	**Themen:** Überblick über bedingungsbezogene Stressmanagementprogramme **Stil:** gut verständlich
Kessler (1985)			X	X				X	X		**Themen:** Manual zu einem Stressmanagementtraining **Stil:** gut verständlich

Autor/ Jahr	Buchtyp			Sprache		Schwerpunkt			Arbeitsmaterial vorhanden?		Zentrale Themen und Stil
	W	R	T	d	e	I	M	H	ja	nein	
Linneweh (1996)		X		X		X			X		**Themen:** Betrieblicher Stress und Stressmanagement **Stil:** sehr anschaulich
Meichenbaum (2003)	X			X		X			X		**Themen:** Das Stressimpfungsprogramm wird detailliert vorgestellt mit Übungen **Stil:** sehr anschaulich
Murphy, (1996)	X				X	X	X			X	**Themen:** Überblick über Stressmanagementtrainings in der Arbeitswelt **Stil:** wissenschaftlich
Quick, Quick, Nelson & Hurrel (1997)	X				X	X				X	**Themen:** Stress – Ursachen, Folgen, Diagnostik und Bewältigung **Stil:** gut verständlich
Schwarzer (1992)	X			X		X				X	**Themen:** Verhalten und Gesundheit – Modelle, Moderatoren, Gesundheits- und Risikoverhaltensweisen **Stil:** gut verständlich
Semmer (1992)	X			X		X				X	**Themen:** Stress – die absoluten «Basics» zum Thema **Stil:** gut verständlich
Slesina (2001)	X			X			X			X	**Themen:** Gesundheitszirkel und deren Evaluation **Stil:** verständlich
Steinmetz (i.V.)	X			X		X	X	X	X		**Themen:** Stressbezogenes Coaching-Programm für Führungskräfte **Stil:** wissenschaftlich

Autor/ Jahr	Buchtyp			Sprache		Schwer-punkt			Arbeits-material vor-handen?		Zentrale Themen und Stil
	W	R	T	d	e	I	M	H	ja	nein	
Stollreiter, Völgyfy & Jencius (2000)		X		X		X			X		**Themen:** Darstellung eines Konzepts zum Stress-management **Stil:** sehr anschaulich
Sutherland & Cooper (1990)	X				X	X				X	**Themen:** Empirische Ergebnisse zu Stress und körperlicher Fitness **Stil:** gut verständlich
Tausch (2000)		X		X		X				X	**Themen:** Stress – der Stressprozess, Reaktionen, Bewältigung **Stil:** sehr anschaulich
Udris, Kraft, Mussmann & Rimann (1992)	X			X		X				X	**Themen:** Gesundheit und Ressourcen – Definitionen, Dimensionen, Modell **Stil:** gut verständlich
Wagner-Link (1993)	X			X		X			X		**Themen:** Stress – Begriff, Stressprozess, Stressoren, Reaktionen, Folgen **Stil:** sehr anschaulich
Wagner-Link (1999)			X	X				X	X		**Themen:** Manual zu einem Stressmanagementtraining **Stil:** sehr anschaulich

Anhang B

Darstellung von Analyse- und Evaluationsinstrumenten

Im Folgenden werden einzelne Instrumente zu Analyse- und Evaluationsmethoden, die in Kapitel 5 behandelt wurden, ausführlich dargestellt.

8. Begehung mit einem Screeningschema

Die folgende Tabelle gibt einen Überblick über Untersuchungsmerkmale, Anwendungsbereich, Ergebnisse und Besonderheiten einer Begehung mit dem Screeningschema von Kleindienst (1996). Es handelt sich um ein bedingungsbezogenes Verfahren, das nur von arbeitswissenschaftlichen ExpertInnen angewendet werden kann.

Tabelle B1: Das Screeningschema im Überblick

Untersuchungsmerkmale	**Hauptuntersuchungsdimensionen:** • Allgemeine Informationen zum Betrieb • Stoffliche Umgebung • Ergonomie • Arbeitsorganisation • Sozialverfassung im Bereich • Arbeitsschutzmaßnahmen im Bereich. Jede Dimension untergliedert sich in Subdimensionen. z. B. Kategorie ‹**Arbeitsorganisation**› untergliedert sich in: • Anforderungen aus der Arbeitsaufgabe (Ganzheitlichkeit, Entscheidungsspielraum, Anforderungsvielfalt, Kommunikationserfordernisse, Kontakterfordernisse, Durchschaubarkeit des Aufgabenzusammenhangs) • Aufgabenbezogene Belastungen (informatorische Erschwerungen, motorische Erschwerungen, Unterbrechungen durch Personen oder Arbeitsmittel, Zeitdruck, Monotonie)

	z. B. Kategorie ‹**Sozialverfassung im Betrieb**› differenziert: • Leitbilder/Unternehmenskultur • Managementkultur/Führungsstil • Betriebsklima • Beteiligung und Mitsprache der Arbeitnehmer • Personalentwicklung (Weiterbildungs- und Aufstiegsmöglichkeiten) • Sozialleistungen des Betriebs (wie Kantine, Kinderbetreuung).
Anwendungs-bereich	Industrielle Fertigungsbetriebe: erste positive Erfahrungen eines Einsatzes im Handwerk (zahntechnische Labore) liegen vor, allerdings sind Anpassungen an die betrieblichen und handwerklichen Besonderheiten erforderlich
Ablauf	In der *Vorbereitungsphase* wird durch eine Dokumentenanalyse und durch Expertengespräche festgelegt, welche Bereiche in welcher Reihenfolge begangen werden. Außerdem werden allgemeine Informationen zum Betrieb und zum Arbeitsschutzsystem erhoben. Ggf. können hier auch betriebliche Daten zum Krankenstand, zu Arbeitsunfällen und Berufskrankheiten ausgewertet werden. Anschließend erfolgt eine *Begehung des gesamten Betriebs bzw. ausgewählter Betriebsbereiche,* die einer ersten Orientierung über den gesamten Produktionsprozess, die Verkettung einzelner Arbeitsplätze und der allgemeinen betrieblichen Arbeitsbedingungen (Arbeitsteilung, Zeitorganisation,...) dient. Am Ende dieser Phase werden sogenannte typische Arbeitsplätze und -rollen festgelegt, die im folgenden Durchgang genauer analysiert werden sollen. Im 2. *Durchgang* werden die ausgewählten Arbeitsplätze einer genaueren Beobachtung unterzogen; dabei werden die ArbeitsplatzinhaberInnen anhand eines Befragungsgleitfadens gezielt zu möglichen aufgabenbezogenen Belastungen (Unterbrechungen, informatorische und motorische Erschwerungen, Zeitdruck, monotone Arbeitsbedingungen) und zu vorhandenen situativen Ressourcen wie Handlungs- und Entscheidungsspielraum befragt. Alle Beobachtungen und Befragungsergebnisse werden auf Antwortblättern dokumentiert, in der abschließenden *Auswertungsphase* systematisch ausgewertet und in Hinblick auf weitergehenden Handlungsbedarf beurteilt: für jeden begangenen Bereich gibt es ein eigenes Auswertungsblatt, das die augenfälligen Belastungen und Ressourcen entlang der Hauptdimensionen erfragt. Besonders belastete Arbeitsplätze sollen hervorgehoben werden.
Art der Ergebnisse	Das Verfahren ermöglicht eine grobe Beschreibung und Beurteilung gesundheitsrelevanter Aspekte der Gesamtorganisation und einzelner Arbeitsplätze. Dabei werden ausdrücklich gesundheitsförderliche Anforderungen und Ressourcen und potentielle Belastungen betrachtet. Die einzelnen Kategorien werden danach bewertet, ob dringender Handlungsbedarf, Handlungsbedarf oder kein Handlungsbedarf besteht.
Testtheoretische Güte	Es liegen keine Angaben zur Reliabilität und Validität vor.
Besonderheiten	Anwender des Verfahrens sollen ausgewiesene ArbeitswissenschaftlerInnen sein, deren Expertenwissen als Basis der Beurteilung zugrunde gelegt werden

	kann. Da sowohl arbeitsmedizinisches als auch arbeitspsychologisches Basiswissen erforderlich ist, um die zu erhebenden Indikatoren zu bewerten, ist es sinnvoll, dass ArbeitsmedizinerInnen und ArbeitspsychologInnen, ggf. auch in Zusammenarbeit mit einer Fachkraft für Arbeitssicherheit, die Begehung gemeinsam vornehmen. So kann das Screening-Schema auch als Kooperations-Instrument zur Strukturierung der Zusammenarbeit von VertreterInnen des betrieblichen Arbeitsschutzes und arbeitspsychologischen Experten genutzt werden.

9. Instrumente zur Mitarbeiterbefragung

9.1 Instrumente zur Analyse stressrelevanter Arbeitsbedingungen

Drei Instrumente zur Analyse stressrelevanter Arbeitsbedingungen (vgl. Kap. 5.4) werden im Folgenden in jeweils einer Tabelle dargestellt: der **DIGA**, der **SPA-P** und der **ISTA in seiner Version 6.0.** Die Tabellen geben einen Überblick über Untersuchungsmerkmale, Anwendungsbereich, Ergebnisse und Besonderheiten der Instrumente

9.1.1 «Instrument für stressbezogene Tätigkeitsanalyse» (ISTA, Version 6.0)

Tabelle B2: Charakteristika des ISTA in der Version 6.0 (Semmer, Zapf & Dunckel, 1999)

Untersuchungsmerkmale	**Stressoren** Unsicherheit Arbeitsorganisatorische Probleme Arbeitsunterbrechungen Konzentrationsnotwendigkeiten Kooperationsenge Zeitdruck Unfallgefährdung Umgebungsbelastung Einseitige Belastung Emotionsarbeit (neue Skala) **Anforderungen und Ressourcen** Variabilität Arbeitskomplexität Kooperationserfordernisse Kooperationsspielraum Handlungsspielraum Zeitspielraum

	Partizipation Kommunikationsmöglichkeiten Zumutbarkeit und Respekt (neue Skala) soziodemographische und qualifikationsbezogene Daten
Ergänzungs-skalen	• Soziale Stressoren (Frese & Zapf, 1987) • Soziale Unterstützung durch Vorgesetzte und Kollegen (Frese, 1989) • Emotionsarbeit (Zapf, Mertini, Seifert, Vogt, & Isic, 2000) • Kundenbezogene Stressoren (Dormann, Zapf & Isic, 2002) • Irritation bzw. Gereiztheit (Mohr, 1991, 2001) • Psychosomatische Beschwerden (Mohr, 1991) • Selbstwertgefühl (Mohr, 1991)
Beispielitems	**Unsicherheit:** Wie oft erhalten Sie unklare Anweisungen? **Handlungsspielraum:** Können Sie selbst bestimmen, auf welche Art und Weise Sie Ihre Arbeit erledigen? **Kooperationserfordernisse:** Inwieweit erfordert Ihre Arbeit eine gemeinsame Planung mit Ihren KollegInnen?
Antwortformate	Überwiegend Likert-skalierte fünfstufige Antwortformate. Die Fragen beziehen sich typischerweise auf Häufigkeit und Intensität der Ausprägung des Merkmals. Die verbalen Abstufungen lauten in der Regel: sehr wenig, ziemlich wenig, etwas, ziemlich viel, sehr viel. Zur Verdeutlichung werden auch Formulierungen mit Gegenpol verwendet, bei der die Arbeit von «A» die Arbeit von «B» gegenübergestellt wird. Die Abstufungen lauten dann «genau wie der von A», «ähnlich wie der von A», «zwischen A und B», ähnlich wie der von B» und «genau wie der von B».
Anzahl der Items und Beant-wortungszeit	• 90 Items (ohne neue und Ergänzungsskalen); ca. 60 Minuten • Kurzfassung (Semmer, Grebner & Kälin, 1997): 20 bis 30 Minuten
Testtheoretische Güte	• gute bis sehr gute Reliabilität (Cronbachs Alpha-Korrelations-Koeffizienten zwischen .60 und .90); • umfangreiche Validierungsstudien
Besonderheit	• Bedingungsbezogenes Analyseinstrument; • Fragebogenversion und Version für Beobachtungsinterviews; • Einsatz in unterschiedlichsten Branchen und Tätigkeiten; • Normierungsdaten liegen vor, die die vergleichende Beurteilung gestatten

9.1.2 «Diagnoseinstrument gesundheitsförderliche Arbeit» (DIGA)

Tabelle B3: Charakteristika des DIGA (Ducki, 2000)

Untersuchungs-merkmale	**Arbeitsbelastungen/Stressoren** Arbeitsplatzunsicherheit Umgebungsbedingungen Zeitdruck Monotonie Unterbrechungen/Störungen **Ressourcen der Arbeit** Information und Beteiligung Persönliche Entwicklungschancen Sinnbezug zur Arbeit Fürsorge Entscheidungsmöglichkeiten Komplexe Arbeitsinhalte faires Vorgesetztenverhalten offene Kommunikation aufgabenbezogene Kommunikation **Gesundheitsbeeinträchtigungen** Somatische Beschwerden Psychische Erschöpfung Irritation (Gereiztheit) Ängstlichkeit **Positiv-Indikatoren der Gesundheit** Selbstwirksamkeit Arbeitsfreude/Stolz Lernen in der Freizeit
Item-beispiele	**Aufgabenbezogene Kommunikation:** Um meine Aufgabe zu erfüllen, muss ich mich mit anderen Kollegen meines Arbeitsbereichs austauschen **Monotone Arbeitsbedingungen:** Die Arbeit ist eintönig und erfordert gleichzeitig ständige Konzentration **Arbeitsstolz:** Es gibt Tage, da bin ich stolz über das, was ich bei der Arbeit geschafft habe

	Gereiztheit: Nach der Arbeit kann ich nicht abschalten
Überwiegendes Antwortformat	Überwiegend Likert-skalierte fünfstufige Antwortformate. Die verbalen Abstufungen unterscheiden sich je nach Frageart (z. B. trifft überhaupt nicht zu, trifft eher nicht zu, trifft teilweise zu, trifft eher zu, trifft völlig zu oder: sehr wenig, ziemlich wenig, etwas, ziemlich viel, sehr viel).
Anzahl der Items und Beantwortungszeit	82 Items; ca. 30 bis 45 Minuten
Testtheoretische Güte	• gute bis sehr gute Reliabilität (Cronbachs Alpha-Korrelations-Koeffizienten zwischen .60 und .90) • umfangreiche Konstruktvalidierungen • Kriteriumsvalidierung an betrieblichen Fehlzeiten
Inhaltliche Besonderheit	• Entwickelt speziell für Projekte der betrieblichen Gesundheitsförderung in industriellen Großunternehmen • auf andere Analyseinstrumente und Methoden abgestimmt (Begehung, Analyse der Arbeitsunfähigkeitsdaten, Aufgabenanalysen) • Erfassung von gesamtbetrieblichen Ressourcen und Belastungen (betriebliche Fürsorge, persönliche Entwicklungsmöglichkeiten im Unternehmen, abteilungsübergreifende organisatorische Probleme)

9.1.3 «Screening psychischer Arbeitsbelastungen» Fragebogenversion (SPA-P)

Tabelle B4: Charakteristika des SPA-P (Metz & Rothe, 1999)

Untersuchungs-merkmale	• Entscheidungsspielraum • Komplexität/Variabilität • Qualifikationserfordernisse • Risikobehaftete Arbeitssituation, besondere Anforderungen an die Handlungszuverlässigkeit • Unspezifische Belastungen • Soziale Beziehungen
Item-beispiele	**Entscheidungsspielraum:** Ich kann selbst bestimmen, wann ich meine Arbeit unterbreche und eine Pause machen will. **Risikobehaftete Arbeitssituation:** Bei meiner Arbeit gibt es Phasen, bei denen ich in Zeitnot gerate **Unspezifische Belastungen:** In meiner Arbeit gibt es unvorhersehbare Störungen und Unterbrechungen. **Soziale Beziehungen:** In meiner Abteilung, meinem Team wird jede gute Leistung anerkannt.
Überwiegendes Antwortformat	• Vierstufiges Antwortformat: • SPA-P1 (Beurteilung der Arbeitssituation): Trifft zu, eher ja, eher nein, nein. • SPA-P2 (erlebte Beanspruchung): das ist mir recht so, nicht belastend, belastend, sehr belastend
Anzahl der Items und Beant-wortungszeit	60 Items; ca. 20 bis 30 Minuten
Testtheoretische Güte	Derzeit liegen noch keine Angaben vor.
Inhaltliche Besonderheit	Es existiert eine auf die selben Merkmalsbereiche ausgerichtete Beobachtungsversion.

9.2 Instrument zur Analyse personaler Ressourcen

Die folgende Tabelle gibt einen Überblick über Untersuchungsmerkmale, Anwendungsbereich, Ergebnisse und Besonderheiten des Instruments zur Erfassung von Kohärenzsinn in der dt. Version von Rimann und Udris (1993).

Tabelle B5: Charakteristika des Instruments zur Erfassung von Kohärenzsinn in der dt. Version

Untersuchungsmerkmale	**Kohärenzsinn:** Verstehbarkeit Handabbarkeit Sinnhaftigkeit
Itembeispiele	**Verstehbarkeit:** Waren Sie überrascht vom Verhalten von Menschen, die sie gut zu kennen glaubten? **Handabbarkeit:** Wurden sie von Menschen enttäuscht, auf die Sie gezählt hatten? **Sinnhaftigkeit:** Wie oft haben Sie das Gefühl, dass die Dinge, die Sie täglich tun, eigentlich wenig Sinn haben?
Überwiegendes Antwortformat	Siebenstufige Antwortformate mit wechselnden verbalen Verankerungen, z. B. ‹stimmt› bis ‹stimmt nicht›; ‹niemals› bis ‹sehr oft›
Anzahl der Items	• Langfassung 29 Items: Verstehbarkeit (11) Machbarkeit (10) und Sinnhaftigkeit (8). • Kurzfassung: 13 Items: Verstehbarkeit (5) Machbarkeit (4) und Sinnhaftigkeit (4).
Testtheoretische Güte	• Reliabilitätskoeffizienten für die Kurzversion liegen für die Gesamtskala alle über .80, für die Subdimensionen zwischen .49 und .79 • Eine faktorenanalytischen Prüfung der Subskalen kommt zu dem Ergebnis, dass eine Unterscheidung in die Teilkonstrukte wenig ergiebig ist (Rimann & Udris, 1993, S. 67 f.)

9.3 Instrumente zur Analyse von Stressbewältigungsstrategien

Im Folgenden werden die in Kapitel 5.4 bereits kurz beschriebenen zwei Instrumente zur Analyse von Stressbewältigungsstrategien in Tabellenform detaillierter vorgestellt: der CISS in der dt. Version (Semmer, Schade & Tschan, 1991) und der COPE in der dt. Version (Kälin, 1994). Die Tabellen geben einen Überblick über Untersuchungsmerkmale, Anwendungsbereich, Ergebnisse und Besonderheiten der Instrumente.

9.3.1 CISS

Tabelle B6: Charakteristika des CISS in der dt. Version (Semmer, Schade & Tschan, 1991)

Untersuchungsmerkmale	**Aufgabenorientiertes Coping** Fokus auf der Aufgabe, der Planung und Problemlösung **Emotionsorientiertes Coping** Fokus auf der eigenen emotionalen Stressreaktion mit dem Ziel ihrer Minimierung **Vermeidungsorientiertes Coping** Fokus auf Aktivitäten und kognitiven Prozessen mit dem Ziel der Vermeidung 2 Subskalen: Zerstreuungsorientiertes Coping (emotionsorientiert) Sozial-ablenkungsorientiertes Coping (aufgabenorientiert)
Itembeispiele	**Aufgabenorientiertes Coping:** Ich erarbeite mir einen Plan und führe ihn auch aus. **Emotionsorientiertes Coping:** Ich mache mir Vorwürfe, weil ich nicht weiß, was ich machen soll. **Vermeidungsorientiertes Coping:** Ich schaue mir einen Film an.
Antwortformat der dt. Version	Likert-skalierte fünfstufige Antwortformate. Die verbalen Abstufungen sind 1 = sehr selten, 2 = selten, 3 = gelegentlich, 4 = oft, 5 = sehr oft
Anzahl der Items	48 bzw. 49 Items in der dt. Version; dt. Kurzversion: 23 Items
Testtheoretische Güte	Gute Reliabilität bzw. interne Konsistenz (Cronbachs Alpha Korrelations Koeffizient > .70)
Art und Besonderheiten des Instruments	• Selbstbeschreibung; • Fragebogen/Interview; • Traitspezifische Bewältigungsstrategien werden erfasst; • Interindividueller Ansatz

9.3.2 COPE

Tabelle B7: Charakteristika des COPE in der dt. Version (Kälin, 1994)

Untersuchungsmerkmale	• Aktives Coping • Planen • Unterdrückung konkurrierender Aktivitäten • Zurückhaltung/Geduld • Suche von instrumenteller Unterstützung • Suche von emotionaler Unterstützung • Positive Reinterpretation und Wachsen • Akzeptieren • Religion • Fokus auf und Abreagieren von Emotionen • Verleugnen • Verhaltensrückzug/aufgeben • Mentaler Rückzug/aufgeben • Gebrauch von Alkohol/Suchtmitteln • Humor
Itembeispiele	**Planen:** Ich denke intensiv darüber nach, wie ich das Problem am besten bewältigen kann. **Suche von instrumenteller Unterstützung:** Ich versuche von jemandem einen Rat zu erhalten, was ich tun soll.
Antwortformat der dt. Version	• Likert-skalierte fünfstufige Antwortformate. Die verbalen Abstufungen sind • 1 = sehr selten, 2 = selten, 3 = gelegentlich, 4 = oft, 5 = sehr oft; Kälin (1995, S. 114) empfiehlt jedoch das 4-stufige Format des Originals zu verwenden mit den verbalen Abstufungen 1 = nie, 2 = gelegentlich, 3 = oft, 4 = immer
Anzahl der Items	60 Items, jeweils 4 pro Skala; Kurzversion: 30 Items (Brief-COPE, Carver, 1997)
Testtheoretische Güte	Gute Reliabilität bzw. interne Konsistenz (Cronbachs Alpha Korrelations Koeffizient > .70)
Art und Besonderheiten des Instruments	• Selbstbeschreibung; • Fragebogen/Interview; • Situations- und traitspezifische Bewältigungsstrategien werden erfasst; • Mehrere problemorientierte Strategien werden erfasst • Interindividueller Ansatz

9.4 Instrument zur Analyse von Selbstmanagement

Die folgende Tabelle gibt einen Überblick über Untersuchungsmerkmale, Anwendungsbereich, Ergebnisse und Besonderheiten des RSLQ in der dt. Version von Schmidt (2000).

Tabelle B8: Charakteristika des RSLQ in der dt. Version (Schmidt, 2000)

Untersuchungs-merkmale	**Strategien der Selbstbeeinflussung** Setzen von Arbeitszielen Selbst-Belohnung Selbst-Bestrafung Selbst-Beobachtung Einsatz von Erinnerungshilfen und Hinweisreizen Probehandeln **Strategien zur Gestaltung intrinsisch belohnender Tätigkeiten** **Meta-kognitive Strategien zu konstruktivem Denkverhalten** Visualisierung erfolgreicher Leistung Innerer Dialog Bewertung der eigenen Überzeugung und Annahmen
Item-beispiele	*Strategien der Selbstbeeinflussung* **Selbst-Belohnung:** Ich belohne mich mit etwas Schönem, wenn ich eine Arbeitsaufgabe erfolgreich abgeschlossen habe. **Strategien zur Gestaltung intrinsisch belohnender Tätigkeiten:** Ich erledige meine Arbeit so, dass ich Spaß dabei habe und sie nicht einfach nur hinter mich bringe. **Meta-kognitive Strategien zu konstruktivem Denkverhalten** Innerer Dialog: Um eine schwierige Situation zu bewältigen, spreche ich mir selbst gut zu.
Überwiegendes Antwortformat	Likert-skalierte fünfstufige Antwortformate. Die verbalen Abstufungen sind 1 = trifft gar nicht zu, 2 = trifft kaum zu, 3 = trifft teilweise zu, 4 = trifft meist zu, 5 = trifft völlig zu
Anzahl der Items	31 Items, jeweils 2 bis 5 Items pro Skala
Testtheoretische Güte	Die Reliabilität bzw. interne Konsistenz ist zufriedenstellend bis ausreichend (Conbachs Alpha Korrelationskoeffizienten liegen zwischen .55 und .94 mit einem durchschnittlichen (von .74)

9.5 Instrumente zur Analyse arbeitsbezogener Befindensbeeinträchtigungen

Die folgende Tabelle gibt einen Überblick über Untersuchungsmerkmale, Itembeispiele, Antwortformat, Besonderheit und Güte der Skala Gereiztheit bzw. Irritation und der Skala psychosomatische Beschwerden (Mohr, 1991, 2001).

Tabelle B9: Charakteristika der Skala Gereiztheit bzw. Irritation und psychosomatische Beschwerden

Untersuchungsmerkmale	Gereiztheit bzw. Irritation Psychosomatische Beschwerden
Itembeispiele	**Irritation:** Es fällt mir schwer, nach der Arbeit abzuschalten **Psychosomatische Beschwerden:** Fühlen Sie sich den Tag über müde und zerschlagen? Haben Sie Schwindelgefühle?
Antwortformat	**Irritation:** Likert-skaliertes siebenstufiges Antwortformate. Die verbalen Abstufungen sind 1 = trifft überhaupt nicht zu, 2 = trifft größtenteils nicht zu, 3 = trifft wenig zu, 4 = trifft mittelmäßig zu, 5 = trifft etwas zu, 6 = trifft größtenteils zu, 7 = trifft fast völlig zu; **Psychosomatische Beschwerden:** Likert-skaliertes, fünfstufiges Antwortformat. Die verbalen Abstufungen sind 1 = nie, 2 = alle paar Monate, 3 = alle paar Wochen, 4 = alle paar Tage, 5 = fast täglich
Anzahl der Items	Irritation 8 Items; Psychosomatische Beschwerden 20 Items
Art und Besonderheiten des Instruments	• Selbstbeschreibung • Fragebogen/Interview
Testtheoretische Güte	Gute Reliabilität bzw. interne Konsistenz (Cronbachs Alpha Korrelationskoeffizienten beider Skalen sind > .70)

10. Beobachtungsinterviews

Die folgende Tabelle gibt einen Überblick über Untersuchungsmerkmale, Anwendungsbereich, Ergebnisse und Besonderheiten von Beobachtungsinterviews zur Aufgabenanalyse.

Tabelle B10: Übersicht über handlungsregulationstheoretische Instrumente zur Aufgabenanalyse (Beobachtungsinterviews)

	VERA (Oesterreich & Volpert, 1991)	**RHIA (Oesterreich, Leitner & Resch, 2000)**	**ISTA-Ratingversion (Semmer, Zapf & Dunckel, 1999)**
Untersuchungsmerkmale	Denk- und Planungserfordernisse/ Entscheidungsspielraum von Arbeitsaufgaben	Regulationshindernisse (Unterbrechungen, informatorische Erschwerungen) und Regulationsüberforderungen (Monotonie, Zeitdruck, Umgebungsbelastungen)	Stressoren Anforderungen Ressourcen
Anwendungsbereich	Als integrierte Version zur Analyse industriell-gewerblicher Tätigkeiten: Oesterreich, R., Leitner, K. & Resch, M. (2000). zur Analyse von Sachbearbeitungsaufgaben im Bürobereich: Leitner et al. (1993). zur *Selbst*analyse von Sachbearbeitungsaufgaben im Bürobereich durch die Beschäftigten als beteiligungsorientierte Variante für den Bürobereich: Ducki et al. (1999).		Tätigkeitsübergreifend in verschiedenen Branchen einsetzbar
Art der Ergebnisse	Beschreibung und Einstufung der vorhandenen Denk- und Planungserfordernisse nach der Komplexität der zugrunde liegenden Ziele. Beschreibung der Bedingungen, die erforderlich sind, um die Denk- und Planungserfordernisse zu erhalten und stufenweise zu erhöhen.	Qualitative Beschreibung der Regulationsbehinderungen, ihrer Bedingungen und ihrer Lösungen. Quantifizierbare Belastungsmaße für Regulationsbehinderungen: (z. B. Höhe des zu leistenden Zusatzaufwands in Minuten/ Tag, Anteil der Stunden/Tag monotoner Arbeit).	Quantitative Beschreibung der Regulationsprobleme/ Stressoren, Regulationsanforderungen, Ressourcen
Bearbeitungszeit	3 bis 5 Std. (Beobachtung und Ausfüllen der Antwortblätter)	3 bis 5 Std. (Beobachtung und Ausfüllen der Antwortblätter)	Ca. 2 Stunden (Beobachtungsinterview)

	VERA (Oesterreich & Volpert, 1991)	RHIA (Oesterreich, Leitner & Resch, 2000)	ISTA-Ratingversion (Semmer, Zapf & Dunckel, 1999)
Besonderheiten	Durch das zu Grunde gelegte 10-Stufen-Modell der Handlungsregulation können die Erhöhungsvorschläge «stufenweise erfolgen». Stufendifferenzierung von 1 (reine Ausführung nach genauen Vorgaben) bis 5 (maximaler Entscheidungsspielraum). Die Gestaltungsvorschläge sind damit von sehr geringen bis zu sehr weitreichenden Änderungen steuerbar.	Maßnahmenvorschläge zum Belastungsabbau sind Ergebnis der Analyse.	Kombinierbar mit der Fragebogenversion des ISTA; in der theoretischen Konzeption weisen RHIA und ISTA viele gemeinsame Bezüge auf.
Testtheoretische Güte	Die durch Doppel- bzw. Wiederholungsanalysen ermittelten Reliabilitäts-Koeffizienten liegen um .70 und sind somit als gut zu bewerten.		Die Korrelation zwischen den Urteilen verschiedener RaterInnen ist im Allgemeinen befriedigend mit einem Reliabilitäts-Koeffizienten über .50.

Anhang C

Kurzverfahren zur Erfassung von stress- und ressourcenbezogenen Inhalten

Die Instrumente in der folgenden Tabelle sind Kurzverfahren, die selbstverständlich auch weniger umfassende Informationen bieten.

Wissenschaftliche Instrumente machen den Hauptteil der aufgeführten Instrumente aus. Sie sind gemäß wissenschaftlichen Standards konzipiert. Das bedeutet zum einen, dass der Test möglichst vor dem Hintergrund wissenschaftlich anerkannter Theorien konzipiert worden sein sollte. Zum anderen sollten die Testgütekriterien des Verfahrens, Objektivität, Reliabilität und Validität überprüft und veröffentlicht worden sein. Sie geben Aufschluss über die Einhaltung teststatistischer Standards. Wissenschaftliche Testverfahren sollten in der Regel nur von Personen mit entsprechender Ausbildung durchgeführt und ausgewertet werden.

Checklisten können dagegen von jeder Person durchgeführt und ausgewertet werden. Sie sind im Allgemeinen einfach konzipiert, leicht auszuwerten aber entsprechen in der Regel nicht den gängigen wissenschaftlichen Standards. Ziel dieser Verfahren ist es häufig, die Untersuchungspersonen zu einer Selbsteinschätzung bestimmter Bereiche aufzufordern.

Die verschiedenen Tabellenkategorien werden an dieser Stelle kurz erläutert.

Autor, (Jahr) / Volltitel, (Kurztitel): Es werden die/der AutorIn bzw. die AutorInnen genannt und das Jahr der Veröffentlichung sowie die ausführliche Bezeichnung des Verfahrens und die Kurzform.

Untersuchter Bereich: Hieraus wird ersichtlich, welche Thematik innerhalb der stress- und ressourcenbezogenen Inhalte das Verfahren untersucht.

Instrumentenkategorie: Aus dieser Spalte wird deutlich, welcher der oben erläuterten Kategorie sich das Verfahren zuordnen lässt, den **wissenschaftlichen Testverfahren** oder den **Checklisten**.

Art/Form des Instruments: Es wird beschrieben, ob das Verfahren zu der großen Gruppe der Fragebogeninstrumente zählt oder sich einer **anderen Gruppe** (z. B. den Interviews) zuordnen lässt.

Durchführungsdauer: Hier wird darauf hingewiesen, wie lange die Durchführung dieses Verfahrens nach Angaben der AutorInnen dauert.

Wiss. Kriterien erfüllt?: An dieser Stelle wird beschrieben, ob die erwähnten wissenschaftlichen Standards bei der Konstruktion des Verfahrens berücksichtigt wurden. Teilweise wird auf bestehende Mängel hingewiesen.

k. A.: Die Abkürzung k. A. steht für «keine Angaben» und wird eingesetzt, wenn dem vorliegenden Material keine Informationen zu entnehmen sind.

Autor (Jahr) Volltitel (Kurztitel)	Untersuchter Bereich	Instrumentenkategorie		Art/Form des Instruments		Durchführungsdauer	Wiss. Kriterien erfüllt?	
		Wiss. Test	Checkliste	Fragebogen	andere		Ja	teilweise
Biener (1988) Stress-Test-Fragebogen nach Miller & Smith (S-T-F)	Beanspruchung durch Stress	X		X		Ca. 5 Minuten	k. A.	
Brengelmann (1993) Fragebogen Stress/Coping (SCOPE)	Stressmanagement	X		X		Ca. 10 Minuten	k. A.	
Franke (2000) Brief Symptom Inventory (BSI)	Beanspruchung durch Stress	X		X		Ca. 10 Minuten		X Testgüte nur bedingt
Janke, Erdmann, Kallus & Boucsein (1997) Stressverarbeitungsfragebogen (SVF 120)	Stressmanagement	X		X		Ca. 15 Minuten	X	
Kallus (1995) Erholungs-Belastungs-Fragebogen (EBF)	Beanspruchung durch Stress, Ressourcen	X		X		Ca. 5–10 Minuten	X	
Müller & Basler (1993) Kurzfragebogen zur aktuellen Beanspruchung (KAB)	Beanspruchung durch Stress	X		X		Unter 1 Minute	X	
Prümper, Hartmannsgruber & Frese (1995) Kurz-Fragebogen zur Arbeitsanalyse (KFZA)	Arbeitssituation (Stressoren & Ressourcen)	X		X		Ca. 10 Minuten		X Testgüte nur bedingt

Autor (Jahr) Volltitel (Kurztitel)	Untersuchter Bereich	Instrumenten-kategorie		Art/Form des Instruments		Durchführungs-dauer	Wiss. Kriterien erfüllt?	
		Wiss. Test	Check-liste	Frage-bogen	andere		Ja	teil-weise
Schwarzer (1994) Generalisierte Kompetenzerwartung (GKE)	Ressourcen	X		X		k. A.	k. A.	
Weyer & Hodapp (1975) Fragebogenskalen zur Erfassung der subjektiven Belastung (FESB)	Stressoren, Beanspruchung durch Stress	X		X		Ca. 10 Minuten		X Testgüte nur bedingt
Cooper (1981) Fragebogen über Stresssymptome	Stresssymptome		X	X		Ca. 5 Minuten	k. A.	
Cooper (1981) Stresshafte Arbeitsbedingungen	Stressoren		X	X		Ca. 5 Minuten	k. A.	
Cooper (1981) Coopers Arbeitsstress-Fragebogen	Stressoren		X	X		Ca. 2 Minuten	k. A.	
Ergo-online[2] Fragebogen zur Stressbelastung	Stressoren		X	X		Ca. 5 Minuten	k. A.	
Frese (1992) Stressdiagnostik 1: Ihre Situation am Arbeitsplatz	Stressoren		X	X		Ca. 5 Minuten	k. A.	

2 Zu finden unter **www.ergo-online.de**

Autor (Jahr) Volltitel (Kurztitel)	Untersuchter Bereich	Instrumenten-kategorie		Art/Form des Instruments		Durchführungs-dauer	Wiss. Kriterien erfüllt?	
		Wiss. Test	Check-liste	Frage-bogen	andere		Ja	teil-weise
Frese (1992) Stressdiagnostik 2: Ihre Situation im Privatleben	Stressoren		X	X		Ca. 5 Minuten	k. A.	
Frese (1992) Stressdiagnostik 3: Psychische und psychosomatische Beschwerden* (nach Mohr, 1986)	Stresssymptome		X	X		Ca. 5 Minuten		X
Stollreiter, Völgyfy & Jencius (2000) Meine persönliche Stresssituation	Stresssymptome		X	X		Ca. 5 Minuten	k. A.	
Traue, Hrabal & Kosarz (2000) AlltagsBlastungsFragebogen (ABF)	Beanspruchung durch Stress	k. A.		X		k. A.	k. A.	

Anhang D

Adressen und AnsprechpartnerInnen

In diesem Anhang befindet sich eine Auflistung verschiedener (Internet-)adressen und AnsprechpartnerInnen zu betrieblichem Stress- und Ressourcenmanagement.

Deutsche Gesellschaft für Arbeitshygiene
www.dgah.de

Verbreitet Informationen über das Themengebiet Arbeitshygiene und bietet neben Informationen und Fachwissen zur Arbeitshygiene auch eine Weiterbildung zur/zum ArbeitshygienikerIn an.

Ergo-Online Informationsdienst Arbeit und Gesundheit mit Schwerpunkt Bildschirmarbeit
www.ergo-online.de

Bietet vielfältige Informationen zu Themen der Betrieblichen Gesundheitsförderung. Zum Thema Stress (Suchbegriff «Stress» eingeben!) sind zahlreiche Informationstexte, einfache Tests, Techniken zum Stressmanagement etc. vorhanden.

Unabhängiger Marktplatz für Arbeitsschutz, Gesundheitsschutz, Umweltschutz, Qualität
www.praevention-online.de

Hier werden Informationen, Dienstleistungen, Datenbanken und Produkte zu verschiedenen Bereichen rund um die Gesundheitsförderung angeboten, zum Thema Stress gibt es keine gesonderten Seiten.

Center for Social Epidemiology – Jobstress Network
www.workhealth.org

Es werden Informationen über internationale Studien zu gesundheitsbezogenen Themen, Kongressen, aktuellen Publikationen, verschiedenen Stressmodellen etc. dargestellt.

International Labour Organization
www.ilo.org/public/english/protection/condtrav/publ/index.htm

Herausgeber des «Condition of Work Digest». Bietet interessante Veröffentlichungen sowohl zu Stress als auch zu anderen arbeitsbezogenen Themen wie z. B. Arbeitszeit.

International Stress Management Association
www.isma.org.uk

Hier finden sich allgemeine Informationen über Stress, aktuelle Kongressdaten, Buchtipps etc. Es können Artikel der Zeitschrift «Stress News» recherchiert werden, die von der International Stress Management Association herausgegeben wird.

The American Institute of Stress
www.stress.org

Bietet ebenfalls Informationen zu Kongressen und Veröffentlichungen mit Bezug zum Themenfeld Stress an und gibt eine monatlich erscheinende Zeitschrift («Health and Stress») heraus.

Betriebsinterne oder betriebsnahe Abteilungen

In einem Großbetrieb kümmern sich in der Regel die Betriebskrankenkasse, der betriebsärztliche Dienst oder die Personalabteilung um die gesundheitlichen Belange ihrer MitarbeiterInnen. Oft entstehen Gesundheitsförderungsprojekte durch die Kooperation dieser Bereiche eines Betriebes bzw. durch Kooperation einzelner Abteilungen mit externen AnbieterInnen.

Unternehmensberatungen

Unternehmensberatungen bieten Seminare zur Gesundheitsförderung – und speziell zu Stressmanagement. Allerdings variieren die Inhalte dieser Seminare erheblich.

Krankenkassen

Krankenkassen und Unfallversicherungsträger arbeiten bei der Unterstützung von Projekten der Betrieblichen Gesundheitsförderung meist eng zusammen. Gemeinsam können sie interessierten Betrieben sehr umfassendes Fachwissen zur Verfügung stellen, wobei den Krankenkassen vor allem die Aufgabe zufällt, die Zusammenhänge zwischen Arbeitsbedingungen und Erkrankungen zu ermitteln.

Unfallversicherungsträger (Berufsgenossenschaften, Unfallkassen)

Die Unfallversicherungsträger – wie die Berufsgenossenschaften oder Unfallkassen – sind per Gesetz dazu beauftragt, sich um die Verhütung arbeitsbedingter Gesundheitsgefahren zu kümmern. Dabei kooperieren sie – wie schon erwähnt – mit den Krankenkassen. Zu den Aufgaben der Unfallversicherungsträger gehören u. a. Beratung der Betriebe, Durchführung von Schulungsveranstaltungen für Unternehmen etc. Als immer wichtiger wird bei den Berufsgenossenschaften allerdings der Bereich der Prävention angesehen, bei dem auch die psychischen Belastungen – wie Stress – immer stärker in den Vordergrund rücken.

Universitäten

Die Fachbereiche für Psychologie sowie einige andere Fachbereiche (z. B. Betriebswirtschaftslehre, Pädagogik) der Universitäten verfügen über fundierte, fachliche und methodische Kenntnisse zu betrieblichem Stress- und Ressourcenmanagement, die sie Betrieben zugänglich machen.

Die Arbeits-, Betriebs- und Umweltpsychologie der Universität Hamburg befasst sich seit vielen Jahren mit Betrieblicher Gesundheitsförderung und betrieblichem Stress- und Ressourcenmanagement. Dazu gehört die Beratung, Analyse, Intervention und Evaluation sowie das Erstellen von Gutachten für Betriebe.

Universität Hamburg
Arbeits-, Betriebs- und Umweltpsychologie
Von-Melle-Park 11
20146 Hamburg
Tel: 040 / 42838-3607
Fax: 040/42838-2650
www.rrz.uni-hamburg.de/psycholo/psychneu/institut.htm

AnsprechpartnerInnen und Adressen zu individuumszentriertem Stress- und Ressourcenmanagement:

Krankenkassen

Zahlreiche Krankenkassen bieten Kurse zu Entspannungsverfahren, Stressmanagement oder ähnlichen Themen an. Bei Interesse an der Teilnahme eines solchen Kurses ist es am preisgünstigsten, sich zunächst bei der eigenen Krankenkasse über entsprechende Angebote zu informieren.

Volkshochschulen

Zum festen Programm der Volkshochschulen gehören seit langer Zeit Kurse zu den verschiedenen Entspannungsverfahren. Komplette Stressmanagementprogramme werden seltener angeboten. Meist beschränken sich Volkshochschulkurse auf die Vermittlung einzelner Aspekte eines Stressmanagementtrainings in jeweils spezifischen Kursen.

Selbsthilfegruppen

Wer unter Stress leidet, für den kann es unter Umständen hilfreich sein, Kontakt zu Menschen aufzunehmen, die Ähnliches erleben. Allerdings gibt es nur wenige Gruppen, die Stresserleben als ihr Hauptthema angeben. Verbreiteter sind Gruppen zu verwandten Inhalten wie Mobbing oder Burnout.

Selbsthilfe-Forum
www.selbsthilfe-forum.de

Das Selbsthilfe-Forum ist eine deutschlandweites Forum für Selbsthilfegruppen aller Art. Es bietet Einzelpersonen die Möglichkeit, Kontakte zu Selbsthilfegruppen aufzunehmen. Selbsthilfegruppen haben die Möglichkeit, ihre Arbeit, ihre Ziele etc. im Internet vorzustellen.

Verein gegen psychosozialen Stress und Mobbing
Kemmelweg 10
65191 Wiesbaden
Tel: 0611 / 54 17 37
Tel: 0611 / 957 03 81
Tel: 0172 / 613 38 57
www.VPSM.de

Der Verein engagiert sich für Personen, die unter psychosozialem Stress und Mobbing leiden. Betroffene können sich beraten lassen sowie die Möglichkeit der Schlichtung oder Vermittlung durch den Verein in Anspruch nehmen. Weiterhin werden Fortbildungen angeboten, die sich allerdings zum Großteil an professionelle Helfer richten. Letztere haben auch die Möglichkeit sich beim VPSM zur/zum Arbeitsplatzkonflikt- und MobbingberaterIn ausbilden zu lassen.

Sozialnetz Hessen
www.sozialnetz-hessen.de

Diese Internetseite bietet zahlreiche Links und Tipps zu diversen sozialen Themen. Unter der Rubrik ‹Arbeit und Gesundheit› befinden sich interessante Hinweise, z. B. zum Thema Gesundheitsförderung oder zu Beratung bei Burnout und Mobbing.